普通高等教育“十三五”电子商务专业规划教材

网络金融与电子支付

Network Finance and Electronic Payment

主 编 李宏畅

西安交通大学出版社
XI'AN JIAOTONG UNIVERSITY PRESS

内容提要

本教材紧跟网络金融与电子支付的发展前沿，系统介绍了网络金融与电子支付的理论构架，并将国外的先进理论、方法和实践经验与我国实际需要紧密联系起来，选择最新、最具有代表性的实际案例进行分析，便于读者理解和掌握。本教材内容分为三篇：基础篇、应用篇、安全篇。第一篇介绍电子支付的主要理论、方法及支付工具，为后面的学习奠定基础；第二篇应用篇依托于网络金融的发展历程，全面介绍网络金融与电子支付的应用与发展；第三篇为安全篇，详细讲解电子商务在交易过程中所涉及的安全问题及防范措施。

本教材适合作为高等学校电子商务专业、经济管理等专业电子支付及网络银行等课程的教材使用，也可以作为相关的培训教材，同时也适合从事电子商务系统分析与设计、研究和开发电子商务系统的相关的工程技术人员作为参考书使用。

丛书编委会

总序

从2001年教育部批准13所高等院校开办电子商务本科专业，经过6年的发展，目前全国开设电子商务本科专业的高等学校已超过320所。在教育部高教司的直接支持和指导下，2002年中国高等院校电子商务专业建设协作组正式成立。其主要任务是：为中国高等学校电子商务专业的研究、教学、实践和人才培养提供指导与支持。协调组自成立之日起，一直致力于我国电子商务专业的师资队伍、实验室及教材的建设。2003年3月，在华侨大学召开了“全国高校电子商务专业主干课程教学基本要求研讨会”，此次会议是国内电子商务本科专业教育界对教学大纲问题的首次集中讨论。来自全国19所高校电子商务专业的专家、学者参与了本次讨论。专家们对每门课程的性质、地位、教学任务和要求、教学中应注意的问题、建议学时数、教学要点、教学方法建议等问题进行了广泛的讨论，形成了比较一致的意见，并确定了电子商务专业的主干课程。

2006年春，教育部成立2006—2010年高等学校电子商务专业教学指导委员会，还特聘了国家商务部信息化司司长王新培、中国电子商务协会理事长宋玲和阿里巴巴公司CEO马云作为领域专家委员。电子商务专业教学指导委员会成立以来，在专业教育的大政方针、师资培养、教材建设、实验和实训建设方面积极努力地工作，从不同方面指导和推动着本专业的发展。2006年在电子商务的课程体系方面提出了三级结构的设想：专业基础课、专业课和前沿类课程，反映了电子商务专业与时俱进的特色。2007年在教育部的统一部署下，教指委大力推进电子商务专业的知识体系建设，将其归纳为电子商务经济（ECE）、电子商务技术（ECT）、电子商务管理（ECM）和电子商务综合（ECG）四个大类。

随着电子商务理论和实践的快速发展，电子商务教材也需要随之更新，以更加符合电子商务的发展要求。在此背景下，西安交通大学出版社与中国信息经济学会电子商务专业委员会合作，共同组织编写出版一套电子商务本科专业教材。2006年10月，经协商决定，由中国信息经济学会电子商务专业委员会和西安交通大学出版社两家联合组织编写电子商务本科专业系列教材。

从2006年10月到2007年5月，在西安交通大学和中国信息经济学会电子商务专业委员会共同努力下，成立了电子商务本科系列教材编写委员会，继而从众多自愿报名和编委会推荐的学校和教师中，选择主编，采取主编负责制，召开协作大纲研讨会、反复征求各方意见，群策群力，逐步编写本套电子商务专业本科系列教材。

该系列教材具有以下几方面的特色：

(1) 在教材体系上，吸收了众多学者、学校和产业实践者的意见，使系列教材具有普遍适应性和系统性。本系列教材较为全面地包含了电子商务教学中的各门课程，不仅包括了电子商务专业的骨干课程，而且也增加了电子商务发展需要的一些选修课程，如《网络价格》、《网络消费者行为》等。不仅使教材体系更具有合理性，而且也使开设电子商务本科专业的学习有更多的选择余地。

(2) 从教学大纲研讨到编写大纲的讨论，再到按主编负责制进行编写、审核等，集中了电子商务专业委员会内外在电子商务方面有丰富经验的教师、研究人员以及产业实践者的宝贵意见。经过一系列严格的过程约束与控制，使整套教材更加严谨和规范，具有科学性和实用性。

(3) 注重电子商务理论与实践相结合，教学与科研相结合，课堂教学与实验、实习相结合，使教材更能符合学生的学习、更能够反映电子商务的时代特征。

在各方的共同努力下，作为系列教材的丛书即将面世，希望本系列教材的出版，能为我国电子商务的教学与人才培养贡献一些微薄之力。

电子商务作为一个新生事物，其飞速的发展需要教材不断地更新，我们衷心希望各教学单位教师们和电子商务的产业实践者不断对我们提出宝贵的意见，使编者们与时俱进，不断充实、完善这套系列教材。

中国信息经济学会电子商务专业委员会

电子商务专业教材编写组

2008年1月

前言

《网络金融与电子支付》是电子商务专业和其他相关专业重要的专业必修课，越来越受到高校师生们的重视。本教材内容分为三篇，分别是：基础篇、应用篇、安全篇。第一篇为基础篇，主要介绍电子支付的主要理论、方法及支付工具，为后面的学习奠定基础；第二篇为应用篇，依托于网络金融的发展历程，全面介绍网络金融与电子支付的应用与发展；第三篇为安全篇，详细讲解电子商务在交易过程中所涉及的安全问题及防范措施。在编写中，力图将理论和实践相结合，继承与发展相统一。

本教材主要特点如下：

1. 框架结构合理，易于学生理解和掌握。本教材系统介绍了网络金融与电子支付的理论构架，包括它的涵义、性质、特点、基本内容、发展现状、应用和实践等问题，并将国外的先进理论、方法和实践经验与我国实际需要紧密联系起来，同时阐述了网络支付与结算技术的核心问题，从经济学原理上论证了互联网金融模式的合理性和可行性。

2. 强调学生学习兴趣的培养。本教材以"案例导入"和"案例分析"的形式将身边纷繁复杂的经济现象予以诠释，对传统金融到网络金融领域的业务作了全面的介绍，努力做到理论和技术的完整性和系统性。本教材选择具有代表性的案例进行分析，紧跟互联网金融的发展，对各种新的技术手段和经营模式作了比较全面的解剖分析，从而提高学生学习的积极性。

本教材适合作为高等院校电子商务专业、经济管理等专业的电子支付及网络银行等课程的教材使用，也可以作为相关的培训教材，同时也适合从事电子商务系统分析与设计、研究和开发电子商务系统的相关的工程技术人员作为参考书使用。本教材提供电子课件。

本教材在编写过程中，参阅了其他许多相关教材和科研成果，在此对有关作者表示感谢。由于编者水平所限，书中难免会有缺点和不当之处，恳请读者批评指正，以便我们进一步修订和完善。

李宏畅

2015 年 3 月

目　录

基础篇

应用篇

安全篇

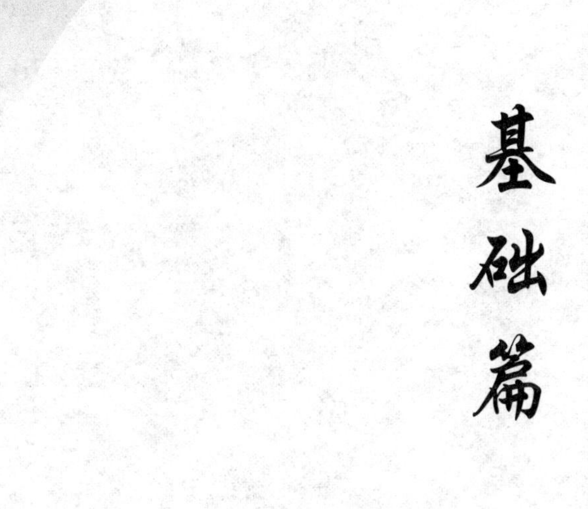

基础篇

第一章 电子支付与电子支付系统

央行:2014年全国发生电子支付333.33亿笔

央行最新发布2014年支付体系运行总体情况,移动支付业务发展迅猛。数据显示,去年全国共发生电子支付业务333.33亿笔,金额1404.65万亿元,同比分别增长29.28%和30.65%。移动支付业务45.24亿笔,金额22.59万亿元,同比分别增长170.25%和134.30%,移动支付占电子支付比例提升至1.6%。尤为令人瞩目的是,移动支付渗透率大幅提升,由2013年的0.9%,提升至2014年的1.6%。随着移动支付业务的发展,芯片制造、卡片生产等移动支付产业链企业,将迎来新的发展机遇。

另外,春节红包大战助推移动支付行业发展。除夕当天腾讯阿里两平台的红包收发个数达到12.5亿,大批企业开辟数字营销。除夕当日微信红包收发总量达10.1亿次,摇一摇总次数110亿次,峰值达8.1亿次/分钟。此外,传统银行也参与红包大战,包括华夏银行、平安银行等。

机构认为,腾讯与阿里等互联网巨头的红包大战,将促进更多用户开通手机"钱包"功能,为O2O(线上到线下)、扫码支付等移动支付业务培养用户习惯。随着商业消费环境的更趋完善,移动支付渗透率有望进一步提升。从事芯片设计和卡片制造等移动支付业务的企业,将获得更多市场机遇。

公司方面,天喻信息主营金融IC卡,在NFC-SIM卡制造方面拥有较强的市场优势。另外,恒宝股份、东信和平等传统智能卡龙头,产品覆盖金融支付相关领域,也将受益移动支付市场的发展。同时,石基信息等主营酒店管理系统企业,由于拥有大量客户数据优势,也在积极发力移动支付业务。

(资料来源:刘重才.上海证券报.2015-2-26.)

第一节 电子支付概述

一、电子支付的概念

目前,我国的电子商务正处于蓬勃发展的黄金时期,电子商务已经融入企业生产和流通

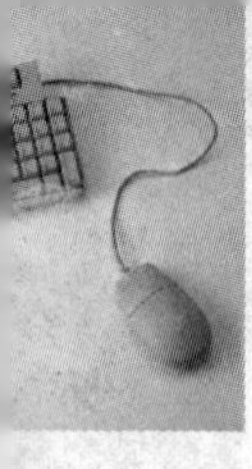

的各个环节。电子商务作为一种全新的商务模式，为全球客户提供了一种成本低廉、操作便捷的交易方式。交易资金的流转效率是决定电子商务交易系统能否快捷、安全、低成本运行的关键，资金流动与处理的效率和成本的降低将直接影响到电子商务的执行效率，因此电子商务对交易的结算方式提出了更高的要求。这也是早期电子商务难以快速发展的根本原因，即支付问题没有有效解决，是阻碍电子商务迅速发展的瓶颈问题。

随着网络技术和通信技术的快速发展，尤其是电子商务的发展，传统的支付模式已经不能适应电子商务的发展，因此电子支付应运而生。2005 年 10 月，中国人民银行公布《电子支付指引(第一号)》，规定了电子支付的定义，是指单位、个人直接或授权他人通过电子终端发出支付指令，实现货币支付与资金转移的行为。电子支付的类型按照电子支付指令发起方式分为网上支付、电话支付、移动支付、销售点终端交易、自动柜员机交易和其他电子支付。简单来说电子支付是指电子交易的当事人，包括消费者、厂商和金融机构，使用安全电子支付手段，通过网络进行的货币支付或资金流转。电子支付是电子商务系统的重要组成部分。

二、电子支付区别于传统支付的特征

(1)电子支付是采用先进的技术通过数字流转来完成信息传输的，其各种支付方式都是通过数字化的方式进行款项支付的；而传统的支付方式则是通过现金的流转、票据的转让及银行的汇兑等物理实体来完成款项支付的。

(2)电子支付的工作环境基于一个开放的系统平台(即互联网)；而传统支付则是在较为封闭的系统中运作。

(3)电子支付使用的是最先进的通信手段，如 Internet、Extranet，而传统支付使用的则是传统的通信媒介；电子支付对软、硬件设施的要求很高，一般要求有联网的微机、相关的软件及其他一些配套设施，而传统支付则没有这么高的要求。

(4)电子支付具有方便、快捷、高效、经济的优势。用户只要拥有一台上网的 PC 机，便可足不出户，在很短的时间内完成整个支付过程。支付费用仅相当于传统支付的几十分之一，甚至几百分之一。

在电子商务中，支付过程是整个商贸活动中非常重要的一个环节，同时也是电子商务中准确性、安全性要求最高的业务过程。电子支付的资金流是一种业务过程，而非一种技术。但是在进行电子支付活动的过程中，会涉及很多技术问题。

三、电子支付的分类

(1)根据交易主体的不同组合可以将电子商务分成 B2C、B2B、C2C 等几种模式。B2B 型支付方式主要在企业与企业之间进行交易时采用。这种商务模式中涉及的金额一般较大，对支付系统的安全性要求很高。B2C 型支付方式一般指企业与个人消费者之间的支付。C2C 即指消费者与消费者之间的交易支付行为，一般数额较小，流量频繁。需要资金流转的灵活变通性高。

(2)根据支付信息形态分类，可以将电子支付分为电子代币支付和指令支付。电子代币支付是指消费者使用电子代币支付时，网络中传输的数据流本身就是货币，和现实中的人民币、美元的意义一样，只不过是将其用特殊的数据流表示。指令支付是指将包含币种、支付金额等信息的数据指令通过网络传输给银行，银行根据此指令在支付双方的账户间进行转账操作，完成支付。

（3）根据支付时间，可将电子支付分为预支付、即时支付和后支付3种。预支付就是先付款，然后才能购买到产品和服务。如中国移动公司的“神州行”。后支付是消费者购买一件商品之后再进行支付。在现实生活的交易中，后支付比较普遍，和我们平时所说的“赊账”类似。即时支付指交易发生的同时，资金也从银行转入卖方账户。随着电子商务的发展，即时支付方式越来越多，它是“在线支付”的基本模式。

（4）根据对纸币的依附关系，我们可以将电子支付工具分为两大类：一类是对法定货币（纸币）存在直接依附关系的电子化支付工具，包括银行卡（分为信用卡和借记卡）、电子支票等；另一类是对法定货币存在间接依附关系的电子货币。

（5）根据载体的不同，电子支付工具又可以分为“卡基”型电子支付工具和“数基”型电子支付工具。所谓“卡基”电子支付工具，其载体是各种物理卡，包括银行卡、IC卡、电话卡等，消费者在使用这种支付工具时，必须携带卡介质。“数基”型电子支付工具完全基于数字的特殊编排，依赖软件的识别与传递，不需要特殊的物理介质。

四、电子支付一般流程

电子支付的一般过程是，消费者浏览在线商店的商品目录，通过与商家协商选定商品，选择结算方式，填写订单提交给商家。销售商据此要求消费者的银行对支付指令进行审核和授权。得到授权后，销售商向消费者发出装运和结算的确认。接着，销售商按订单装运货物或提供所要求的服务。最后，销售商要求消费者的银行进行结算。如图1-1所示。

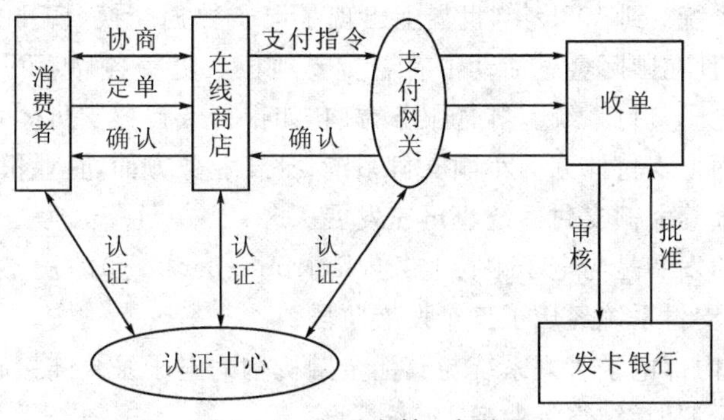

图1-1　电子支付一般流程

简言之，电子支付的流程主要包括：支付的发起、支付指令的交换与清算、支付的结算等环节。清算，指结算之前对支付指令进行发送、对账、确认的处理，还可能包括指令的轧差。轧差，指交易伙伴或参与方之间各种余额或债务的对冲，以产生结算的最终余额。结算，指双方或多方对支付交易相关债务的清偿。

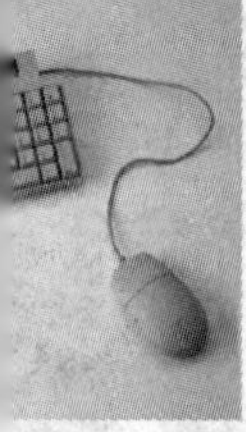

第二节 电子支付系统

一、电子支付系统概述

电子支付系统是采用数字化电子化形式进行电子货币数据交换和结算的网络银行业务系统，它是实现网上支付的基础。电子支付系统的发展方向是兼容多种支付工具，但目前的各种支付工具之间存在较大差异，分别有自己的特点和运作模式，适用于不同的交易过程。因此当前的多种电子支付系统通常只是针对某一种支付工具而设计的，Mondex 系统、First Virtual 系统和 FSTC 系统是目前使用的几种主要的电子支付系统。支付系统是由提供支付服务的中介机构、管理货币转移的法规以及实现支付的技术手段共同组成的，用来清偿经济活动参加者在获取实物资产或金融资产时所承担债务的一种特定方式与安排。因此支付系统是重要的社会基础设施之一，是社会经济良好运行的基础和催化剂，因此支付系统现代化建设受到市场参与者、货币当局特别是中央银行的高度重视。

各种不同的支付系统通常是与各种不同的经济相联系在一起的。经济社会曾经使用过各种形态的货币在商品交换中转移价值。从最初的实物交换发展到商品货币（例如贵金属）标志着社会生产力的进步。而法定货币的出现则是支付工具发展史上的第一次飞跃，银行存款作为支付手段是货币制度的一大进步。用电子形式的支付工具完全取代纸凭证形式的现金和非现金支付工具在技术上是完全可以实现的。人们把电子支付工具看成是支付工具发展史上第二次飞跃或革命。美国早在 1918 年就建立了专用的资金传送网，后经多次改进，于 20 世纪 60 年代组建了电子资金转账系统（EFT）。随后英国和德国也相继研制了自己的电子资金传输系统。到 1985 年，世界上出现了电子数据交换（EDI）技术并在电子支付中得到广泛应用，而且在国际金融活动中有着重要地位。随着各种 EFT 系统的广泛应用，产生了各种各样的电子支付系统。零售服务方向，如银行卡授权支付体系和自动清算所，以及新近发展起来的网上支付体系等小额支付系统；批发业务方面，企业银行系统与金融机构之间的电子汇兑系统等大额支付系统也迅速发展。

电子支付系统的发展是与电子银行业务（electronic banking）的发展密切相关的。从历史的角度来看，电子支付系统经历了五个发展阶段：

第一阶段，银行内部电子管理系统与其他金融机构的电子系统连接起来，如利用计算机处理银行之间的货币汇划、结算等业务；

第二阶段，银行计算机与其他机构的计算机之间资金的汇划，如代发工资等；

第三阶段，通过网络终端向客户提供各项自助银行服务，如 ATM 系统；

第四阶段，利用网络技术为普通大众在商户消费时提供自动的扣款服务，如 POS 系统；

第五阶段，网上支付方式的发展，电子货币可随时随地通过 Internet 直接转账、结算，形成电子商务环境。

目前，EFT 系统是银行同其客户进行数据通信的一种有利工具。通过它，银行可以把支付系统延伸到社会的各个角落，例如零售商店、超级市场、企事业单位以至家庭，从而为客户进行支付账单、申请信贷、转账、咨询、交纳税金、进行房地产经营等金融活动提供方便、快捷的服务。

二、电子支付系统构成

(一)电子支付系统的三个层次

一个国家的电子支付系统一般由支付服务系统、支付清算系统和支付信息管理系统三个层次组成。

1. 支付服务系统

支付服务系统主要指完成银行与客户之间的支付与结算的系统,也就是联机采用分布式数据库的综合业务处理系统。它一般在银行的柜台上完成,是银行为客户提供金融服务的窗口,其特点是账户多、业务量大、涉及客户与银行双方的权益,是支付系统的基础,也是金融信息系统的数据源点。根据我国金融电子化20多年的实践结果,支付服务系统在我国具体包括公司业务系统、储蓄业务系统和新型电子化服务三类系统。

2. 支付清算系统

这是一种跨行业务与资金清算系统。支付清算系统是国民经济资金运动的大动脉,社会经济活动大多要通过清算系统才能最终完成。该系统一般由政府授权的中央银行组织建设、运营和管理,各家商业银行和金融机构共同参加。这类系统几乎涉及一个地区或国家的所有银行或金融机构,系统庞大而复杂。

3. 支付信息管理系统

支付信息管理系统也就是通常所说的广义的金融管理信息系统,它是连接金融综合业务处理系统,对各子系统所产生的基础数据进行采集、加工、分析和处理,为管理者提供及时、准确、全面信息及信息分析工具的核心系统。它的建设和完善对提高金融业的经营管理水平具有重要作用,是防范和化解金融风险的必由之路,也是金融现代化的重要标志。

通过上述三种支付系统,可以完成金融支付体系的所有支付活动。在金融实际业务中,支付服务系统主要完成客户与商业银行之间的资金支付与结算活动;支付清算系统主要完成中央银行与商业银行之间的资金支付与清算活动;而支付信息管理系统体现的是金融系统的增值服务与监管方面的内容,它是建立在支付服务系统与支付清算系统基础之上的。

(二)客户和银行之间的电子支付系统

在该层次,银行要完成支付与结算活动,必须以客户为中心,提供完善的电子自助服务,它通常包括ATM、家庭银行(home banking, HB)等银行卡授权支付系统;自动清算所(ACH)等支票支付结算系统;POS等商业支付系统、企业银行系统以及近几年发展起来的网上支付系统等。

1. ATM系统

ATM系统是利用银行卡在自动取款机或自动柜员机上,执行存取款和转账等金融交易的自助银行系统。

2. 家庭银行(HB)系统

家庭银行系统是消费者在家中通过电话、计算机、电视机屏幕等设施和相应的软件系统

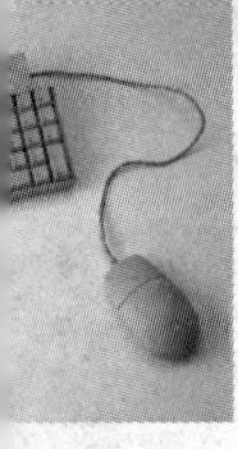

所进行的现金管理、资金划拨及支付账单等服务的系统。通常，它使用银行卡账户进行支付。

3. POS 系统

POS 系统是持卡人在银行签约商户消费后，通过位于商业网点的 POS 终端和专用网或公共数据通信网，与银行主机相连完成电子转账工作的系统。整个过程包含了商品交易、资金支付、转账和清算等内容。

4. 自动清算所(ACH)

自动清算所，用于金融机构的支付处理系统，特别是高价位、周期性的小额支付。如工资、抵押、汽车贷款、社会保险等的支付，有信用交易和借贷交易两种形式。

5. 企业银行系统(CB)

企业银行系统，服务对象是大中型公司或政府机构在内的具有法人身份的电子银行系统，它与电子汇兑系统相结合，为企业提供诸如资金管理、财务管理、商务管理、投资功能业务等金融交易和信息增值服务等内容。

6. 网上支付系统

网上支付系统是由互联网与电子银行专用网等构成的开放式支付系统：网上支付是电子商务发展的核心。它根据不同的网络货币产生了 3 种支付系统，即网上支票支付系统、网上信用卡支付系统以及网上现金支付系统。

(三)金融机构之间的电子支付清算系统

这是电子支付体系的高层，也是银行完成客户服务活动的基础。它完成往来银行与金融机构之间、中央银行与商业银行之间的支付与结算活动。该层支付体系主要由自动清算所、电子汇兑系统以及外汇交易结算系统等构成。下面介绍几种主要的电子支付系统。

1. 环球同业银行金融电信协会(SWIFT)

环球同业银行金融电信协会是一种电子汇兑系统，是一个全球金融机构间支付及其他财务信息交换的网络，也是银行间的国际结算系统。它在全球范围内，把金融成员机构串联起来，传送与汇兑相关的各种金融信息，并支持外汇交易、金融市场、证券和贸易等金融活动的各种需要；成员机构收到信息后，将信号转送到相关的资金调拨或清算系统内，最终完成各种资金的转账处理。

2. 纽约清算所银行同业支付系统(CHIPS)

纽约清算所银行同业支付系统是世界性的资金调拨系统，完成世界 90%的外汇交易，主要用于与外汇交易有关的美元、欧元的支付，是国际贸易资金清算的桥梁。

3. 联邦电子资金转账系统(FEDWIRE)

联邦电子资金转账系统是美国第一个支付网络，隶属于美联储体系，是美国国家级的支付系统，它实时处理大额资金的划拨业务，并逐笔清算资金。

4. 证券清算与结算支付系统

证券清算与结算支付系统完成证券经营机构、银行与交易所等之间的清算和结算工作。例如，美国国家证券结算公司(NSCC)，为美国八大证券交易所服务的清算系统，负责美国 98%的债券与股票清算和结算工作，其中 FEDWIRE 负责其债券交易活动。

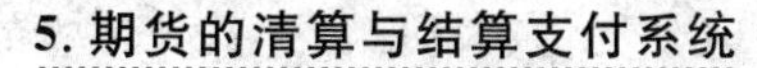

5. 期货的清算与结算支付系统

该系统的参与者包括交易所、清算组织、清算成员和结算银行，如美国芝加哥商品交易所(CME)和芝加哥贸易局贸易清算公司(BOTCC)。

6. 外汇交易结算系统

一般而言，大的金融机构将为进行国际贸易的客户提供外汇贸易，常用的双边清算系统有 SWIFT 提供的 ACCORD 服务系统、由英国 12 家银行建设的清算系统，常用的多边清算系统有设在英国伦敦的 ECHO 系统等。

我国的电子支付系统主要包括同城清算所、电子联行系统、电子资金汇兑系统、银行卡支付系统、网上支付系统、邮政储蓄汇兑系统、中国国家支付系统等。2002 年 7 月 27 日，中国人民银行正式批准由上海银行牵头组建"城市商业银行资金清算中心"，它负责办理全国城市商业银行的异地资金清算以及处理中国人民银行批准的其他业务。

第三节　电子支付产业的发展

一、电子支付产业的发展现状

(一)全球电子支付产业概况

目前全球电子支付产业正处于高速发展期，据艾瑞咨询发布全球支付报告显示，2013 年全球电子支付交易额达到 1.6 万亿美元，是 2010 年交易金额的近 2 倍。全球电子支付的交易笔数由 2010 年的 179 亿笔增长至 2013 年的 303 亿笔，年均增长率将近 20%；移动支付的交易量由 2010 年的 45.89 亿笔增长至 2013 年的 152.84 亿笔，年均增长率高达 50%。

(二)我国电子支付产业的发展概况

电子支付在我国最早出现在 20 世纪 90 年代末，以招商银行推出其"一卡通"为标志。起初的电子支付服务，主要是指 ATM 机取款以及少量的信用卡 POS 业务。近几年随着宽带网络在我国的迅速普及，基于银行业务网络化的其他 B2B 和 B2C 电子支付与网络支付业务在我国兴起。

2005 年被称为我国的电子支付元年，这一年很多电子支付法规得到完善，从此我国电子支付实现飞跃式增长。2013 年，全国电子支付业务达 257.83 亿笔，金额 1075.16 万亿元，同比分别增长了 27.40%和 29.46%。其中，网上支付业务 236 亿笔，金额 1060.78 万亿元，同比分别增长了 23.06%和 28.89%。2012 年以来，随着 3G 乃至最近的 4G 网的建设使用，在中国移动运营商、电子商务平台交易商、银行和第三方支付企业的大力推动下，移动支付得到快速发展，2013 年移动支付业务 16.74 亿笔，金额 9.64 万亿元，同比分别增长了 212.86%和 317.56%，移动支付呈"井喷"式增长。

目前存在的电子支付公司基本上是经历了一轮激烈的市场淘汰战之后存活下来的，可划分为两种不同的阵营：一是从总公司业务中衍生出来、得以发展壮大的，如支付宝、财付通、银联电子支付；二是独立的第三方支付平台，如快钱、易宝支付等。支付宝、财付通、银联

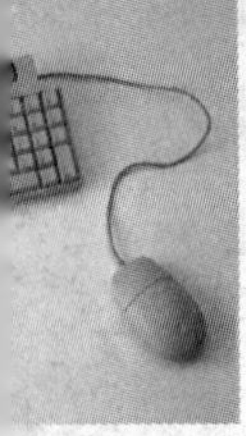

电子支付、快钱这四家公司基本上垄断目前70%以上的电子支付市场份额。其他独立的第三方电子支付平台份额相对较小，都是试图拓展新的支付市场空间，走差异化路线来生存。依附于淘宝网的高速成长和阿里巴巴的支撑，支付宝名列国内电子支付影响力榜首。但近年来，支付宝已经不再满足于淘宝网的成长，正加强与其他电子商务网站的合作和扩展海外市场，其日益深化的信用体系也增强了在用户心中的地位，特别是在2013年6月阿里巴巴控股天弘基金，开始涉入金融基金业务，推出的“余额宝”理财业务，取得了极大的成功，引爆了中国互联网金融革命；财付通依托于腾讯网络游戏业务和拍拍网的服务而高速增长，特别是开始建立基于微信社交圈的微信支付，极大地推动了移动支付业务的发展，取得了与支付宝“异曲同工”的效果；而银联电子支付的优势在于有着中国银联的官方背景作为依托，用户基础比较大；快钱作为独立的第三方支付平台，提供了多样化的支付解决方案。

二、电子支付产业发展的特点

伴随着电子支付技术的不断发展，越来越多的电子商务网站为方便用户支付，往往尽可能地提供多种支付方式以供选择。目前，第三方支付和网上银行直接支付具有较高的使用频率，而其他几种支付方式呈现多样化的使用特征。每一种支付方式都有一定的适用人群。人们在电子支付方式选择的过程中表现出以下特点：

（一）第三方支付、网银支付使用频率居首

调查显示，在众多支付方式中，人们对第三方支付和网上银行直接支付的使用频率居首。第三方支付平台在交易过程中充当了买方和卖方的“信用中”，其在网络C2C交易中的使用频率也远远高于其他的电子支付方式。以支付宝和财付通为例，它们不仅在缴纳生活费用、还信用卡等多种增值服务中提供了多家银行的支付接口，还在B2C交易以及其他需要进行电子支付的情况下具有非常广泛的使用范围。网上银行直接支付具有使用方便、只需输入一次账号及密码即可的优越性，而且大多数商家也都提供了多家银行的网上支付接口，因此网上银行直接支付可以满足大部分网上银行客户的支付要求，也是消费者比较偏爱的一种支付方式。根据艾瑞咨询《2011—2012年中国网上银行年度监测报告》数据显示，2011年中国网上银行交易规模达到701.1万亿元，同比增长35.9%。而2012年，中国第三方支付市场交易规模高达12.9万亿，同比增长54.2%。

（二）多种支付方式并存

每一种电子支付方式都有其特有的优越性，而多种支付方式的并存，也正是由于其各自具有不同的特点。不同的支付方式适用于不同的环境中，有些还要受到硬件设备条件的制约。不同的环境下，考虑到支付的安全性、方便性，人们往往会选择不同的支付方式以满足自己的支付需求。因此每种支付方式都有使用的人群。调查显示，各种支付方式中，除第三方支付与网上银行直接支付使用频率遥遥领先外，另外几种支付方式使用频率均相差不多。

（三）移动支付方式异军突起

随着智能手机用户的增加、移动网络的发展为移动支付提供了全球无缝的网络接入链

接。一方面，智能手机和移动互联网发展为移动支付提供了技术基础，移动互联网基础设施的完善使得用户使用成本大幅降低。另一方面，随着用户对信息服务需求的不断提高，越来越多的传统互联网用户开始使用移动互联网服务，加速移动支付的普及。移动支付方式开始呈现突飞猛进的发展趋势。根据艾瑞咨询统计显示，2012 年中国的移动支付市场交易规模达到了 1511.4 亿元，同比增长 89.2%。根据预测，到 2013 年，中国手机用户数为 9.96 亿，而手机支付用户数将达到 4.1 亿人，其中手机远程支付用户数为 2.41 亿人，手机现场支付用户数为 1.69 亿人，移动支付正以波涛汹涌之势发展起来。2013 年以来，中国移动、中国联通、中国电信三大运营商纷纷与商业银行和手机厂商合作，推出基于 NFC 技术的手机近场支付产品。专家预测，随着各方面条件的成熟，未来几年，我国手机近场支付产业或迎来爆发式增长。

（四）电子支付的传统方式仍有较高使用率

在多种支付方式异军突起的现代化社会，人们对传统支付方式的热爱并没有消失。例如 ATM 机支付、电话支付、POS 机支付等传统的支付方式仍然具有很高的使用频率，依然具有很大的发展空间。并且随着支付宝、宅急送等进军线下支付方式，传统的 POS 机支付将会得到更深远、更广阔的发展。

三、电子支付产业的发展趋势

（一）"云计算"技术与电子支付相结合

"云计算"技术正在改写未来社会信息化服务的格局，对数据量大，实时性、专业性要求高的电子支付行业急需将其一些服务部署在云端，银行可借助"云计算"技术通过设置权限，实现其电子支付业务向更丰富、更强大、更广泛的方向进化，"云计算"技术的使用将推动电子支付行业不断发展，使其迈上一个崭新的台阶。

（二）线上、线下支付齐头并进

1. 线上支付

如果在支付过程中，商家需要与第三方建立链接以检查电子支付手段的有效性，那么电子支付系统为在线的，即我们所说的线上支付。我们目前使用的线上支付方式主要有网银、第三方支付平台、手机上网等的支付方式。网上购物的广泛应用，使线上支付方式得到了极大的发展。根据艾瑞网的统计，2012 年支付宝、财付通、银联网上支付分别以 46.6%、20.9%和 11.9%的市场份额占据市场前三位。其后四家企业的市场份额分别为：快钱 6.2%，汇付天下占 6%，易宝支付占 3.5%，环迅支付占 3.2%。其余公司合计占比 1.7%。截至 2012 年底，共 223 家企业获得第三方支付牌照，各类主要的支付企业都已获牌。从牌照的角度看，第三方支付市场格局已趋于稳定，线上支付方式也大有蓄势待发之势。

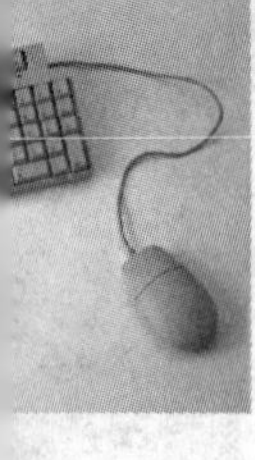

2. 线下支付

可以说,线上支付是网上购物者所使用的主要方式。但是随着网上商城竞争的日渐激烈,抢夺线下支付用户的无声战争已经拉开。线下支付一般指利用POS机支付、银行汇款、手机近场支付等。据《现代商业》报道,2012年下半年,在线支付拥有半壁江山的支付宝并不满足现状,正把触角伸向线下支付市场。支付宝宣布将在三年内投入5亿元进军货到付款市场,同时为线下支付提供3万台POS终端。随着线上支付竞争不断加剧,越来越多的支付企业开始尝试从线上走向线下。2012年,宅急送就率先在全国范围内投入了1万余台快钱POS终端。从整体网购市场来看,线上付款的渗透率正在逐渐下滑。电子支付不是狭义的电子商务的支付,不仅仅是在天猫、亚马逊、国美上买东西,它所覆盖的领域要更广阔得多,因为支付行为是一个更普遍的需求。电子支付市场的巨大推动力并不是来自于简单的网购,而是来自于更多传统行业的电子化。新兴的支付业务值得关注。线上业务让人们尽享电子支付方式的方便快捷,线下支付更会给货到付款方式的开展提供更多的选择,可以说这两种支付方式正在如火如荼地发展着各自的业务。

本章习题

一、简答题

1. 电子支付的概念是什么?
2. 电子支付的一般流程是什么?
3. 电子支付有什么特征?
4. 电子支付可以根据什么进行分类?分别可分为几类?
5. 电子支付系统指什么?其构成内容包括哪些?
6. 简述我国电子支付产业的发展情况。
7. 简述全球电子支付产业发展的特点。

二、案例分析题

电子支付浪潮来袭,停车行业将迎变革佳机

纵然业内以及大众已经对电子支付的普及、威力及强适应性有所接纳,但谁都没料到会在今年春节凭借红包这一爆炸性功能迎来全社会的广泛参与。春节红包关注度的提升,从某种意义上来看意味着电子支付将更无缝地融合大众生活之中,也将改变目前绝大多数的传统行业。甚至可以解决某些行业由来已久的顽疾,真正迎来变革的最佳时机。其中停车行业就是即将被颠覆的一员。

(一)问题频发,亟须改变

随着汽车的普及,停车已经成为老大难问题,停车行业存在的盘根错节的弊端愈发凸显。尤其是在北京,停车行业供需矛盾尤为尖锐,并由此引发诸多社会问题。目前北京汽车保有量和车位的配比大约是1:0.5,而国际上一般是1:1.2。在总量结构失衡的背景下,停车难将是个长期挑战:据数据显示,北京占道停车在停车总量里不到3%,但在交通投诉比

例中超过90%。

北京市交通委主任周正宇透露，北京市四万多个路侧停车位管理最为混乱的源头就在停车付费环节。要想在目前的严峻态势上切实解决停车难问题，停车行业必须注入新鲜血液。既然传统的人工收费模式只会引发问题，那混合多种收费模式的高科技技术融入其中为当务之急。因此，北京正在酝酿切断路边停车的现金交易，全面升级电子支付技术。

（二）可选模式众多，需多维度衡量

值得注意的是，停车行业全面升级电子支付技术，并不是想当然地加入相关技术即可。因为当下可供停车管理选择的前沿技术较多，且各自存在不同的优势和弊端，必须在成本、可行性等方面进行全盘综合性考量。

就目前来看，可被列为备选的电子支付技术和解决方案包括移动POS机刷卡计费、传感网络自动计费、综合二维码自助计费和手机照牌补充计费等。考虑车位唯一识别的资源利用效率相同，可从公共服务秩序、技术、产业影响三个角度，进行全面比较分析。

1.移动POS机计费：正面意义较低

从公共服务秩序角度看，车主对其比较认同，但管理部门不好督导。从技术角度看，此种解决方案固然可靠，但实施和运行成本偏高。而从产业影响角度看，停车公司资金管理复杂，变革积极性差，进而无益于市场化和产业培育。

2.传感网络自动计费：成本是拦路虎

从公共服务秩序角度来说，虽然车主主动性强，但一旦有违规行为时，管理部门执法成本极高。站在技术角度，目前尚未完全成熟，有技术风险，实施成本和运行成本极高。而从产业影响角度出发，停车公司因为业务被削弱，导致抵制性强。管理部门可能有垄断资源管理的挑战，削弱市场化进程和产业发展。

3.综合二维码自助计费和手机照牌补充计费：产业影响积极

站在公共服务秩序角度看，因操作便捷、车主主动性强、能够主动辅助收费员计费，停车公司也能够简化流程，管理部门可实现低成本高效督导，可谓一石三鸟。在技术层面，因实施和运行成本低，所以相对可靠。从产业影响角度来说，停车公司和管理部门能够同步提高效率和增加收入，积极性强，从而进一步推动招拍挂机制的市场化良性发展，引导产业做强。

（三）各有利弊：黑马杀出

停车行业的变革虽然迫在眉睫，但实事求是地说，并不是意味着所谓的前沿技术就是好的。如果选择不当，不仅会为停车公司增加运营成本和负担，也会让车主继续感到停车费用过高，同时还会带来监管上的困难。因此，在确定电子支付这一基调和准则后，如何在这些备选电子技术和解决方案中因地制宜，剖析其利弊关键节点就显得非常重要。

移动POS机计费仅能提高工具效率，缺乏大数据功能，导致车主和停车公司纠纷不断，同时增加管理部门监督压力，对整个路侧停车市场未来的变革并无促进意义。传感网络自动计费基于物联网的智能化停车系统，利用传感器节点的感知能力来监控和管理每个停车位，实现停车场的车位管理和车位发布等功能，同时依托移动M2M平台与移动网络覆盖的优势，可以让城域级综合停车管理成为现实。但其缺点在于成本极高，比如深圳某停车场采

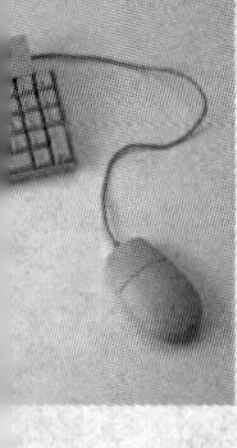

用此技术，前期投入就高达8千多万，这无疑是对资源的一种浪费……

综合二维码自助计费和手机照牌补充计费解决方案的代表——真来电公司推出的停车宝APP，从趋势上来看，符合当下移动互联网及移动电子支付全面普及趋势。通过融合这两大先进、便利的技术，停车宝为停车公司提供完整且低价的云平台解决方案，在大幅降低成本的同时，极大提升运营效率，并减少空置率。

而在车主方面，停车宝搭建多种电子支付快捷渠道，车主主动缴费意识强。由此，管理部门可以实现高效督导。可以说，综合二维码自助计费和手机照牌补充计费是一种"一石三鸟"的解决方案，最终将实现北京市最低变革成本、最低建设和运维成本、最高效率的停车公共服务。

与移动POS机计费、传感网络自动计费相比，综合二维码自助计费和手机照牌补充计费解决方案的代表停车宝更像是一匹黑马，在前二者已经引起大众注意的时候突然杀出，占据有利身位，"吸睛"能力极强。而在小范围的测试中，停车宝已经证明其优势远超同行，黑马成色十足。

写在最后：在电子支付浪潮汹涌来袭的趋势之下，众多与之相关的技术和解决方案呈现百花齐放态势。但毫不客气地说，目前停车行业尚处在变革的初级阶段，仍然是在摸着石头过河，不断摸索着未来正确的发展方向。我们相信，在不断的实践中，将有诸多技术和解决方案被淘汰，剩下的将是真正笑到最后的胜者。

就目前来看，停车宝已经引导公众向二维码和手机照牌形式推动，逐渐成为停车行业变革的中坚驱动力。当然，随时都会有新技术和解决方案涌现——只有惨烈的竞争才能推动行业的进步。按照这样的趋势发展，停车行业将会像打车行业一样，迅速成为大众关注的焦点。不仅催生一批富有潜力的创业团队，也将为大众出行生活的改变带来转机。

（资料来源：DoNews新闻网．2015-03-02．）

【思考题】

根据案例，谈一谈你了解的电子支付方式。电子支付的优势有哪些？"电子支付"给我们的生活带来了哪些便捷？根据本案例，请你分析一下电子支付的发展方向。

第二章 电子支付工具

支付宝推电子钱包

支付宝电子钱包更重要的意义在于其带来了“管理”功能。有分析认为，支付宝的“移动”野心在于接管个人财务管理。支付宝管理的卡券来自阿里平台上淘宝、天猫等资源的打通。

“支付宝钱包”来了。它是支付宝APP客户端的新名字。公测期间它叫“卡宝”，评论者一度将其与苹果的Passbook相提并论，且称之为“类Passbook”应用。

但事实上，支付宝钱包的“野心”远远大于Passbook。支付宝钱包不止复制和涵盖了苹果Passbook的卡券功能，可以整合各类服务票据，如电影票、登机牌、积分卡和礼品卡等，更是集收款、付款、转账、缴费、充值、电子券功能于一身，承载了远多于Passbook的功能。

在整理各类卡券的基础上，用户还能够更便捷地线上支付、线下消费。作为基础功能的“支付”，在支付宝钱包的应用上得以升级，手机客户端的首屏提供了3大支付方式供用户选择，次屏提供了条码支付服务。此外，支付宝声波支付首次发布，其服务在支付宝钱包上被命名为“付钱”。

与Passbook相较，支付宝电子钱包更重要的意义在于其带来了很现实的“管理”功能，并具有实践意义。作为APP客户端其不是简单地将PC互联网端的支付宝平移到移动互联网终端上，而是一次彻底的“改头换面”。过去的支付宝强调更多的是纯支付功能，转账、手机充值、水电煤费等，原支付宝总裁邵晓锋曾经定位支付宝要“像水电煤一样日常”。而如今的支付宝，无论是从界面还是功能设置上，都变得与以往不同，钱包里有什么，它就有什么，照片、银行卡、票据、会员卡……甚至交易记录这个传统功能也被强化了，显得很像是在记账。除了可以通过电子钱包支付网上商品、交水电费，还能指导用户消费，帮助用户收集、管理各种卡券，甚至管理日常生活、财产信息。支付宝正在变身为用户的“贴身管家”。

因此，有分析认为支付宝的“移动”野心在于接管个人财务管理。

此外，支付宝电子钱包出场的另一层意义还在于O2O。作为工具支付宝将成为阿里O2O长链条中不可或缺的一环。此番支付宝电子钱包更是借优惠券切入移动互联支付领域。

支付宝不是做优惠券推送，而是做优惠券的主动寻找、便捷管理和现场核销，把整个链

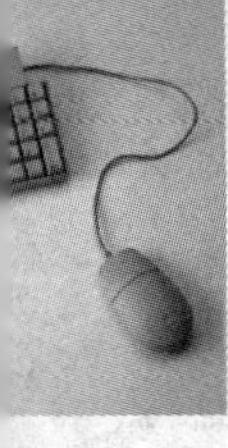

条打通。也就是说，用户拿着手机到处走，可以随时寻找优惠券放进钱包，然后由钱包管理。优惠券快到期了会有提醒，到了消费现场，也可以顺利识别核销，然后提货。

支付宝管理的卡券来自阿里平台上淘宝、天猫等资源的打通。阿里系能实现的应用场景值得期待。

（资料来源：刘重才. 新浪科技. 2013-3-01.）

第一节 电子货币

电子支付工具在金融信息化的推动下蓬勃发展，科学技术的浪潮席卷全球，计算机技术、通信技术、新材料技术、生物技术等飞速发展，给世界经济和人们的正常生活带来了日新月异的变化。其中信息技术的发展最为迅速，影响也最为深远。信息技术普遍应用于银行、证券、保险等金融领域，使古老的金融业迎来了新的发展机遇，以银行卡为代表的电子支付工具就是信息技术应用于金融领域取得的成功典范之一。电子支付工具通过安全、高效、便利的特点，突破了纸质支付的诸多“瓶颈”，受到了人们的广泛欢迎，因而发展迅速，逐渐替代现金和支票，成为支付工具的主要发展方向。

随着计算机技术的发展，电子支付的工具越来越多。这些支付工具可以分为三大类：电子货币类，如电子现金、电子钱包等；在线支付的银行卡类，包括信用卡、借记卡、智能卡等；电子支票类。具体如图 2-1 所示。这些支付方式各有特点和运作模式，适用于不同的交易过程。

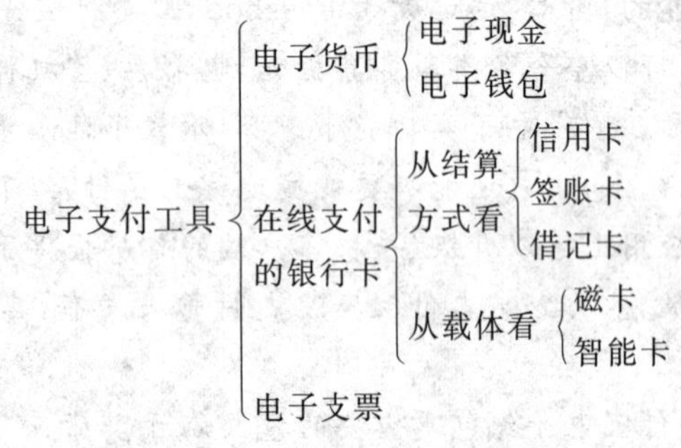

图 2-1 电子支付工具分类

货币是社会生产力发展的产物，是社会中充当固定等价交换物的特殊商品。随着人类文明进步与社会经济体制的成型，在科学与技术的快速推动下，货币也经历了如下几个阶段：原始商品货币，近代金属货币，现代传统纸币以及电子货币。与前几个发展阶段的货币形式不同，电子货币是一种形式上的货币，其本质即特定的计算机软件。

一、电子货币与传统货币的区别

电子货币是在传统货币基础上伴随着信息技术的发展而逐步发展起来的，它与传统货币无论是在职能还是作用等方面均存在着许多共同之处。但作为一种全新的货币形式，其与传统货币之间也存在着十分明显的差别。

1. 发行机制不同

电子货币是不同发行主体自行开发设计发行的产品，其被接受程度和使用范围与发行者的信誉与实力、可使用的物理设备、相关协议等密切相关，其发行机制需针对不同商户、不同产品进行调整，而且发行效力不具有强制性。而传统货币则由中央银行垄断发行，中央银行承担其发行的成本与收益，发行机制由中央银行独立设计、管理与控制，并被强制接受、流通和使用。

2. 发行主体不同

电子货币的发行者是多元化的，可以是银行、非银行金融机构，也可以是公共事业单位、商业或服务业网点、网络服务提供商等企业组织。而传统货币由中央银行垄断发行，而且为中央银行获得铸币税收入、行使基本职能和保持独立性奠定了基础。

3. 传递方式和流通的地域范围不同

电子货币利用网络和通信技术进行电子化传递，传递的只是数字信息，不存在大量现金的转移，因而打破了时空和地域的限制，既快捷、方便，又安全、高效。传统货币传递需要随身携带，或需要运钞车和保安人员进行押送，不仅传递时间长，而且传递数量和地域范围也相对有限。

4. 币值的可分性不同

电子货币作为一种虚拟货币，不具有物理形态，其币值具有无限可分割性，可以满足任何小单位的交易支付。而传统货币具有物理形态，其币值是固定的，不可无限分割。

5. 货币真伪辨别技术不同

电子货币的防伪只能通过加密算法或认证系统等安全技术来实现，而且需要随着安全技术的发展及时更新。而传统货币防伪主要依赖于物理手段。

6. 交易方式不同

电子货币基本上不需要面对面进行交易。交易双方不见面、不接触是电子货币的重要特点。而传统货币通常需要面对面进行交易。

7. 存储空间不同

电子货币作为数字信息所占的空间极小。而传统货币则需要钱箱、保险箱或金库等存储设备，占用空间大。

二、电子现金

(一)电子现金的概念及功能

电子现金(electronic cash，e-cash)也叫数字现金(digital money)，是一种以数字形式流通的货币。它把现金数值转换成为一系列的加密序列数，通过这些序列数来表示现实中各种金额的币值。电子现金的发行机构根据客户的存款额(用现金缴存或转账缴存均可)向客户发放等值的电子现金，并保证电子现金的防伪性。客户可以持电子现金在特约商家进行日常支付和网上购物活动。

电子现金系统企图在多方面为在线交易复制现金的特性：方便、费用低(或者没有交易费用)、不记名以及其他性质，所以多数电子现金系统都能为小额在线交易提供快捷与方便，在小额支付拥有一定的优势。

电子现金首次被戴维·乔姆发明并发行，到1995年年底被设在美国密苏里州的马克·

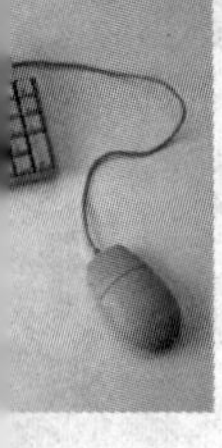

吐温银行接受。现在,电子现金及其支付系统已发展出多种形式。

(二)电子现金的分类

1. 根据载体分类

根据电子现金的载体不同,可以把电子现金分为智能卡形式的电子现金和硬盘数据文件形式的电子现金。

(1)智能卡形式的电子现金,是一种需要新硬件支持并以其为核心的电子现金支付系统。它将货币金额数值存储在智能卡中,当从卡内支出货币或向卡内存入货币时,改写智能卡内的余额。其过程是:启动浏览器,通过读卡器登录到开户银行,将卡上信息告知银行;用户从智能卡内下载电子现金到商家的账户上,或从银行账号下载现金存入卡中。除了与银行账户之间的资金转移外,智能卡的其余的转移操作均可独立完成,不用与银行发生任何联系,从而保证了其分散匿名性和离线操作性。智能卡形式电子现金可应用于多种用途,并且非常容易携带,具有信息存储、安全密码锁等功能,可以配合 SET 或 SSL 使用,安全可靠。SET 非常好地解决了智能卡与电子商务的结合,智能卡上存放的证书使持卡人的身份得到认证,并直接在每一次网上购物时签上客户的数字签名。

(2)硬盘数据文件形式的电子现金,是一种需要软件支持的电子现金支付方式。它用一系列的加密序列数的电脑磁盘数据文件来代表现实中各种金额的纸币或辅币进行网上支付。基于安全使用的考虑,客户、商家和电子现金的发行机构之间交换金融申请都有其自己的不同类型的协议。每个协议由服务器软件——电子现金支付系统与客户端的"电子钱包"软件执行。因为硬盘数据文件电子现金容易被复制重复使用,所以要想保证电子现金的稀缺性和防伪性,电子现金的发行机构就必须采用安全技术措施使得任何其他个人或组织都无法制造(或复制)出这种数字信息文件。硬盘数据型电子现金的真伪识别和重复使用识别需要银行的在线参与,从而削弱了它的离线处理特性。

2. 根据是否联机验证分类

根据支付时商家是否需要与银行进行联机验证,电子现金分为在线电子现金系统和离线电子现金系统。

(1)在线电子现金系统意味着消费者不需要亲自拥有电子现金,而是由一个可信赖的第三方(也就是一家网络银行)参与到所有的电子现金转账过程中,并持有消费者的现金账号。在线电子现金系统要求商家先同消费者开户银行联系,然后接受消费者的采购结算。这样就可以通过确定消费者的电子现金是否有效而防止欺诈的发生。这一过程与确认信用卡的有效性的过程非常相似。

(2)离线电子现金系统是在消费者自己的电子钱包里保存虚拟货币,消费者自己持有电子现金,不需要可信的第三方参与交易。这时需要软硬件来防止电子现金的重复使用和欺诈。

(三)电子现金的优缺点

1. 优点

电子现金可以理解为纸质现金的电子化,在继承了纸质现金优点的同时还有一些自己的特点。与传统支付工具和其他电子支付工具相比,电子现金主要具有如下的优点。

(1)匿名性。

电子现金作为传统纸质现金在网上支付的替代,同样承袭了现金匿名性的特点,这也是其受到网上购物的消费者普遍青睐的原因之一。买方用数字现金向卖方付款,除了卖方以外,没有人知道买方的身份或交易细节。如果买方使用了一个很复杂的假名系统,那么甚至连卖方也不知道买方的身份。保护客户的隐私是电子现金的主要优点,除了买卖双方的个人记录以外,没有任何关于交易已经发生的记录,因此电子现金不能提供用于跟踪持有者的信息,连银行也无法分析和识别资金流向。

(2)结算成本低,适于小额交易。

电子现金的转账的成本要比处理信用卡的成本低。传统的货币交换系统要求银行、分行、银行职员、自动取款机及相应的电子交易系统来管理转账和现金,成本非常高。电子现金的转账只需现有的技术设施、互联网和现有的计算机系统就可以,所以处理电子现金的硬件固定成本趋近于零。因此电子现金尤其适合因特网上一些小额资金的支付结算。(关于小额支付的观点,有认为 5 美元以下的支付属于小额支付,也有认为 10 美元以下属于小额支付。)

(3)支付不受空间限制。

传统现金的传输费用比较高,这是由于传统现金是实物,实物的多少与现金金额是成正比的,而大额实物现金的保存和移动是比较困难和昂贵的,因此实物货币所传输的距离与其处理成本成正比,传输距离越远,移动它所需的成本就越高。而电子现金借助 Internet 在发送者与接收者之间直接传输就完成了支付过程,并且 Internet 能够覆盖全球,所以电子支付的距离增加不会造成支付成本的显著增加,即远距离电子支付与近距离电子支付的成本是基本一样的。

(4)以先进的技术手段保证支付的安全性。

电子现金虽避免了实物现金携带和管理的高风险,但同样存在安全问题,如需要防止伪造、篡改、抵赖和重复使用。为此,电子现金支付过程始终伴随着先进信息技术的运用,如充分利用数字签名、隐藏签名等安全技术来防止抵赖、篡改、伪造。如果需要,还可附加后台银行认证,提高防止伪造与重复使用的识别能力。

2. 缺点

电子现金毕竟是“新生事物”,它的“看不见、摸不着”的特点在为消费者网上购物带来便利的同时,也带来一些新的问题。

(1)洗钱问题和对税收的影响。

电子现金的匿名性使得税务部门难以追踪其支付过程,因此不法商贩可能利用这一点逃税。利用电子现金可以将钱送到世界上任何地方而难以察觉,因此洗钱也变得容易和猖獗,如果调查机关想要获得证据,则要检查网上所有的数据包并且破译所有的密码,这实施起来难度相当大。

(2)对货币供应的干扰。

因为电子现金可以随时与普通货币兑换,所以电子现金量的变化也会影响真实世界的货币供应量。如果银行发放电子现金贷款,电子现金的量就可能增多,产生新货币。这样当电子现金兑换成普通货币时,就会影响到现实世界的货币供应。从另一个角度而言,电子货

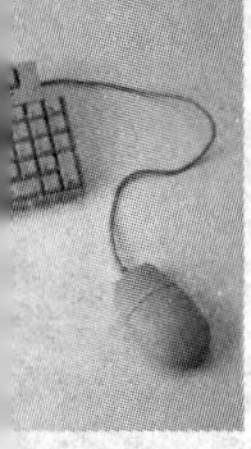

币的发行使流通中的普通货币需求减少，其发行的规模越大，可用于结算的余额就越多，但同时也要求有更多的传统货币随时准备赎回相当数量的电子货币，这就要求货币发行当局有足够的货币储备。电子货币的发行和流通对央行的货币政策和货币供给调控能力提出了挑战和质疑。

(3)电子现金的盗用和非法复制。

以电子数据形式存在于计算机中、通过网络传输完成支付过程的电子现金面临的最大安全风险是电子现金的被盗用、非法复制、恶意程序的破坏以及重复使用等。也就是说电子现金在带来支付便捷的同时，也面临更多高科技犯罪的风险。在信息技术一日千里的当下，魔和道的此消彼长的较量中，电子支付相关组织的网络和信息安全技术必须时刻走在前面，保持积极的动态更新，才可能保障支付过程的安全和电子现金合法持有者的权益。

(4)电子现金支付安全对技术及其相关成本的要求

虽然电子现金较传统货币而言在其本身制作上大大减少了成本，但电子现金运行系统的建立将会花费相当大的成本。电子现金对于硬件和软件的技术要求都较高，需要一个庞大的中心数据库，用来记录使用过的电子现金序列号，以解决其发行、管理、重复消费及安全验证等重要问题。当电子现金大量使用和普及时，中心数据库的规模将变得十分庞大。因此，尚需开发出软硬件成本更低廉的电子现金。

(四)电子现金的工作原理及支付流程

电子现金的网络支付过程涉及商家、客户与发行银行三个主体，其业务处理流程一般概括为如下步骤。

(1)预备工作。电子现金接收商家与电子现金发行银行分别安装电子现金应用软件，为了安全交易与支付，商家与发行银行从CA中心申请数字证书。消费者要想拿到电子现金，必须持能够证明身份的证件到发行电子现金的银行去开设一个账户并存入一定金额，得到电子现金应用软件后将其安装到自己的计算机上。为了安全交易，消费者一般也需要到CA中心申请自己的数字证书。以后，当消费者想用电子现金支付时，就可以通过互联网访问发行银行并提供身份证明(一般是数字证书)。在银行确认了消费者的身份后，就会发给消费者一定量的电子现金，并从消费者的账户上减去相同的金额。不过，银行会收取一小笔处理费，费用的金额与所发的电子现金数额成正比。消费者将电子现金存在其电子钱包或智能卡上就可以留待以后使用了。

(2)客户验证网上商家的真实身份(安全交易需要)，并确认商家能够接收电子现金后，挑好商品，选择自己持有的电子现金来支付。

(3)客户把订单与电子现金借助 Internet 一起发送给商家服务器(可利用商家的公钥对电子现金进行加密传送，商家收到后利用自己的私钥解密)。对客户来说，到支付这一步就算完成得差不多了，无需银行的中转。

(4)商家收到电子现金后，可以随时地一次或批量地到发行银行兑换电子现金，即把接收的电子现金发送给电子现金发行银行，与发行银行协商进行相关的电子现金审核与资金清算，电子现金发行银行认证并收回电子现金后把同额资金转账给商家开户行账户。

(5)商家确认客户的电子现金真实与有效性后，确认客户的订单与支付，并发货。

在整个支付过程中，最重要的环节是发行银行对电子现金的真伪鉴别和是否重复使用的识别，要解释这一环节如何为电子现金提供安全保证就要从电子现金的原理说起。对于完全匿名的电子现金，银行在其所发行的电子现金上嵌入一个序列号以实现对电子现金的数字签名。具体过程是：首先，想要使用电子现金的消费者随机创建一个序列号，然后把它传输给发行电子现金的银行；银行在消费者的随机序列号上加数字签名，然后把随机数、电子现金和数字签名打包发给用户；用户收到电子现金后，将原随机序列号剔除，但保留银行的数字签名。消费者现在就可以用只有银行数字签名的电子现金了。消费者支付电子现金后，商家把它发给发行银行，因为有银行的数字签名，银行就可以确认电子现金的真实性。银行将新收到的电子现金与电子现金库中所存储的已收回电子现金的序列号对照就可知道该电子现金是否被重复使用。若为合法的电子现金就将其收回，序列号记入电子现金库中，如图 2-2 所示。

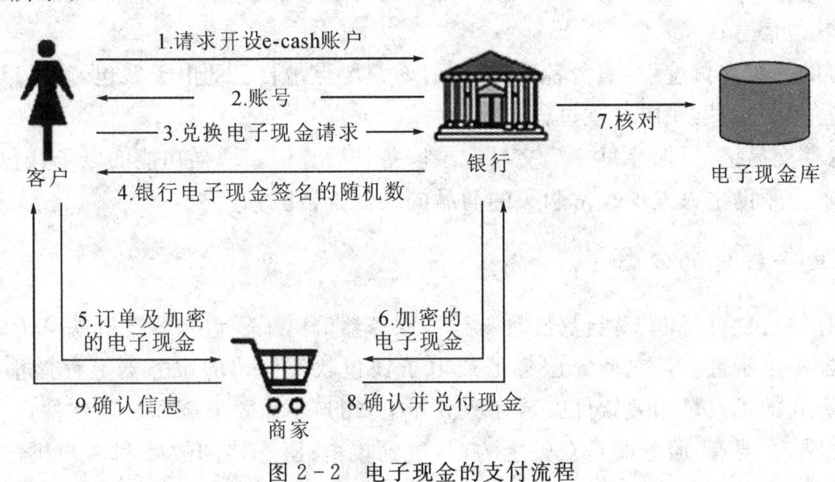

图 2-2　电子现金的支付流程

三、电子钱包

(一)电子钱包的概念和功能

电子钱包(e-wallet 或 e-purse)，是电子商务购物活动中常用的一种支付工具，尤其适于小额支付。从本质上说，电子钱包是一个客户用来进行安全网络交易特别是安全网络支付并储存交易记录的特殊计算机软件或硬件设备，如同生活中随身携带的钱包一样，其中可以存放电子货币(如电子现金、电子零钱、电子信用卡等)、所有者的身份证书、所有者地址以及结算和送货所需要的其他信息。

位于“英国的硅谷”斯温敦(Swindon)市的西敏寺银行(National-Westminster)开发的电子钱包 Mondex 是世界上最早的电子钱包系统，于 1995 年 7 月首先在斯温敦试用，很快被广泛应用于斯温敦的超市、酒吧、珠宝店、宠物商店、餐饮店、食品店、停车场、电话亭和公交车辆之中。使用时只要把 Mondex 卡插入终端，三五秒钟之后，一笔交易就完成了。读取器将从 Mondex 卡的钱款中扣除本次交易的花销。此外，通过专用终端还可将一张 Mondex 卡上的钱转移到另一张 Mondex 卡上。

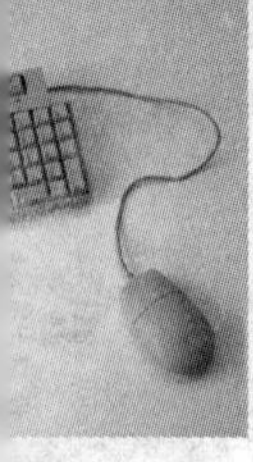

随着网络购物的普及，消费者越来越厌倦每次购物时都必须填写的一系列信息。过长的购物和支付表单会使电子商务行业损失成百上千万元的机会，很多人会因厌恶填写表单而在收款台前丢下电子购物车扬长而去。Forrester 调查公司的调查结果显示，65％的购物者挑选好商品最终没有完成结账手续。Transactor 网络公司发现：如果有工具帮助人们将所需信息自动输入到收款表里，消费者放弃购物的可能性要小得多。

电子钱包就具有这样的功能，从而提高网上购物的效率。由于电子钱包里存储了信用卡、电子现金、所有者身份证书和所有者联系地址等信息，消费者选好要采购的商品后，点击自己的电子钱包，电子钱包就会自动填写相关信息完成支付过程，使得消费者不必在每个购物网站、每次购物时都做这些重复性工作。

总结起来，电子钱包主要具有以下功能。

(1)个人信息管理：存放信用卡、电子现金、所有者身份证书、所有者地址以及在线付款所需要的其他信息；

(2)协助完成支付过程：消费者选好商品后，只要点击自己的电子钱包，就可以由电子钱包自动填写相关信息，完成付款过程；

(3)保存交易记录：保存每一笔交易记录以备日后查询。增强功能的电子钱包还可以使用网络机器人帮助主人发现经常购买的商品的最低价格。

(二)电子钱包的分类

根据存储位置可将电子钱包分成两类，即服务器端电子钱包和客户机端电子钱包。

服务器端电子钱包是在商家服务器或电子钱包软件公司的服务器上存储消费者的信息。这种方式的优点是相关软件安装在服务器上，用户不需要下载和安装软件，可以随时随地使用。缺点主要有：服务器是众矢之的，易遭到攻击；服务器的故障和客户机—服务器之间的安全漏洞有可能导致用户的个人信息泄露和账户损失；消费者要使用某个商家网站上的服务器端电子钱包，前提是商家必须要支持这个电子钱包。所以，电子钱包供应商要想让消费者接受这个电子钱包，必须先说服大批商家先接受。因此，只有少数服务器端电子钱包才可能取得成功。

客户机端电子钱包是在消费者自己的计算机上存储消费者的信息。使用这种电子钱包的消费者必须在自己的计算机上下载并安装钱包软件。这种方式的优点是客户信息和账户的安全性、隐私性较高，缺点是每个使用钱包的计算机必须安装钱包软件，且电子钱包携带不便，如果不是在安装了自己电子钱包的计算机上购物，就不能使用其功能了。

(三)电子钱包的特点

电子钱包与银行卡一样是用来代替现金交易的，但银行卡多数需要在线授权和密码认证，通常用于对交易速度要求不高的大额支付领域。而在交通、快餐等要求交易速度快、成本低的小额支付领域，电子钱包的离线交易速度和交易成本都优于现金。电子钱包主要有以下特点。

1. 非实名制

实名制的作用是允许挂失和交易验证，由于电子钱包大部分是脱机交易，如果允许挂失，那么挂失信息必须及时在各个终端生效，才能保证挂失效果，这样对系统和终端的技术性能要求将大大提高，导致交易系统复杂，成本提高。因此为了减少钱包的维护成本，简化交易机制，加快交易速度，大部分电子钱包都是不记名、不挂失的。

2. 脱机交易

由于是不记名、不挂失的，无需联机验证持卡人的身份。出于对成本和交易速度的考虑，大部分电子钱包选择了脱机交易的方式。由于IC卡可以存储密码，电子钱包也可以采用本地密码验证。脱机交易验证较连线交易简单，本地验证的内容主要是电子钱包的真实性(是否伪卡)。因为使用脱机交易的方式，而且无须加密、签名，电子钱包交易处理的时间很短。

3. 小额支付

电子钱包主要是用于不适合银行卡交易的小额支付领域。由于银行卡的交易要求在线授权、认证，对通讯条件有一定要求，不能满足小额支付领域对离线支付和交易处理速度的需求，因此小额支付市场成为银行卡应用的一个盲点，而电子钱包正好具备脱机、无须密码、交易结算费用低等小额支付所需要的优点，填补了银行卡遗漏的市场盲点。

4. 使用环境相对封闭

由于电子钱包不是法定货币，其使用的范围与发卡机构的营销手段及受理环境的建设密切相关，大面积推广牵涉到更多的利益平衡，因此开放度有限，一般在小范围、相对封闭的环境中应用比较成功。这一点在一些小的国家和地区显得特别明显，如香港、比利时。

(四)电子钱包网络支付的流程

电子钱包的网络支付模式，是电子商务过程中客户利用电子钱包作为载体，选择其存放的电子货币如信用卡、电子现金等，在 Internet 平台上实现即时、安全可靠的在线支付形式。具体支付流程如下：

(1)客户在商家的网站上选择要购买的商品，检查且确认自己的购物清单后，单击电子钱包的相应项或电子钱包图标，电子钱包立即打开，然后输入自己的保密口令，在确认是自己的电子钱包后，从中选择一张电子信用卡来付钱(以信用卡支付为例进行说明)。

(2)如经发卡银行确认后被拒绝且不予授权，则说明此卡钱不够或没有钱，可换卡再次付款。

(3)发卡银行证实此卡有效且授权后，后台网络平台将资金转移到商家收单银行的资金账号，完成结算，回复商家和客户。

(4)商家按订单发货，与此同时，商家或银行服务器端记录整个过程中发生的财务与物品数据，供客户电子钱包管理软件查询。

(五)国内外电子钱包的应用状况

1. 国外电子钱包的应用

国外电子钱包主要有 VISA cash、Mondex、Master-Cardcash、EuroPay 的 Clip、比利时的 Proton 等。其中，Proton 最初是由比利时的 Hanksys(比利时全国支付系统运营商)开发，由各家银行发行，非常成功。Proton 电子钱包复合在借记卡上，可以在比利时任何一台

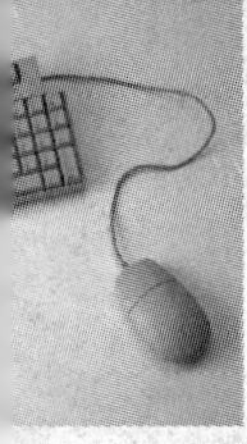

ATM 机上充值。一些银行认为保证其成功的主要因素，是存在像 Banksys 这样的支付系统运营商负责银行间的合作和清算。

法国人是将智能卡应用于银行卡的先驱，受理终端十分发达，任何银行发行的贷记/借记卡都可以方便地在遍布全国的 ATM 机上使用或在商户的 POS 机上消费，智能 IC 卡基本上能够满足消费者的需要，因此，法国在推广电子钱包应用方面，并不十分积极。到目前为止，推出了的电子钱包试验项目主要有：Modeus，Moneo 和 Mondex。Modeus 是一种双界面卡，它在一张卡上集成了电子钱包、公交电子车票和其他应用，由法国的四家金融组织和两家交通机构共同运行。Modeus 的非接触界面的电子车票用于乘坐地铁、轻轨和公共巴士，而其接触界面的电子钱包将可以在车站附近的商店或公共电话亭使用，Modeus 还可以用于高速公路、停车场以及市政设施的收费。Moneo 是一张纯银行应用的电子钱包卡，它的特点是将 GeldKarte 电子钱包与已经在法国得到广泛应用的 CB 银行卡结合在一起。Credit Mutuel 银行是第一家推出以欧元为主的电子现金的银行，在法国有近 5 千家分支机构、1200 万用户，是法国最大的收单行和第二大发卡银行，Mondex 电子钱包除了可以在传统的零售商店使用，还用于网上支付。

澳大利亚邮政与 Travelex 旅游公司合作开办了一项名为“Travelex 现金护照”的新业务，实际上是一种电子钱包，它匿名、预存资金，可以在餐馆、商店和宾馆使用。用户可以在任何有 VISA 标记的自动取款机上提取所在国的货币。它适合没有信用卡的年轻游客使用，24 小时免费紧急救助也特别有用。游客如果需要帮助，在语言不通的背景下，多种语言援助小组会及时提供帮助。例如，如果游客丢失旅行护照，该业务团队可以为游客提供必要的引导。如果丢失了现金和所有信用卡，只需 20 分钟，该业务团队就会为游客送来急需的资金。

新加坡主要银行、电信公司、信用卡公司和电子收费系统公司已同意共同采用“近距离无线通信技术”(near field communication，NFC)，让手机成为更全面的“电子钱包”。NFC 整合手机与电子钱包功能，通过非接触式的方式来进行无线交易付款的应用，同时还可下载特约商店的电子优惠券。用户把信用卡、提款卡及其他付费卡的资料置入手机中，在日常生活中以手机取代钱包。以后出门购物，只需拿着手机在终端机前晃一晃，就能签信用卡；需要现款的时候，只要把手机拿到提款机前，输入个人密码，就能从自己的户头中提取现款。银行和电信公司之间将有一个独立的第三方公司，负责协调“手机钱包”服务和收费机制。

除了上述的电子钱包项目以外，许多国家都实验过电子钱包发行方案。但在市场推广方面获得重大成功的很少，以德国的 Geldkarte 为例，GeldKarte 电子钱包由德国的银行组织 ZKA 开发，目前在德国已发行 5000 万张 GeldKarte 卡，GeldKarte 卡结合了借记卡功能和电子钱包功能，但其电子钱包功能却没有得到广泛的使用。虽然发行量居欧洲第一，但使用频率并不高，迄今为止也只是一项亏损的项目。

2. 国内电子钱包的应用典型领域

城市“一卡通”。城市“一卡通”通常指在生活中交易额较小、用现金特别是零钞支付的消费过程，如公共交通系统、公用电话系统、路桥收费系统、停车场收费、快餐业、百货零售业、公园门票和电影票等。随着 IC 卡应用的普及，全国许多城市都陆续建立了基于 IC 卡应用的小额支付一卡通系统，该系统主要用于公共交通、出租、轮渡、高速公路、停车场、小额餐饮、超市、社保等行业和领域，并逐渐形成“一卡通用、一卡多用”的综合网络服务体系，从而极大地方便了市民的日常生活。

(1)预付费卡。

预付费卡实质上是一种行业储值卡，属于企业或服务机构的经营行为，并游离于金融监管体系之外。以上海商银资讯有限公司为例，该公司是中国银联旗下的专业从事银行卡发卡环节外包业务的专业公司，其发行的“商银通卡”使用范围跨越百货、餐饮、商业、娱乐等多种行业，能满足持卡人购物、餐饮、休闲、娱乐、健身、劳防、培训、会务、公用事业缴费等多项消费需求，或已成为短期内融资的重要手段，商家往往以低于商品、服务价格的优惠或延长服务时间段等方式吸引消费者买卡。

(2)加油卡。

在行业卡中，还有一个引人注目的焦点就是加油卡。目前国内加油站50%集中在两大石油公司——中石化和中石油。以中石化为例，为了发行加油卡，中石化制定了《中国石化加油IC卡应用规范》，其受理机具修改一下程序就可以受理人民银行PBOC标准的电子钱包。目前中国石化北京分公司与工商银行合作，已经开通了它们受理电子钱包的功能，工商银行的“牡丹交通卡”也开通了电子钱包功能。

(3)银行电子钱包。

除行业卡之外，各家银行根据人民银行的金融IC卡规范发行的IC卡基本上都是符合PBOC标准的通用电子钱包，如工商银行的牡丹交通卡、中国银行的石化加油卡等等。尽管银行电子钱包从九十年代开始出现了，但是在实际应用中，却没有得到普遍推广。其原因在于，首先，中国和美国一样，通信成本大大低于欧洲，电子钱包离线交易在成本上的优势就显得微不足道。在银行借记卡和贷记卡可以进入的小额支付领域，电子钱包除了交易速度的优势以外，其他方面乏善可陈。其次，目前对交易速度要求比较高的小额支付领域主要有高速公路、停车场、地铁、公交车、出租车以及快餐店等，非接触式卡片比较实用，而银行电子钱包目前还没有非接触标准，因此在一些小额支付领域的应用受到限制。另外，在营销手段方面，行业卡之所以能够推广的重要原因之一是其能够开具商业发票，集团购买形成储值卡销售的主要渠道，而银行电子钱包不具备这种集团购买的营销渠道。因此，对于纯支付功能的银行电子钱包，各家银行投资很谨慎。

三、电子现金与电子钱包的关系

电子现金和电子钱包是人们谈到电子支付时往往会相提并论的对象，在电子支付的相关教材和文章中，这二者也常常形影不离，但既然两者都独立作为论述的对象，就说明它们的关系并非同一，以下将对这二者的关系进行系统地分析。

首先，从二者的相关性来看。电子现金与电子钱包在概念上有相通和近似的地方，在支付实践中往往相辅相成，关系密切。从概念上来看，电子现金和电子钱包都是网上支付的一种工具，并且都具有处理成本低、速度快、适于小额支付的特点，都能支持离线支付，都可以具有匿名性的特点。从支付过程来看，电子钱包和电子现金二者的关系类似普通的钱包和其中的传统现金的关系。也可以说，电子钱包是电子现金的载体，是支付过程的平台；电子现金是电子钱包里的内容，是支付的实质(就选择电子钱包中的电子现金完成支付的情况而

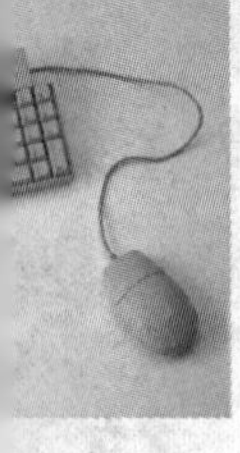

言),可见这二者的关系又是非常密切的。

其次,从二者的区别来看。虽然电子钱包和电子现金的使用过程让用户难以明确地区分彼此,但从概念和功能来看,二者还是有显著区别的。电子现金仅仅是以数字形式存在和流通的货币,其本身仅具有货币的基本功能(价值尺度、流通手段、储蓄手段和支付手段)。而电子钱包作为货币在网上支付过程中所衍生出来一种新的支付手段、普通钱包的电子化形态,它继承了普通钱包的功能,虽然支付者看到的是利用电子钱包完成了网上支付,但实质上,电子钱包在此过程中的主要功能还是辅助完成支付过程,例如存储和管理个人的电子货币信息、结算信息、送货信息,自动替消费者填写交易订单,保存交易记录……实际支付功能的承担者还是电子钱包中被选择的电子现金、电子信用卡等支付工具。这个过程与我们在传统购物模式中付钱时,先打开钱包,从中选择现金或者银行卡刷卡支付的过程是不是很像?所以我们仔细研读电子钱包的概念就会发现,本质上它是一种网络交易和网络支付的特殊软件或硬件设备。此外,从金融电子行业的角度看,二者也有些差异。电子现金是基于借贷记的应用,从读取支付系统目录,到终端风险管理,一直到交易结束,严格来说每一步都必不可少,完全遵守借贷记规范。而电子钱包本身是独立于借贷记的一种应用,或者说它不同于 EMV 的规范。它在安全管理、风险控制方面并没有 EMV 那样严格,因为毕竟是做小额支付的,本身风险就不大。比如一个基于电子现金的交易肯定要具备终端风险管理、终端行为分析、卡片行为分析等操作,而电子钱包就没有这些要求。

就目前的情况来看,无论是金融机构(比如银行),还是一些非金融的行业机构,在推广金融 IC 卡小额支付的应用时,都是优先选择电子钱包。因为无论是卡片,还是终端(POS、圈存机等),开发基于电子现金的应用,复杂度都是要大过电子钱包的。

第二节　在线支付的银行卡

银行卡是指经批准由商业银行(含邮政金融机构)向社会发行的具有消费信用、转账结算、存取现金等全部或部分功能的信用支付工具。

银行卡的分类标准有多种。从结算方式看,银行卡主要有三种,即,信用卡、签账卡和借记卡。信用卡的持有者可以在发行银行规定的信用额度内消费,相当于向银行借钱消费,然后在一定期限内把钱还清。信用卡通常采用刷够一定次数免年费的策略,但如果在规定时间内没有还清欠款,则银行要收取罚金,并在账户上留下不良记录。VISA、MasterCard 和 EuroPay 是目前国际上最主要的三种信用卡。签账卡与信用卡不同,它具有无限信贷额度,是常刷大笔金额的持卡人的最佳工具。欠账要在规定计费周期内全部还清,大约在账单产生的 30 到 45 天之内。签账卡一般要收取年费。美国运通公司的 GreenCard 是签账卡的代表。借记卡是要求持卡人先将资金存到卡账户中,然后再持卡消费。每次消费都要核对用户的账户是否有足够的余额来支付。MasterCard、VISA 和 EuroPay 都发行借记卡。

从载体角度看,银行卡主要有磁卡和智能卡两种。磁卡是一种磁记录介质卡片,它由高强度、耐高温的塑料或纸质涂覆塑料制成,与各种读卡器配合作用,用来标识身份或其他用途。通常,磁卡的一面印刷有说明提示性信息,如插卡方向;另一面则有磁层或磁条,具有2～3个磁道以记录有关信息数据。智能卡(smart card)是一种大小和信用卡相似的塑料卡片，内含一块直径在 lcm 左右的硅芯片，具有存储信息和进行复杂运算的功能。它被广泛地应用于电话卡、金融卡、身份识别卡以及移动电话、付费电视等领域。以下将重点探讨信用卡和智能卡的网上支付。

一、信用卡

（一）信用卡的概念

信用卡(credit card)，又叫贷记卡，是一种非现金交易付款的方式，是简单的信贷服务。信用卡一般是长 85.60 毫米、宽 53.98 毫米、厚 1 毫米的具有消费信用的特制载体塑料卡片，是银行向个人和单位发行的，凭此向特约单位购物、消费和向银行存取现金，其正面印有发卡银行名称、有效期、号码、持卡人姓名等内容，背面有磁条、签名条。信用卡由银行或信用卡公司依照用户的信用度与财力发给持卡人，持卡人持信用卡消费时无须支付现金，待账单日(billing date)时再进行还款。

信用卡分为贷记卡和准贷记卡，贷记卡是指银行发行的、给予持卡人一定信用额度、持卡人可在信用额度内先消费后还款的信用卡；准贷记卡是指银行发行的，持卡人按要求交存一定金额的备用金，当备用金账户余额不足支付时，可在规定的信用额度内透支的信用卡。本书所说的信用卡，一般单指贷记卡。

（二）信用卡的起源

最早的信用卡出现于 19 世纪末。19 世纪 80 年代，英国服装业发展出所谓的信用卡，旅游业与商业部门也都跟随这个潮流。但当时的卡片仅能进行短期的商业赊借行为，款项还是要随用随付，不能长期拖欠，也没有授信额度。

据说 20 世纪 50 年代的一天，美国商人曼哈顿信贷专家弗兰克·麦克纳马拉在纽约一家饭店招待客人用餐，就餐后发现他的钱包忘记带在身边，不得不打电话叫妻子带现金来饭店结账，因而深感难堪，于是麦克纳马拉产生了创建信用卡公司的想法。1950 年春，麦克纳马拉与他的好友施奈德合作投资一万美元，在纽约创立了“大来俱乐部”(Diners Club)，即大来信用卡公司的前身。大来俱乐部为会员们提供一种能够证明身份和支付能力的卡片，会员凭卡片到指定 27 间餐厅就可以记账消费，不必付现金，这就是最早的信用卡。这种无需银行办理的信用卡属于商业信用卡。

1952 年，美国加利福尼亚州的富兰克林国民银行作为金融机构首先发行了银行信用卡，成为第一家发行信用卡的银行。

1959 年，美国的美洲银行在加利福尼亚州发行了美洲银行卡。此后，许多银行加入了发卡银行的行列。到了 20 世纪 60 年代，银行信用卡很快受到社会各界的普遍欢迎，并得到迅速发展，信用卡不仅在美国，而且在英国、日本、加拿大以及欧洲各国也盛行起来。从 20 世纪 70 年代开始，中国香港、中国台湾、新加坡、马来西亚等发展中国家和地区也开始办理信用卡业务。

信用卡具有以下特点：不鼓励预存现金，先消费后还款，享有免息还款期，可自主分期还款(有最低还款额)，加入 VISA，Master Card，JCB 等国际信用卡组织以便全球通用。

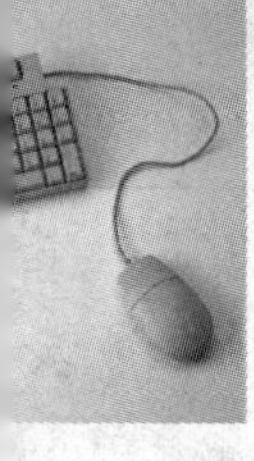

20世纪60年代,信用卡在美国、加拿大和英国等欧美发达国家萌芽并迅速发展,经过50多年的发展,信用卡已在全球95%以上的国家得到广泛受理。20世纪80年代,随着改革开放和市场经济的发展,信用卡作为电子化和现代化的金融支付工具开始进入中国,并在近十年的时间里,得到了跨越式的长足发展。

在经历了金融危机以及国内经济的起伏后,我国信用卡市场在2010年有所回暖。截至2010年底,国内信用卡发行总量已突破2亿张。2010年全国信用卡跨行交易金额达到5.11万亿元,消费金额2.7万亿元,信用卡消费在社会消费品零售总额中所占的比重不断提升。

据《2013—2017年中国信用卡行业深度调研与投资战略规划分析报告》显示,2010年以来,为了抑制资产价格过快上涨和控制通货膨胀,中国政府实施了稳健的货币政策,并采取了一系列适度紧缩措施,表明宏观审慎和强化资本监管成为当下中国银行业监管的核心,各项紧缩性货币供给操作和资本约束政策对中国商业银行的流动性水平、信贷投放节奏和结构都产生了深远的影响。分析认为,行业格局的演进状况使得产品组合进一步优化、多元化,也加大了对新行业标准和移动支付的研发力度,信贷渗透深化,分期业务向纵深发展。

2012年2月,银行证实信用卡无密码更安全,若盗刷与银行同担责任。享有25~56天(或20~50天)的免息期。刷卡消费享有免息期,到期还款日前还清账单金额,不会产生费用。取现无免息还款期,从取现当天收取万分之五的日息,银行还会收取一定比例的取现手续费。

中国信用卡市场依然是中国个人金融服务市场中成长最快的产品线之一,虽然行业竞争激烈,但受规模效益以及消费者支出增长的推动,今后10年间中国信用卡发卡量的年均增速将保持在14%左右,盈利状况也将趋向好转,预计到2020年,中国信用卡的累计发卡量将超过8亿张。

(三)信用卡的种类

1. 按发卡机构分类

根据发卡机构不同,信用卡可分为银行卡和非银行卡。

(1)银行卡。这是银行所发行的信用卡,持卡人可在发卡银行的特约商户购物消费,也可以在发卡行所有的分支机构或设有自动柜员机的地方随时提取现金。

(2)非银行卡。这种卡又可以具体地分成零售信用卡和旅游娱乐卡。零售信用卡是商业机构所发行的信用卡,如百货公司、石油公司等,专用于在指定商店购物或在汽油站加油等,并定期结账。旅游娱乐卡是服务业发行的信用卡,如航空公司、旅游公司等,用于购票、用餐、住宿、娱乐等。

2. 按发卡对象分类

根据发卡对象的不同,信用卡可分为公司卡和个人卡。

(1)公司卡。公司卡的发行对象为各类工商企业、科研教育等事业单位、国家党政机关、部队、团体等法人组织。

(2)个人卡。个人卡的发行对象则为城乡居民个人,包括工人、干部、教师、科技工作者、个体经营户以及其他成年的、有稳定收入来源的城乡居民。个人卡是以个人的名义申领并由其承担用卡的一切责任。

3. 按持卡人资信分类

根据持卡人的信誉、地位等资信情况的不同，信用卡可分为普通卡和金卡。

(1)普通卡。普通卡是对经济实力和信誉、地位一般的持卡人发行的，对其各种要求并不高。

(2)金卡。金卡是一种缴纳高额会费、享受特别待遇的高级信用卡。发卡对象为信用度较高、偿还能力及信用较强或有一定社会地位者。金卡的授权限额起点较高，附加服务项目及范围也宽得多，因而对有关服务费用和担保金的要求也比较高。

4. 按清偿方式分类

根据清偿方式的不同，信用卡可分为贷记卡和借记卡。

(1)贷记卡。它是发卡银行提供银行信用款时，先行透支使用，然后再还款或分期付款，国际上流通使用的大部分都是这类卡。也就是说允许持卡人在信用卡账户上无存款，其清偿的方式为"先消费，后存款"。

(2)借记卡。它是银行发行的一种先存款后消费的信用卡。持卡人在申领信用卡时，需要事先在发卡银行存有一定的款项以备用，持卡人在用卡时需以存款余额为依据，一般不允许透支。目前我国各银行发行的信用卡基本上属于借记卡，但是允许持卡人进行消费用途的善意、短期、小额的透支，根据不同的卡种，规定不同的限额，并在规定的期限内还款，同时支付利息。因此，实质上是具有一定透支功能的借记卡。

5. 按流通范围分类

根据信用卡流通范围的不同，可分为国际卡和地区卡。

(1)国际卡。国际卡是一种可以在发行国之外使用的信用卡，全球通用。境外五大集团(万事达卡组织、维萨国际组织、美国运通公司、JCB信用卡公司和大莱信用卡公司)分别发行的万事达卡(Master Card)、维萨卡(VISA Card)、运通卡(American Express Card)、JCB卡(JCB Card)和大莱卡(Diners Club Card)多数属于国际卡。

(2)地区卡。地区卡是一种只能在发行国国内或一定区域内使用的信用卡。我国商业银行所发行的各类信用卡大多数属于地区卡。

(四)使用信用卡的优点及缺点

1. 信用卡的优点

信用卡支付方式与其他支付工具相比主要具有以下优点。

(1)携带方便，简单易用。信用卡支付过程简便，普通用户只要经过简单的学习即可掌握用法。

(2)信用卡被广泛发行、普遍接受。一些金融机构发行的信用卡可以直接在世界范围内使用。当需要货币兑换时，发卡行会自动为用户处理。

(3)具有信贷功能。信用卡支持用户先消费后付款。特别是一些级别高的持卡人可享有较大的信贷额度。

(4)对持卡人有一定的安全保障。信用卡有账户和口令，丢失后可以挂失，还可以有口令保护，相对于匿名性的支付工具，信用卡在丢失后还可为持卡人提供一些补救措施。从交

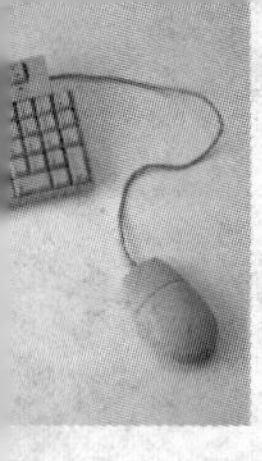

易的角度看，信用卡系统提供了一定的消费者保护，因为消费者有权在一定时间范围内退货并拒绝支付货款。例如，商品出现质量问题消费者提出退货，当消费者（持卡人）通知发卡行取消支付后，发卡行通知信用卡清算公司或者收单行，要求退款，随后信用卡清算公司会向收单行扣收退款。那么收单行将从商家账户中扣款给信用卡清算公司。

(5)信用卡支付系统为商家提供一定程度的信用担保。当消费者以信用卡支付时，商家可以使用信用卡处理网络进行验证和授权，在一定程度上防止欺诈。

2. 信用卡的缺点

尽管信用卡支付有诸多优点，但不得不说的是，这种支付工具也有一些缺陷，具体如下。

(1)恶意透支问题。信用卡在为持卡人带来透支消费的便利的同时，也给银行带来了持卡人恶意透支的风险。

(2)交易成本问题。信用卡服务公司会向商家收取交易费和月服务费。这些费用累积起来数额不小，特别是对于小额支付的交易，例如 5 美元以下的支付，处理支付所产生的费用将导致商家的利润缩水甚至亏本。但是不接受信用卡支付的商家又会因此损失销售机会。另一方面，虽然消费者使用信用卡结算不需要直接缴纳费用，但是商品和服务的价格会因为商家的结算成本上升而高于现金或其他非信用卡支付时的价格。而且，有些信用卡还需要缴纳年费。这些都导致持卡人以信用卡消费时的成本上升。

(3)欺诈性支付问题。虽然信用卡支付系统为商家提供了一定程度的信用担保，但仍不能完全避免消费者的欺诈性支付。遭遇欺诈性支付时，在线商家不仅会损失商品和送货成本，而且还要接受信用卡管理协会的罚款。不仅如此，他们还要为防范欺诈性支付采取措施，如建立一套订单核查标准，人工进行订单的复查，一旦订单没有通过核查标准拒绝交易，避免风险损失——这些都会产生一系列成本。另外，由于被拒绝的交易可能是良性的合法交易，这又会造成商家的机会损失。

二、智能卡

(一)智能卡的结构与特点

智能卡(smart card)是一种将具有微处理器及大容量存储器的集成电路芯片嵌装于塑料基片上而制成的卡片，是集成电路卡(integrated circuit card，IC 卡)的一种。

1970 年，法国人罗兰德·莫瑞诺(Roland Moreno)第一次将可进行编程设置的集成电路(integrated circuit，IC)芯片放于卡片中，使卡片具有更多的功能。当时，他对这项技术的描述是：镶嵌有可进行自我保护存储器的卡片。这样就诞生了世界上第一张 IC 卡。在此后的三十多年里，随着超大规模集成电路技术、计算机技术以及信息安全技术等的发展，IC 卡技术更趋成熟。1997 年，摩托罗拉和 Bull HN 公司研制出在塑料卡上安装嵌入式微型控制器芯片的 IC 卡，即真正意义上的智能卡。

智能卡的核心部分是集成电路芯片，它通常非常薄，在 0.5mm 以内，直径大约 1/4 厘米，一般呈圆形，方形的也有，其内部按功能划分主要有两部分：MPU(微处理器单元)和 EEPROM(可用电擦除的可编程只读存储器)。其中，MPU 部分包括芯片操作系统 COS (chip operating system)、中央处理器 CPU、随机存储器 RAM。COS 是智能卡的关键技术，

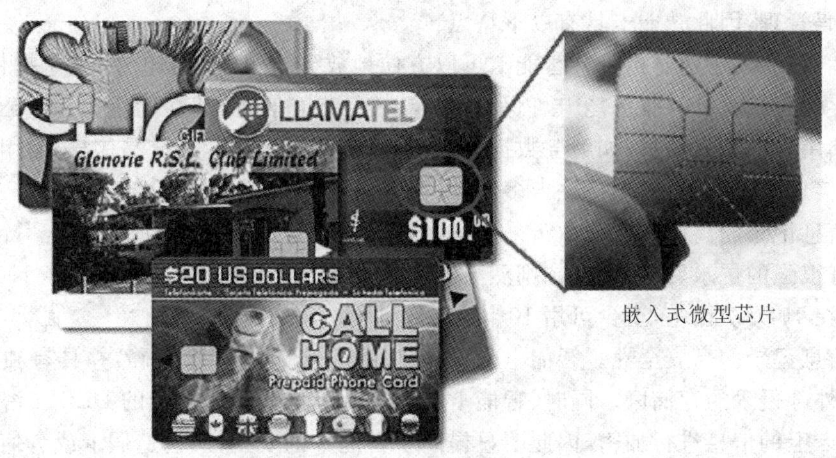

图 2-3　智能卡

用于响应外界设备对卡片发送的指令，例如验证计算、读写数据、读卡号、写入密钥、锁定数据区、非法操作自动销毁卡片的相关设置、验证读卡器权限等操作。归纳起来，COS 担负着芯片的安全、通信、文件数据管理、执行交易命令流程和异常状态下的自我保护任务。COS 一般都有自己的安全体系，其安全性能通常是衡量 COS 的重要技术指标。CPU 用来解释并执行 COS 所下的指令，功能与 PC 上的 CPU 相同。RAM 用来存放资料运算处理过程中的临时信息，功能与 PC 上的内存相似。EEPROM 用来存放应用数据，一般存储的数据有：验证读卡器权限的算法，被验证的密钥、卡号、密码、用户的基本信息，金融信息和交易记录等。根据所存放数据性质的不同，EEPROM 又分为目录区域(directory area)、秘密区域(secret area)、数据区域(data area)三部分，依次分别存放资料存储位置及相关信息、密钥、用户资料及权限等信息。

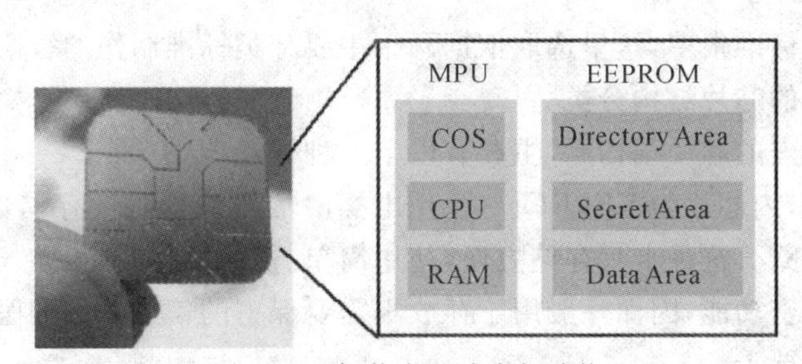

图 2-4　智能卡芯片内部功能

配有 CPU 和 RAM 的智能卡，可自行处理数量较多的数据而不会干扰到主机 CPU 的工作，还可过滤错误的数据，以减轻主机 CPU 的负担，适用于端口数目较多且通信速度需求较快的场合。

除了智能卡本身以外，对所有类型的智能卡来说，智能卡读卡器是系统运行的关键部分，它是智能卡的读写设备，主要功能是作为智能卡和主机系统(存储应用数据并处理交易过程)之间的桥梁，激活并读取智能卡芯片的信息，将其传送给主机系统。读卡器设备有的可兼具主机功能，独立进行数据处理，有的只向主机发出请求，数据处理由主机完成。

由于智能卡内带有微处理器和存储器，因而能储存并处理数据，可进行复杂的加密运算

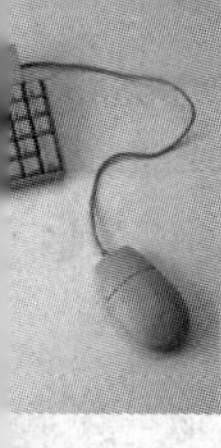

和密钥密码管理，因此智能卡具有以下特点：

(1)体积小，便于随身携带。智能卡可以方便地放到钱包或者卡包中，易于携带。

(2)存储容量大。一张智能卡可保存 4～6 兆字节的信息，其存储量比一个磁卡大 100 倍，可存储用户的个人信息，如财务数据、私有加密密钥、账户信息、交易信息、信用卡号码及健康保险信息等，因而可以支持一卡多用。

(3)信息记录的高可靠性。由于采用激光打孔式的记录方法，因此智能卡不怕任何电/磁干扰，有很强的抗水、抗污染及抗剧烈温度变化的能力。卡中的信息可保存 100 年以上，读写次数在 10 万次以上，至少可用 10 年。

(4)信息记录的高安全性。智能卡从设计到生产，设置了多级密码，并具有独特的不可复制且防外部侵入的存储区。同时，智能卡采用国际标准和技术协会的 DES 加密标准与加密算法对卡上的信息进行加密，因此明显提高了智能卡的安全性，伪造假卡或者使用非法窃取的卡都是非常困难的。智能卡本身经过严格的防伪技术处理，也不可能被复制和伪造，安全性很高。

(5)适用范围广。由于智能卡存储容量大且存储信息的范围广，能够支持一卡多用，所以目前从全球范围看，智能卡已被广泛地应用于金融财务、社会保险、交通旅游、医疗卫生、政府行政、商品零售、休闲娱乐、学校管理及其他领域。在欧洲和日本，智能卡已用于交电话费和有线电视费。中国香港的智能卡也非常普及，几乎所有的零售店和饭店的结账台都有智能卡刷卡器；公交系统(包括地铁、公共汽车、火车、有轨电车、轮渡)也联合推出了 Octopus 智能卡。通勤者用这张卡就可以乘坐所有公共交通工具，还可以在所有交通站点或全香港的所有 7 - Eleven 便利店充值。

(二)智能卡的种类

智能卡的分类标准很多，这里选取依据两个主要分类标准制作的智能卡种类。

1. 根据智能卡的芯片结构分类

从智能卡上镶嵌的芯片结构看，主要有以下五种智能卡。

(1)存储卡。卡内芯片为 EEPROM(可用电擦除的可编程只读存储器)，以及地址译码电路和指令译码电路。这种卡片存储方便、使用简单、价格便宜，在很多场合可以替代磁卡。但这类卡不具备保密功能，因而一般用于存放不需要保密的信息。例如医疗上用的急救卡、餐饮业用的客户菜单卡。

(2)逻辑加密卡。这类卡片除了具有存储卡的 EEPROM 外，还带有加密逻辑，每次读/写卡之前要先进行密码验证。如果连续几次密码验证错误，卡片将会自锁，成为死卡。这类卡片存储量相对较小，价格相对便宜，适用于有一定保密要求的场合，如食堂就餐卡、电话卡、公共事业收费卡。

(3)CPU 卡。这类芯片内部包含微处理器单元 MPU(CPU、COS)、存储单元(RAM、ROM 和 EEPROM)、和输入/输出接口单元。其中，CPU 管理信息的加/解密和传输，严格防范非法访问卡内信息，发现数次非法访问，将锁死相应的信息区(也可用高一级命令解锁)。CPU 卡的容量有大有小，价格比逻辑加密卡要高。但 CPU 卡的良好的处理能力和上佳的保密性能，使其成为智能卡发展的主要方向。CPU 卡适用于保密性要求特别高的场合，如金融卡、军事密令传递卡等。

(4)超级智能卡。在 CPU 卡的基础上增加键盘、液晶显示器、电源，即成为超级智能卡，有的卡上还具有指纹识别装置。VISA 国际信用卡组织试验的一种超级卡即带有 20 个健，可显示 16 个字符，除有计时、计算机汇率换算功能外，还存储有个人信息、医疗、旅行用数据和电话号码等。

(5)光卡。这种卡由半导体激光材料组成的，能够储存记录并再生大量信息。光卡记录格局目前形成了两种格局：Canon 型和 Delta 型。这两种形式均已被国际标准化组织接收为国际标准。光卡具有体积小，便于随身携带，数据安全可靠，容量大，抗干扰性强，不易更改，保密性好和相对价格便宜等优点。

2. 根据智能卡的信息交换界面分类

从智能卡工作时的信息交换界面看，主要有 4 种智能卡。

(1)接触式智能卡。这类卡需要插入智能卡读卡器中方能工作。接触卡上面有一个直径大约为半英寸的圆形(或类似大小的方形)金属片作为微型芯片的载体。将卡插入读卡器后，读卡器通过与金属片接触读取芯片中的数据。接触卡有两种：一种是不可更新的可编程只读存储器卡(EPROM)，数据只能写入卡中剩余空间，当数据写满了，卡就失效了；另一种是可更新的可编程只读存储器卡(EEPROM)，它上面的数据是可以被擦除和重新写入的，可反复使用直到卡被磨损或出故障时才会失效。大多数接触卡都是 EEPROM 类型的。

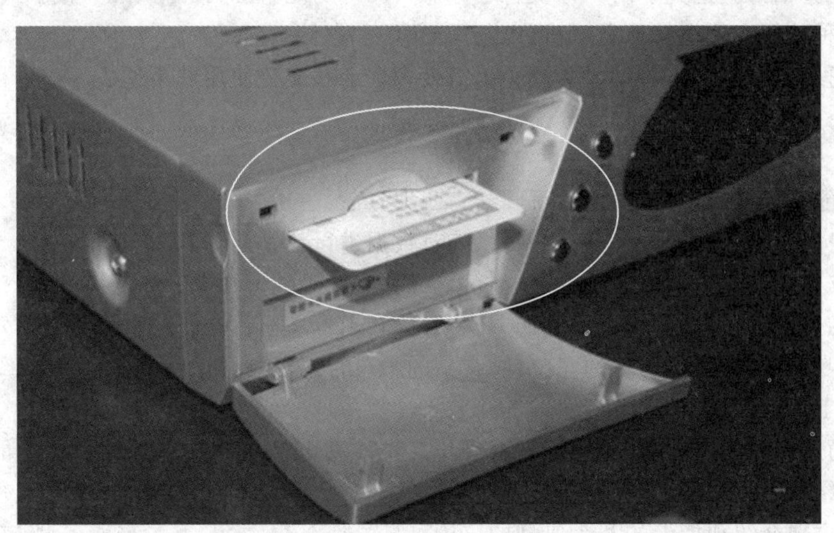

图 2－5　接触式智能卡——数字电视卡

(2)非接触式智能卡。这类卡与读取终端相距一定距离便能自动读取卡中信息并进行处理，因为卡上除了芯片还增加了一个射频收发电路。通过射频收发电路，数据和服务能在卡与读卡器之间传输，而不必使卡与读卡器相接触。非接触卡用于那些对数据传输和处理要求快速完成的领域(如付公交车费需要迅速完成，以免乘客排队等候)，或是不适宜用接触卡的条件下(如进入某大楼的安全门设备)。通常情况下，使用非接触卡的有效范围很小，仅有几英寸的距离，除非一些特殊情况下的装置，如公路收费站，非接触卡可以在很远的距离使用。

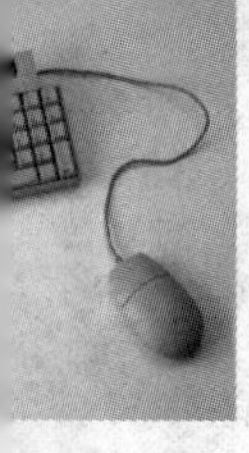

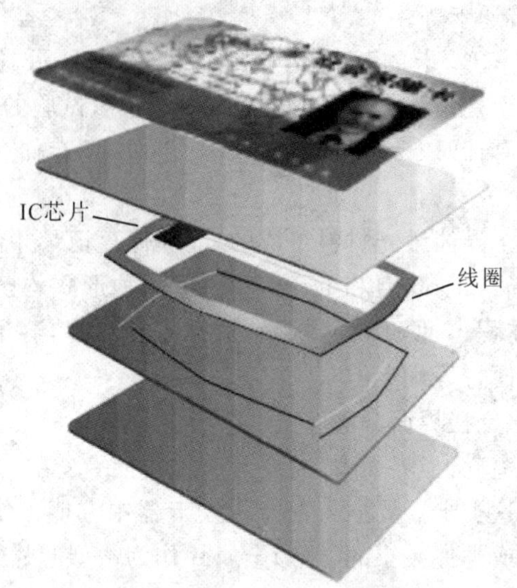

图 2-6　非接触式智能卡内部结构

(3)混合卡。这类卡嵌入了两片分离的芯片,一片是接触式芯片,一片是非接触式芯片,兼具接触式和非接触式两种使用方式。

(4)双界面卡。这类卡的一片复合芯片兼具两种功能,具有接触式和非接触式两种使用方式。两种使用方式操作独立,但可以共用 CPU 和存储空间。

后两种卡的好处是一卡双用,避免了携带多个卡和交替使用的不便。

(三)智能卡的应用

从功能上来说,智能卡的用途可归结为四大方面:

(1)身份识别。运用内含微计算机系统对数据进行数学计算,确认其唯一性。

(2)支付工具。内置计数器替代成货币、红利点数等数值数据。

(3)加密/解密。即由密码机制如 DES、RSA、MD5 等,除增加卡片的安全性外,还可保障持卡人身份的真实性、资料的完整性、交易的不可否认以及合法性,还可采用离线作业,以降低网络上的通讯成本。

(4)通讯。智能卡在移动电话中的应用,使得移动电话从原来单纯的电话功能,延伸到今日的网络联机等功能。

以下主要介绍智能卡的几个典型的应用。

1. 消费

信用卡管理协会与金融机构都在逐步将传统的信用卡和借记卡发展为多功能智能卡。例如,万事达卡公司在 2004 年 11 月宣布,他们在世界范围内发行的 MasterCard、Maestro 和 Cirrus 三种智能卡的数量已超过 2000 万,且一半以上支持 EMV 智能卡标准,世界上大约 150 多万的 EMV 终端接受这些卡的使用。智能卡较传统信用卡更为安全,并且可增加多种支付服务。这些服务主要针对零售业中那些通常是现金消费,而且非常注重支付速度和便利性的商店。例如在便利店、加油站、快餐店、速食店等地方的消费。过去几年,针对零售消费的便捷、迅速的需求,银行卡管理协会也开发了多种非接触智能卡系统。例如,万事达卡公司的 PayPass 卡，美国万国宝通公司的 ExpressPay 卡等。如今，ExpressPay 已经广泛用于商铺和快餐店，包括 7-Eleven、CVS 制药、Walgreen's pharmacy、AMC theater、United Artists theater、arb's、麦当劳、Jack in the Box 和 Meijer's supermarkets。

2. 交通付费

美国许多城市的上班族往往每天要开车、乘火车，再乘一两趟地铁或公交车上下班，路程中多次打票、付费，十分麻烦，许多人因此不愿意乘坐公共交通工具。为了消除不便，美国许多城市公共交通运营单位（包括各种交通部门和公司）都将过去各自独立的付费系统集成为智能卡付费系统，只需一张非接触卡就可以缴付各种交通费。华盛顿市区交通署（Washington Metropolitan Transit Authority，WMATA）于 1999 年在哥伦比亚地区开展的名为"SmartTrip"的项目首先在美国实现了运用智能卡付费的交通运输系统。SmartTrip 是一种永久性可反复付费的非接触卡，可储值金额为 300 美元，并可以在 17 种不同的交通系统中使用，包括城市停车场、城际列车、公交车以及其他地方性交通服务。SmartTrip 能够处理多种复杂计费方式，如按地区计费、按时间计费、计算数量折扣、公交车与火车或者公交车之间的换车如何计费等。到目前为止，SmartTrip 的发行量已将近 50 万张，并且 1/3 以上的城际列车乘客都使用此卡。美国的交通运营单位正在寻求与零售商或金融机构的合作，试图把交通付费卡与普通的购物卡结合起来，使人们用一种卡既可以支付交通费又可以购买物品，如在车站附近的餐馆或杂货店等地方消费。很多国家的收费公路都采用非接触式卡的电子付费方式，通过一种被称为转发器的设备实现。

3. 电子身份识别

由于智能卡上可以存储用户的个人信息，包括照片、生物识别特征、数字签名和私人密钥等，因此可以用来识别用户身份。许多国家都在实施全国性的智能卡身份识别工程。例如，中国在 2004 年首次在北京、天津、上海、深圳和长沙等市试行智能卡身份证工程，对 16 岁以上的公民发放智能卡身份证（第二代身份证），并于 2005 年 1 月开始全面更换二代身份证。这种身份证与银行卡的大小相同，也含有非接触芯片（RFID，射频识别芯片），无法复制，且使用特定的逻辑加密算法，防伪性能强，读写速度快。在亚洲，实施智能卡身份证工程的国家还有马来西亚。它发行了 1800 万张大马卡智能身份证给 2300 万人口中满 12 岁的居民。和中国的智能卡身份证不同，大马卡具有多种功能，不但里面存有指纹和健康数据，还可以当作支付卡以及用于电子签名。

4. 门禁管理

门禁控制对企业及学校来说相当重要，智能卡除了可用作一般门禁管理外，还可储存小额款项，与一般商店合作消费，提高卡片的功能性，例如英国某门禁系统制造商将原本使用于门禁上的智能卡同时可应用于提款机上，便结合了门禁与电子钱包的功能。

5. 医疗保险

智能卡除了用于存储数据、身份识别、限制某物理场所或信息库的进入等领域，在医疗保险领域，它也发挥了很多作用，主要有：存储关键的医疗用药信息，防止病人从不同医师处就诊得到多个治疗处方，核实病人的身份和医疗保险信息，加快医院挂号和划价取药的处理速度，医院能够了解病人的病史和治疗记录信息，病人可以从网上查询自己的治疗记录信息。例如，德国的电子医疗卡系统已经预见到了这些功能，它的系统是世界上最大的。经过

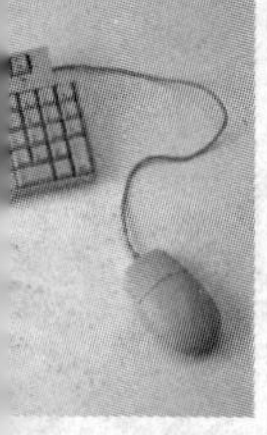

初期项目的运行之后,2006 年 1 月,德国政府开始为 7100 万公民分发电子健康卡或电子医疗卡。该系统有两种卡:第一种是病人专用卡,储存了病人的申请表和持卡者的药方;第二种是医疗保健专家专有卡,这些卡可以允许专家访问系统,并可以在文档上进行电子签名。

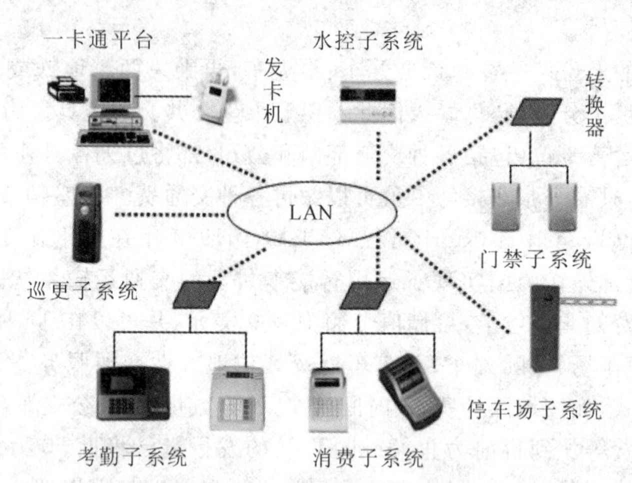

图 2-7　智能卡的应用领域

根据加拿大调查机构 Electroics 最新的技术市场调查报告显示,2011 年全球智能卡销售额为 47 亿美元,2012 年近 51 亿美元,预计 2017 年全球智能卡销售额将在 73 亿美元左右,这五年的复合增长率为 7.4%。

2011 年,中国智能卡实现销售收入约 90 亿元,比 2010 年增长 11.1%,智能卡的销售数量达 24.3 亿张,比上年增长 13.6%。在传统领域,二代身份证已经基本发放完毕,不过,2014 年首批二代证(十年有效期)到期将又一次带动中国身份证智能卡市场的增长;中国社保卡销量增长高达 126.3%,根据人力资源和社会保障部统计数据,截至 2013 年 3 月,全国社会保障卡持卡人数达到 3.69 亿人,比上年底增加 0.28 亿人。预计到 2013 年底,社保卡发卡量将达到 4.8 亿张。"十二五"期间,社保卡发行量将增加到 8 亿张以上。社保卡市场将成为继二代身份证之后的又一重量级智能卡应用。除此之外,中国金融智能卡、健康卡、移动支付、城市交通卡等智能卡细分市场,在政府政策的支持和市场的推动下,也有望产生较大幅度的增长。目前我国关于智能卡应用最为广泛的还是收费方面。随着科技的进步,客户要求的不断提高,非接触式智能卡实时收费终端正逐渐融入人们的日常生活。

三、银行卡组织

国际银行卡组织主要有威士国际组织(VISA International)和万事达卡国际组织(Master Card International)两大组织及美国运通国际股份有限公司(America Express)国际信用卡组织、大来信用证有限公司(Diners Club)、JCB 日本国际信用卡公司(JCB)三家专业信用卡公司。

(一)银行卡组织的功能

国际上各大银行卡组织本身并不发行卡片,银行卡组织成立后,要做的第一件事就是吸收会员或成员，这些会员一般都是金融类机构，比如银行、储蓄贷款组织、信用社、保险行业等等。比如 VISA 国际组织就有约 2.2 万个会员。银行卡组织在吸收了会员后，在这些会员中，金融机构类会员负责发行卡片。

银行卡国际组织成立后，会建设和运营一个庞大的网络(如 VISA 的 visanet，中国银联的跨行交易清算系统 CUPS 等等)，这个网络主要负责银行卡交易的信息交换、资金清算等等很多功能，而加入银行卡组织的会员(比如银行)一般也有自己的网络，比如支付网络或交易清算网络等等，当会员加入银行卡组织后，该会员的网络就会与银行卡组织的国际网络进行联网，与银行卡组织进行全球的信息交换、交易处理、资金清算等业务，所以，一个银行卡组织的会员越多，会员遍布范围越广，那么这个银行卡组织的国际性和全球性就越强，服务就更加便利，总之，银行卡组织的国际网络和其会员的自有网络进行联网，共同构成遍布全世界的金融交易网络。银行卡组织吸收会员后，要做的第二件事就是邀约自己的特约商户和组建自己的自助服务设备网络(如 ATM 等)。比如 VISA，有 2000 多万个特约商户，更有不计其数的自助服务设备，遍布全球，这样，比如工商银行，是 VISA 的会员，工商银行发行了一张 VISA 品牌的信用卡，持卡人可以在 VISA 组织的特约商户那儿进行刷卡消费，可以在 VISA 组织的遍布全球的自助设备(如 ATM)上存取现金等等。

VISA 就像中国的银联，VISA 国际组织是目前世界上最大的信用卡国际组织。是一个由全世界银行参与的非盈利的国际性组织，会员主要由银行等金融机构组成，它与其会员共同建立起一个全球的支付和金融服务的网络。如果你所持有的卡片(不论是借记卡还是贷记卡等等)上带有 VISA 标志，就证明这个卡加入了 VISA 组织，可以在它的网络下使用。

VISA 不向消费者发卡，也不向消费者提供贷款和设定持卡人的卡费及利率。持卡人客户关系属于金融机构的网络，直接由金融机构负责管理。VISA 收入的主要来源是金融机构会员支付的各种费用，这些费用是基于刷卡交易量、交易处理费和其他由 VISA 提供的相关服务产生的费用。VISA 的各种创新让银行和金融机构能够为消费者提供更多的支付选择，包括用于即时支付的借记卡、提前支付的预付费卡或事后支付的信用卡等产品。

(二)中国银联

中国银联是中国自己的银行卡组织，特约商户和自助设备遍布全国，正努力迈向国际市场。在国内，各家银行发行的各类卡片 99%都具有银联标志，这表示：这些卡片或者说卡片的发行金融机构(主要是银行)加入了中国银联组织，可以在中国银联组织的网络(网络包括中国银联的网络及各家金融机构和银行的网络)下使用。

在国外，你在银行中未必能申请到带有银联标志的卡片，一般来讲，在欧洲，使用万事达组织的较多，在北美，使用 VISA 组织的卡较多。这样的话，如果你在国内的一张银行卡只有银联标志，而没有 VISA 标志或者万事达标志，那么你在国外的某些商店或银行可能无法使用。所以，如果出国，在境外使用，那么最好办卡时办理带有 VISA 或万事达标志的卡片，这样，到了国外不影响使用。中国银联的主要普及还是在国内，国外市场还有待发展。

对于“国际”这个概念，其实所有的信用卡都是全球通用的，不同点就是是否允许以外币结算，绝大多数银行都提供美元和人民币的一卡双币，需要其他币种的就只剩中国银行可选了。

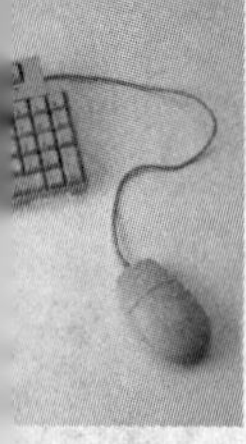

(三)银行卡组织常见的几个问题

(1)一般来说,很多银行也有自己的特约商户,但是要注意的是,这些特约商户一定首先属于某个银行卡组织的特约商户,然后这些金融机构会员在本土内展开竞争,吸纳持卡人和商户。比如工行,工行有自己的特约商户,比如三联,但是三联一定首先属于某个银行卡组织的特约商户,比如,三联属于中国银联的特约商户,然后,工行在本土或区域内吸纳三联,然后工行三联安装上 POS 机,那么工行发行的中国银联品牌的各种银行卡的持卡人,就可以在这些商户那里使用。总之,特约商户首先要属于某个银行卡组织的特约商户,只有这样,这些特约商户成为某个银行的特约商户才有意义。

(2)有时候,一张卡片上既有银联标志,又有 VISA 或万事达的标志,这说明什么? 对于这种情况,说明,这张卡片既可以在银联的网络使用,也可以在 VISA 或万事达的网络使用。比如一张信用卡,有银联的标志和 VISA 的标志,但是此卡的卡 BIN 显示此卡并不是银联标准卡(银联品牌的卡 BIN 为 62),这说明,银联曾经授权此发卡银行可以将银联标志打印在此卡片上,但此卡片主品牌为 VISA,由于也有银联的标志,说明,此卡被中国银联授权,可以在银联的网络和 VISA 的网络一起使用。对于这种情况的卡片,一般情况是这种卡是双币卡,可以在国外使用。

第三节　电子支票

一、电子支票与传统支票

(一)传统支票

传统支票就是现实生活中所见到的纸质支票,客户在使用前,必须通过申请,在银行建立支票账号户,然后就可以通过这个账户支付各种消费。客户手里有支票本,购物或消费时,客户在支票上填写有关的信息,比如金额、用途等等,签上名字,需要盖章的还要盖章,然后把支票交给商家。商家拿到支票后,先背书,然后向银行提示付款,如果商家和客户都在同一个银行开户,那么银行操作起来非常简单,直接把有关的金额从客户账户转移到商家账户就可以了。如果商家和客户不在一个银行开户,那么商家一般把支票交给自己的开户行,商家的开户行和客户的开户行之间通过票据清算系统进行清算。

传统支票在给人们带来方便时,也带来了一系列的问题。首先,支票的处理成本过高。新加坡每年要处理 8000 万张支票,每张支票的处理成本为 1.5 新加坡元。总处理成本相当于新加坡国内生产总值的 1%。其次,支票的处理速度较慢。这主要是收款人收到支票前的等待时间与将支票兑现所耗费的时间较长。一般一张支票的处理时间为 2～3 天。大量的在途资金给收款人带来不少的损失。最后,传统支票易于伪造。据统计,美国每年因伪造支票而给银行和客户带来的损失高达 6000 亿美元。

(二)电子支票

电子支票的出现使支票的概念发生了巨大的改变。它在继承了传统纸质支票优点的基础上,借助现代科技,实现了交易的完全数字化,使支票的发展焕发出新的生机。

电子支票的思想来源于传统的纸质支票,是纸质支票的电子替代物,是客户向收款人签发的、无条件的数字化支付指令。所谓电子支票,英文一般描述为"e-check",也称数字支票,是将传统支票的全部内容电子化和数字化,形成标准格式的电子版,借助计算机网络(Internet 与金融专网)完成其在客户之间、银行与客户之间以及银行与银行之间的传递与处理,从而实现银行客户间的资金支付结算。简单地说,电子支票就是传统纸质支票的电子版。它包含和纸支票一样的信息,如支票号、收款人姓名、签发人账号、支票金额、签发日期、开户银行名称等,具有和纸质支票一样的支付结算功能。电子支票系统传输的是电子资金,它排除了纸面支票,最大限度地利用当前银行系统的电子化与网络化设施的自动化潜力。例如,借助银行的金融专用网络,可以进行跨省市的电子汇兑和清算,实现全国范围的中大额资金传输,甚至在世界银行之间的资金传输。

这种电子支票的支付是在与商户及银行相连的网络上以密码方式传递的,多数使用公用关键字加密签名或个人身份证号码(PIN)代替手写签名。用电子支票支付,事务处理费用较低,银行也能为参与电子商务的商户提供标准化的资金信息,故而可能是最有效率的支付手段。电子支票支付使用方式模拟传统纸质支票应用于在线支付,可说是传统支票支付在网络的延伸。电子支票的签发、背书、交换及账户清算流程均与纸票相同,用数字签名背书,用数字证书来验证相关参与者身份,安全工作也由公开密钥加密来完成。除此之外,电子支票的收票人在收到支票当时,即可查知开票人的账上余额及信用状况,避免退票风险,是电子支票超越传统支票的优点。

电子支票将纸质支票改变为带有数字签名的电子报文,或利用其他数字电文代替纸质支票的全部信息。电子支票与纸质支票一样是用于支付的一种合法方式,它使用数字签名和自动验证技术来确定其合法性。支票上除了必需的收款人姓名、账号、金额和日期外,还隐含了加密信息。电子支票通过电子函件直接发送给收款方,收款人从电子邮箱中取出电子支票,并用电子签名签署收到的证实信息,再通过电子函件将电子支票送到银行,把款项存入自己的账户。由于电子支票为数字化信息,因此处理起来极为方便,处理的成本也大为降低。电子支票通过网络传输,速度极其迅速,大大缩短了支票的在途时间,使客户的在途资金损失减至为零。电子支票采用公开密钥体系结构(PKI),可以实现支付的保密性、真实性、完整性和不可否认性。从而在很大程度上解决了传统支票中大量存在的伪造问题。图2-8给出了电子支票的支付流程。

二、电子支票原理

电子支票是FSTC金融服务技术协会倡导的作为一种纸质支票的电子替代品。电子支票借鉴纸质支票转移支付的优点,将原来使用的传统支票改为带有数字签名的报文或者利用数字电文代替支票的全部内容。其支票的形式是通过网络加密传输后,显现在电子屏幕上,并用公共密钥加密签名或个人识别码(PIN),代替了传统的手写签名方式。

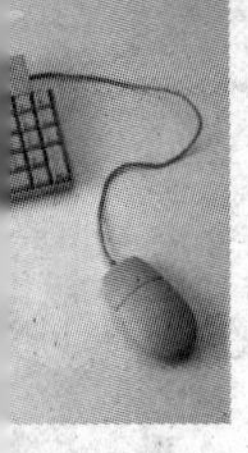

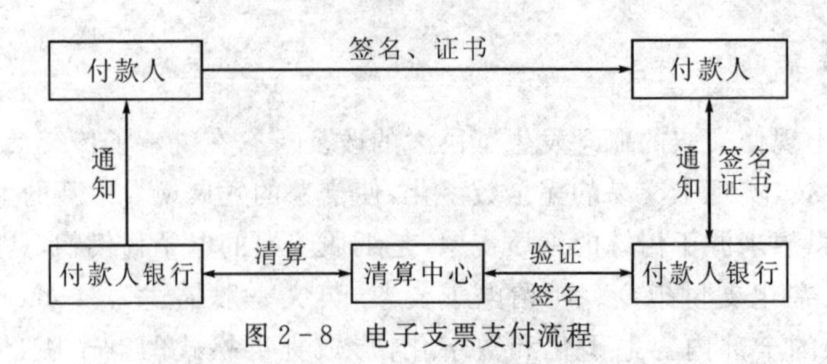

图 2-8　电子支票支付流程

形象一点描述，客户和商家谈妥了商品买卖的各种条件后，使用电子支票付款的时候，客户手中使用的不再是传统的支票簿，而是电子的“支票簿”。电子支票簿只是一个形象的称谓，它是一种类似于 IC 卡的一个硬件装置。这个卡片大小的装置中有一系列程序和设备，插入客户的电子计算机的插口以后，客户通过密码或其他手段激活这个装置，使其正常运作。这个装置就能像传统的支票簿一样“制造”出支票来。这个支票不再是纸质的，而是显示在电脑的屏幕上，像填支票一样，客户在电子支票上填好应该填好的信息，填写完毕后，客户的电子支票簿根据其中已经装有的客户私人密钥自动生成客户的数字签名。“签完字”以后，客户则把这张“支票”通过网络传给商家。商家收到“支票”以后，再使用同样的数字签名技术在支票上进行“背书”，签上自己的数字名字，把经过“背书”的电子支票交给自己的开户银行，开户银行通过银行间的清算设备和网络同客户的开户行进行结算。最后，通知商家钱已经到了商家的账上，客户的开户行也会通知客户，支票上的钱已经付给对方。

三、电子支票所具有的属性

电子支票从产生到投入应用，一般具备下列属性。

1. 货币价值

电子支票像电子现金一样，必须有银行的认证、信用与资金支持，才有公信的价值。

2. 价值可控性

电子支票可用若干种货币单位，如美元电子支票、人民币电子支票，并且可像普通的纸质支票一样，使用户可以灵活填写支票代表的资金数额。

3. 可交换性

电子支票可以与纸币、电子现金、商品与服务、银行账户存储金额、纸质支票等进行互换。

4. 不可重复性

同一个客户使用某张票号的电子支票后，就不能再用第二次，也不能随意复制使用。发行银行有巨大的数据库记录存储电子支票序列号，应用相应的技术与管理机制防止复制或伪造等。

5. 可存储性

电子支票能够在许可期限内存储在客户的计算机硬盘、智能卡或电子钱包等特殊用途的设备中，最好是不可修改的专用设备，也可直接在线传递给银行要求兑付。

6. 应用安全与方便

电子支票在整个应用过程中应当保证其安全、可靠、方便，不可随意否认、更改与伪造，易于使用。

四、电子支票的优势

1. 电子支票可为新型的在线服务提供便利

电子支票支持新的结算流，可以自动证实交易各方的数字签名，增强每个交易环节上的安全性，与基于 EDI 的电子订货集成来实现结算业务的自动化。

2. 电子支票的运作方式与传统支票相同，简化了顾客的学习过程

电子支票保留了纸制支票的基本特征和灵活性，又加强了纸制支票的功能，因而易于理解，能得到迅速采用。

3. 电子支票适合小额结算，容易处理

电子支票非常适合小额结算，电子支票的加密技术使其比基于非对称的系统更容易处理。收款人和收款人银行、付款人银行能够用公钥证书证明支票的真实性。

4. 电子支票可为企业市场提供服务

企业运用电子支票在网上进行结算，比现在采用的其他方法成本更低；由于支票内容可附在贸易伙伴的汇款信息上，电子支票还可以方便地与 EDI 应用集成起来。

5. 电子支票要求建立准备金

准备金是商务活动的一项重要要求。第三方账户服务器可以向买方或卖方收取交易费来赚钱，它也能够起到银行作用，提供存款账户并从中赚钱。

6. 电子支票要求把公共网络同金融结算网络连接起来

电子支票这一要求充分发挥了现有的金融结算基础设施和公共网络作用。

本章习题

一、简答题

1. 电子现金的概念是什么？其有什么种类？
2. 电子现金有什么优点和缺点？
3. 电子现金的工作原理及支付流程是什么？
4. 电子钱包是什么？其特点和支付流程是什么？
5. 信用卡在线支付系统模型有几种？分别是什么？
6. 智能卡的特点和种类是什么？
7. 电子支票的属性和特点是什么？

二、案例分析题

银联与维萨的恩恩怨怨

2010 年 9 月 15 日，美国提起了世贸组织争端解决机制下的磋商请求，指控中国与电子支付服务有关的措施违反了中国在《服务贸易总协定》中的具体承诺。世界贸易组织(WTO)发布了美国诉中国电子支付世贸争端案专家组报告。报告中专家组驳回了美方有

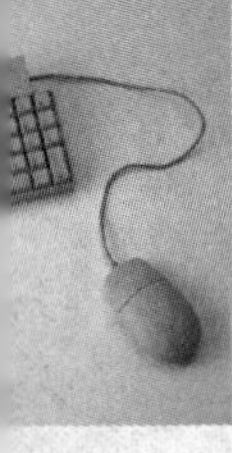

关中国银联在所有人民币支付领域垄断的指控,但指出银联的确在某些特定的领域存在垄断行为。VISA和中国银联曾经是亲密的师徒,它们为何会反目,闹得不可开交,甚至升级为中美两国关于电子支付服务贸易垄断之争?

(一)背景

据中国银联统计,2011年,中国大陆居民在国外刷卡消费了3000亿人民币,同比增长66.7%。截至2011年末,银联资产规模达到人民币138亿元,营业收入约60亿元,净利润突破10亿元美国信用卡巨头维萨公司(VISA)财报显示,今年二季度公司盈利从上年同期的8.81亿美元增长至12.9亿美元,同比增长47%。

当年曾是亲密的师徒,在中国银联成立之前的时间里,VISA扮演了中国银行卡市场引路人的角色。中国银联成立之后,VISA又承担起老师的任务。银联也投桃报李,将海外清算业务给了老师。

感情的结晶:双币双品牌卡2002年3月在中国银联成立,不久之后,银联加入VISA,成为其签约收单机构。此后VISA对银联的扶持又继续了一段时间。

作为全球最大的支付公司,VISA当初寄希望于入股中国唯一的支付清算组织——中国银联。但在希望破灭后,VISA退而求其次,选取了以合资组建公司作为落地中国市场的次优选择:即通过与中国国内银行合作发行双币卡的方式进入中国市场。

银联成立之初业务方面缺乏经验,VISA不遗余力地在各方面指导银联。做老师的想法是,通过与银联及中国管理层建立良好关系,实现与银联联盟,分别垄断中国银行卡的国内清算市场和境外清算市场。

当时银联刚成立,专注国内业务,海外网络非常薄弱。而VISA的网络已延伸至全球200多个国家和地区,几乎垄断了中国银行卡的境外清算业务,盈利很好。师徒各得其所,关系亲密。

(二)徒弟挑战师傅,师徒关系紧张

银联因为费用低,海外市场发展迅速。随着银联国际化步伐加快,与VISA的利益之争越来越多。两者关系发生了实质性变化。

每个徒弟都有出师的那一天,只是对于VISA来说,这一天来得有点太快了。2003年下半年,银联提出希望借助VISA全球网络,让8亿张人民币借记卡走出国门,但是却遭到了意料之外的反对,VISA以不符合国际标准和当初协议为由表示拒绝。

至此,中国银联认识到,曾经亲密的师徒在利益面前已经成为商战中的对手。2004年,银联开始国际化进程。

(三)徒弟挑战师傅,师徒难过

由于银联垄断了国内清算渠道,VISA在境内业务中很难挣到钱。就在它极力扩张中国境内盈利来源的同时,银联国际化进程突飞猛进,VISA在中国海外的市场被不断挑战,利益被不断蚕食。徒弟挑战师傅,VISA难免着急上火。

随着中国经济快速增长,2007年上半年,银联标准卡发卡量进入爆发性增长阶段,交易

量持续激增。截至2009年底，银联境外发卡总量为700万张，境内发卡量则超过20亿张。

银联卡从2004年开通香港、澳门等地区业务，实现银联国际业务“破冰”，继而从亚太市场挺进欧美市场，目前银联卡已可在中国境外125个国家和地区使用。

(四)师傅撕破脸关系破裂

2010年，VISA组织向全球会员银行发函要求，从2010年8月1日起，凡是在中国大陆境外受理带VISA标识的双币信用卡时，不论是刷卡消费还是ATM取现，都不得走中国银联的清算通道，否则VISA将重罚收单银行。第一次将罚款5万美元。如果再犯，每月将罚款2.5万美元。

这项措施一出，引起银联和消费者的强烈反对和质疑。由于银联的费率比VISA低，尤其在港澳、东南亚，消费者更愿意选择银联通道，VISA封杀银联会伤及自身，最终自己、银联、消费者都会受害。

虽然此后该项措施并没有真正施行，但是师徒关系从此破裂。信任非常重要，也非常宝贵，一旦撕破脸，再修复就很难。“覆水难收”此之谓也。

(五)师徒冲突升级，中美两国卷入

除了VISA封堵银联境外结算通道外，美国还在2010年9月15日向世贸组织就中国限制外国电子支付服务的做法提出申诉。VISA在长达一年时间里无法在华开展新业务，似乎是美国政府决定向世贸组织申诉的一大因素。

(六)初步裁决或影响银联未来

美国称中国人民银行自2001年以来发布了多项限制措施，使人民币支付卡交易由中国银联垄断，对外国供应商造成歧视，违反了中国开放金融服务业市场的承诺。美国诉诸世贸组织争端解决机制，向中方提出磋商请求。

2011年2月11日，美国提请成立专家组，并于7月4日，由世贸组织总干事拉米指定的专家组正式开始审理此案。此案于7月16日得到裁决。

目前，银联正在大力发展国际业务，拓展国际市场。在国内银行卡清算渠道暂不开放的情况下，它在海外能走多远还是一个疑问。

当初中国实行改革开放，就是希望通过向外部开放来促进内部改革，反之通过内部改革来实现外部开放，两者相互促进，形成良性循环。30多年的高速发展证明改革开放是完全可行的。

VISA过去曾表示，中国是全球重要市场中，是它唯一未能参与国内支付业务的市场。VISA进入中国已逾10年，而且与中国银联有着长期的合作历史。在继续发展跨境支付业务的同时，它希望最终参与中国国内的支付市场。

未来向VISA等组织开放银行卡国内业务或许无法避免，开放也能促进银联在海外市场的正常发展。虽然国内利益暂时会受到一些损失，然而从长远来看，VISA再也没有国内垄断理由来报复性地封堵银联的境外业务，海外别有用心的人和国家也失去指责的借口。银联能够在完全竞争中逐步成长壮大，赢得业内同行和消费者的真正尊敬。

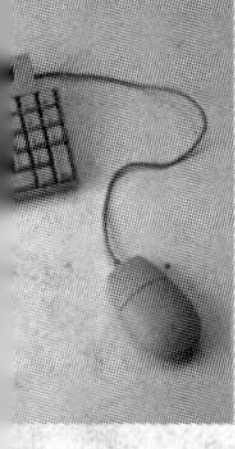

(七)结语

中国银联和 VISA 原本是一对关系融洽的师徒，但因为银联国际化的进程加快，师徒反目，甚至将中美两国卷入纷争中。VISA 与银联的合作是在合作共赢的基础上建立起来的，VISA 是要借助银联的大陆市场，银联是要借助 VISA 的 121 国家的海外市场，各有所需，成为彼此尊重的商业对手。

【思考题】

根据案例，谈一谈 VISA 与银联为何决裂？这个事件对我国居民有何影响？对于一个消费者，你会在支付中选择何种信用卡？考虑的因素包括哪些？

应用篇

第三章 电子银行

工行电子银行年交易额超 400 万亿,电子业务量占比达 86%

人民网北京 2 月 4 日电(李海霞)4 日,本网从中国工商银行获悉,2014 年该行电子银行的交易额超过 400 万亿元,同比增长近 20%,再创历史新高。

与此同时,电子银行也继续成为工行客户办理业务的首选服务渠道,截至 2014 年末,通过工行电子银行渠道办理的业务量占全部业务量的比重已达 86%,相当于 3 万多个物理网点、30 万名柜员所办理的业务量。

工行拥有目前国内最庞大的电子银行客户群体,截至 2014 年末个人网上银行客户已达 1.8 亿户,手机银行客户 1.4 亿户,电话银行客户 1.1 亿户,电子银行产品和服务已全面覆盖客户生产、生活和工作的各个领域。近年来,工行顺应移动互联网发展和智能手机普及的市场趋势,着力从移动银行、快捷支付、金融社交三个方面打造移动金融服务生态圈,进一步巩固了在电子银行领域的领先优势。

在移动银行服务方面,工行不断丰富手机银行业务功能,先后推出向任意手机号汇款、无卡取现、信用卡申请、购买火车票等特色服务,完成了手机银行产品化改造和安全性提升,持续优化业务流程和交互界面,全面提升手机银行的服务能力和客户体验。工行还在去年统一了个人网上银行和手机银行两个渠道的登录名、登录密码、注册账户和安全认证介质,实现了客户"一次注册,双渠道通行",进一步提升了移动金融服务的便捷性。

在快捷支付方面,工行按照"大额安全、小额便捷"的原则,推出了快捷支付产品工银 e 支付,兼顾了便捷性与银行端的安全性。2014 年工银 e 支付交易额达 548 亿元,同比增长 8 倍,远远超过快捷支付市场的平均增速。

在金融社交方面,工行去年创新推出了融 e 联即时通讯平台,通过搭建客户端、客户经理端和服务管理平台,有效构建起客户与客户经理、在线客服、行内外单位之间的社交圈子,为客户提供语音、文字、图片、视频等方式的智能快捷服务。随着融 e 联的快速推广应用,工行初步形成了自身的移动互联网金融生态圈,推动客户营销和服务进入"移动社交化"时代。

(资料来源:人民网—银行频道. 2015-02-5.)

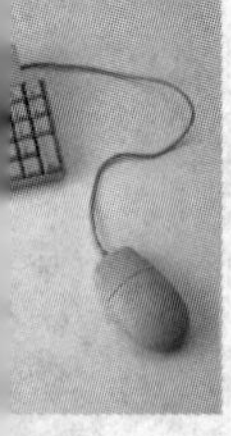

第一节　电子银行概述

一、电子银行的概念

根据中国银行业监督管理委员会2006年3月1日实施的《电子银行业务管理办法》中的有关定义:“电子银行业务是指商业银行等银行业金融机构利用面向社会公众开放的通讯通道或开放型公众网络,以及银行为特定自助服务设施或客户建立的专用网络,向客户提供的银行服务。电子银行业务包括利用计算机和互联网开展的银行业务(以下简称网上银行业务),利用电话等声讯设备和电信网络开展的银行业务(以下简称电话银行业务),利用移动电话和无线网络开展的银行业务(以下简称手机银行业务),以及其他利用电子服务设备和网络,由客户通过自助服务方式完成金融交易的银行业务。”可见电子银行不仅包括网上银行、手机银行和电话银行,还包括自助银行、家居银行、电子商务、短信金融等。

二、电子银行的功能

目前,电子银行的主要功能类型包括基本交易、账户管理、拓展业务、信息服务等,服务对象包括个人、企业和第三方。

基本交易类型主要包括转账汇款、定期存款、贷款还款、外汇买卖、信用卡还款、代收代付等。

账户管理类型主要包括账户信息查询、交易明细查询、账户自助关联、贷款查询、电子现金账户管理、虚拟银行卡服务、跨行现金管理等。

拓展业务类型主要包括银证转账、银行理财、基金国债、贵金属、外汇交易、信用卡申请、民生服务、电子支付等。

信息服务类型主要包括金融信息发布、银行基本信息发布等。

三、电子银行的特点

电子银行是社会信息化高度发展的产物,也是金融创新与科技创新的产物,其主要特征在于网络化和虚拟化。作为一项金融产品和服务,电子银行具有传统银行服务不可比拟的特点和优势。

(1)银行提供自助性服务,超越时空限制,可以为客户提供全天候3A金融服务(anytime、anywhere、anyhow),真正实现7×24小时不间断服务。电子银行服务高度程序化、标准化、规范化,准确高效、综合全面,可以实现一站式金融服务。2013年银行业绩报告显示,我国电子银行交易替代率普遍已经超过70%,个别银行的电子银行交易替代率更是突破90%。

(2)电子渠道的运营成本远低于传统柜台渠道。例如就银行一笔业务的成本来看,手工交易的成本约为1.1美元,自助银行交易约为25美分,电话交易约为54美分,而网上银行交易成本更可低至10美分以内,为手工交易的10%。电子渠道的低成本为通过价格策略吸引大量客户创造了条件,客户越多交易量越大,平均交易成本越低,能够创造显著的规模经济效益。

(3)电子银行能够提供全球化的金融服务,参与全球性竞争。电子银行利用互联网、通信网络等各种低成本渠道,快捷地进行不同语言文字之间的转换,各国银行可以将业务延伸到全世界每个角落,而不再需要设立大量分支机构就能够开拓国际市场、参与国际竞争。

(4)电子银行客户分析更加完善,精准营销能力强。通过电子化平台建立的客户数据库和客户信息系统,充分采集客户各种信息,如个人身份信息、交易行为信息、浏览习惯信息等,采用数据模型进行客户数据挖掘和行为分析,能够有效提高客户服务的精准性和成功率,提高客户体验和忠诚度。

电子银行的这些特点和优势使银行业满足了客户需求、提高服务效率、提升服务质量和降低操作风险,而且提高了客户服务满意度和忠诚度。

四、电子银行的类型

电子银行业务的主要类型包括:网络银行、电话银行、手机银行及自助终端服务。

(一)网络银行

网络银行,又称在线银行,是建立在IT(计算机通讯技术)之上的网上金融,是一种以高科技高智能为支持的AAA式银行,即在任何时候(any time)、任何地方(anywhere),并以任何方式(anyhow)为客户提供服务的银行。它是金融领域的一场革命,将引发金融业经营管理模式,业务运作方式,经营理念风险监管等一系列重大变革。本书第四章将对网络银行进行详细阐述。

(二)电话银行

1. 电话银行的概念

电话银行(telephone banking),是指银行运用先进的计算机、通信、语音处理技术和电话信号数字化技术等,在原有业务处理系统上,借助于公共电话网络,使客户能使用普通按键电话,根据语音导航和提示完成银行业务操作,或者直接接受人工坐席的服务。

2. 电话银行的优势

(1)服务品质提高。每一次通话都可以正确、迅速、有礼貌地回答客户。

(2)服务时间延长。每天24小时,每周7天的"全天候"服务。电话银行作为一种全新的银行服务渠道创新,是信息技术与现有银行业务结合的创新产物,具体体现为将电子化信息技术3A(任何时间、任何地点、任何方式)优势与现有银行金融业务相结合,突破银行原有的柜台服务方式,为客户提供更方便、更快捷的方式。与原有柜台模式相比,它既是一种补充,更是一种提升。

(3)人事费用降低。业务量增加、服务品质提高,服务时间延长都不会造成人事费用的增加。

(4)效率高。电话系统使用效率高,费用降低。

(5)节省人力。部分查询业务可由电话银行系统自动处理,无需人工参与。

(6)客户满意程度提高,银行竞争力加强、形象改善。

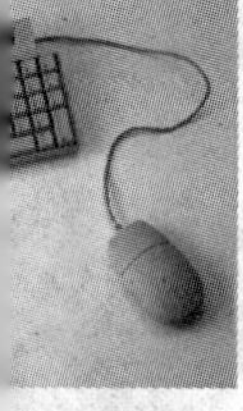

(三)手机银行

1. 手机银行的概念

手机银行(mobile banking service)是指客户通过移动终端设备办理支付、查询、汇款和交易等金融业务,也称移动银行。作为一种电子货币,手机银行业务不但极大地方便了客户,使客户能随时随地、高效快捷享受到金融服务,而且扩大了银行的业务范围,丰富了银行产品种类,提高了银行业务办理能力,减少了银行开销。手机银行在传统的业务上不断地创新,成为继 ATM、POS 机和网上银行之后最具有活力的新型业务,是银行新的收益来源。

2. 手机银行的分类

按商业模式的不同,手机银行分为银行为主导模式和非银行主导模式。

(1)银行主导模式,顾名思义整个运作以银行为主体,银行卡号和手机号连在一起,客户通过手机办理金融业务,银行收到客户请求后,根据请求内容办理转账、汇款、偿还贷款和商品支付等相关业务。为了加大银行营业网点的覆盖范围,降低运营成本,银行会把部分业务外包给电信公司,电信公司也可以选择第三方中介机构合作,转包业务,例如开户、存款和还款等。同时手机卡也有银行卡的功能,可以在相关银行的 ATM 机、POS 机上办理存取款和消费等业务。电信运营商在这个过程中发挥中介者的作用,是银行和用户之间的桥梁。由于这种模式需要用户提供银行账号,所以主要针对中等收入以上者,适应在城市推广。

(2)非银行主导模式指的是电信运营商或第三方直接搭建手机银行支付平台,整个过程与银行没有直接关系。农村很适合这种运营模式,在菲律宾农村地区许多居民并没有银行账号,只能开通非银行主导模式手机银行。用户到电信运营商指定的代理商用现金换取手机银行虚拟电子货币,然后用手机就可以实现虚拟货币的转账、汇款和还贷等金融功能。当客户需要现实货币时,可以用这些虚拟电子货币到代理点兑换现实货币。监管机构为了控制风险,要求电信运营商把用户上缴的现金托管到银行,同时要求电信运营保持虚拟货币与现实货币数量相等,防止电信运营商过度发行虚拟货币,而使风险过度扩张。

3. 手机银行的优势

(1)功能丰富。

手机银行虽然浓缩于手机中,小巧便于携带,但是它的功能绝对不精简,它所能处理的业务堪比网上银行,而且使用起来比网上银行更方便。只需要通过手机发送短信,便可立刻办理查询、转账以及支付等业务。而且,现阶段由于 SMS、K-JAVA、WAP 等不同运行方式的出现,用户在使用手机银行时,也无须要求用户更换手机或 SIM 卡即可自动享受到更多更新服务和功能。

更为贴心的是,手机银行交易代码均由交易名称汉语拼音的首位字母组成,方便用户记忆。若不清楚各项功能的用法,发送短信“?”便可直接查询。同时,手机银行的功能范围大于电话银行,它可以办理电话银行无法处理的业务。值得一提的是,即使银行发送短信请求时用户关机,再次开机后请求依旧能到达手机,从而确保用户在任何时间都可以对消费进行确认,使得交易顺利进行。

(2)贴身性强。

手机银行被形象的成为“全球流行的贴身金融管家”,相对于固定电话或者计算机,手机小巧方便，易于携带，凭借无处不在的无线网络，手机银行无需考虑电话银行的范围限制、网上银行的上网条件，能够更加实在地体现“4A”(anytime、anywhere、anyhow、anyone)的服务理念。手机银行对于经常出门在外同时资金来往频繁的商业人士尤其显得重要，能让他们随时随地掌握账户信息，执行资金操作，避免错失商业机遇。

(3)私密性较强。

由于与个人手机号码绑定，手机银行业务具有私人性。手机银行用户自主业务办理，无须借助任何其他工具，只要保管好手机就能保密交易信息，充分保障个体的私密性。另外，手机银行在使用时传输的信息全程加密，而解密所用的密钥保存和解密过程都在银行主机内部进行，电信运营商无法获得，这使得用户的交易安全得到了充分的保障。

(4)银行主动性强。

传统的金融服务具有被动性，即先由客户发出服务请求，银行接受请求后再提供相应服务。例如，柜台服务需要客户前往柜台才能办理业务，网上银行也需要用户先进入服务界面才能进行有关操作。而手机银行改变了传统服务模式的单向性，银行可以通过手机银行的服务主动将账户变动，金融理财等信息以短消息的形式传递给客户，让客户感受到银行为其提供的更具针对性的、个性化的服务，使得银行和客户之间的互动更为密切。

(5)市场潜力巨大。

国际电信联盟(International Telecommunications Union)报告，截止 2014 年底，全球约 69 亿人口将拥有手机，相当于全球人口总数的约 95%，其中逾半数将在亚太地区。这些数据表明，手机对固定电话的替代作用在加剧，按照此发展趋势，手机用户与固定电话用户之间的比例会越来越大。

(四)自助银行

1. 自助银行的概念

自助银行(self-service bank)又称“无人银行”，它属于银行业务处理电子化和自动化的一部分，是 20 世纪 60 年代在国外兴起的一种现代化的银行服务方式。它利用现代通讯和计算机技术，为客户提供智能化程度高、不受银行营业时间限制的 24 小时全天候金融服务，全部业务流程在没有银行人员协助的情况下完全由客户自己完成。国外的商业银行经过多年的建设，已建立了先进的计算机网络系统，自助银行的建设起点也比较高，利用现代科技手段向客户提供自动化程度高、方便、安全、周到、全天候的金融服务，功能也比较全面。

2. 自助银行的构成

自助银行配备有 ATM(自动柜员机)、CDM(自动存款机)、多媒体自助服务终端、ProPrinter(信息打印机)、全自动保管箱、日夜金库、IC 卡电话等。自助银行可为客户提供自动存款、自动取款、自动缴费、自动转账、自动转存、自动保管、自动寄存现金物品、自动查询账户余额、自动打印历史交易明细、电话银行、多媒体信息查询、购买国债等多项服务，品种齐全，功能先进。

3. 自助银行的优势

(1)自助服务渠道有效分流银行柜台简单业务，提高银行的营销能力。

据不完全统计，银行现有柜台业务中的小额存款、小额取款和查询、存折补登、代缴费等

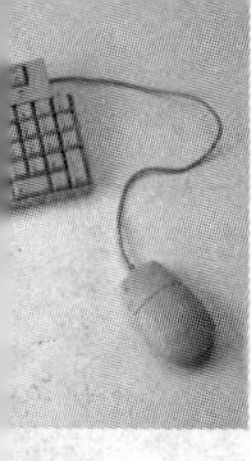

简单业务可以在自助渠道上完成,该部分业务占据柜台业务总量的50%。该部分简单业务由自助设备替代柜台后,银行可将节省的柜台业务人员充实到其他营销岗位上,提高银行的营销能力。

(2)自助服务渠道建设推动了银行卡业务的发展。

客户使用自助服务渠道的唯一手段就是银行卡,目前,我国的ATM已经到达跨系统、跨区域、国际化的联网通用阶段,ATM的交易量占持卡人取现交易量的60%左右,已经超过柜台银行卡业务量。随着商业银行自助设备功能由简单的存取款逐渐发展到代收费、转账、广告宣传等功能,其便利实用性越来越得到各家银行的认同,自助设备数量的较快增长以及其功能的不断完善也进一步激发了客户用卡热情。

(3)自助服务渠道增强了银行的服务能力,极大程度上满足了客户的金融需求。

自助服务的便利性大大延长了银行提供服务的时间。在正常情况下,银行营业网点的营业时间是从早上8:30分到下午5:00,而自动柜员机等自助设备可以实现全天候24小时的金融服务,方便了人们在不同时间对金融服务的需求。

(4)自助服务渠道大大降低了银行经营成本,增加了银行的中间业务收入。

这是银行提供自助服务最明显的优势所在。根据测算,银行每处理一笔存款、取款、转账等交易,营业网点的成本为3元左右,而ATM的成本在1元左右。ATM的发展能够有效地降低每笔业务成本、提高银行的工作效率,缩短客户的等待时间。在银行网点柜台办理存取款和转账,按照一般银行柜员的操作计算,手工办理一笔业务需要2至4分钟,如果按每天8小时工作计算,银行柜员就是连续不停地工作,也只能处理160笔左右。而ATM从插入磁卡到后台主机反馈相应信息,存、取款,打印凭条,直到退卡,只要40秒到1分钟。即使按每笔1分钟计算,8小时可处理480笔业务,是手工操作的3倍。由此可见,银行柜员手工操作的效率与ATM的效率是无法比拟的。另外,ATM还可以充分延长服务时间。在正常情况下,银行营业网点的营业时间是从上午8点到下午5点,最长至8点,每天最多工作9至12小时,而ATM机可以昼夜服务,提供每周7天、每天24小时的服务。ATM最大限度地将银行业务产品和服务时间提供给客户,方便了人们的生活。

当前,跨系统、跨区域、国际化的银行卡服务系统使得自助渠道上每办理一笔跨系统、跨地区业务受理银行即可收入3元钱,办理国际业务的手续费还要更高。使用自助设备办理业务不但可以大大降低银行业务经营成本,同时可带来可观的手续费收入。

第二节　电子银行的发展

一、国外电子银行的发展与经验

近些年来,随着网络经济的迅猛发展,国内各家商业银行抓住历史机遇,依靠先进的计算机网络技术积极开展金融创新,纷纷推出了覆盖网上银行、电话银行、手机银行、自助终端以及ATM、POS等多渠道的电子银行综合服务体系。电子银行的出现大幅降低了银行的经营成本,显著缓解了柜面人员的工作压力,拓宽了银行新的服务渠道。电子银行的飞速发展使得商业银行的服务效率大大提高,服务品质得到显著提高,提升了银行的社会形象。

20 世纪 70 年代，随着电话通信技术及网络通信技术等的兴起，电话银行、自动柜员机(ATM)、销售终端系统(POS)开始得到普及使用。1995 年 10 月，美国安全第一网络银行的成立标志着全球银行业的发展进入崭新的经营模式和发展形态——电子银行服务阶段。

(一)网上银行

20 世纪 90 年代，以美国为龙头的全球商业银行更注重综合自身拥有的各方面资源，不断在金融服务市场上推出新的金融产品和服务。美国安全第一网络银行(SFNB)的出现不仅开创了网上银行服务的先河，更代表了一种全新银行服务模式的创新。继安全第一网络银行之后，美国各地网上银行数量、资产及客户数在短短 5 年时间内远远超出了传统银行的增长速度，覆盖了除现金外的所有零售业务。在欧洲，约 75％的客户通过网络办理银行业务。

(二)电话银行和手机银行

电话银行业务在西方国家起步较早，它是伴随着理财的观念逐步发展起来的。20 世纪 50 年代，美国最早发展电话银行业务；欧洲和澳大利亚在 60 年代发展电话银行业务；到 20 世纪 90 年代，西方发达国家的电话银行业务得到了快速发展。相比之下，亚洲电话银行业务则起步较晚。

(三)自助银行

全世界第一台 ATM 是 1967 年在伦敦出现的，从此以后，ATM 就在世界各地迅速发展起来。美国、日本、巴西、韩国以及中国是目前为止拥有 ATM 数量最多的国家。最早的 POS 是 1968 年在部分发达国家的零售商店、酒吧等场所出现的，使持卡人方便进行消费结算。在美国、日本等发达国家，POS 消费额已占到市场总销售额的 70％以上，成为发达国家主要的支付方式之一。经过 40 多年的发展，ATM 和 POS 已经越来越成为人们日常生活离不开的电子银行服务渠道和终端，它给人们的生活带来了极大的便利。

随着信息技术的更新换代，市场对银行提供的服务和产品也提出了更高的要求，这促使银行不断地进行创新，通过创新巩固竞争优势。从业务种类角度来讲，业务可谓品种繁多，除柜台现金类业务外，其他业务基本上均可通过电子银行渠道办理。此外，商业银行在整合各类渠道产品的同时可进行金融创新，发挥自身优势，推出柜台业务完全无法相比的新业务品种。

在数字化时代，电子银行的服务内容呈现出更为突出的多元化、标准化、个性化及国际化的特征。信息时代，电子银行借助信息完善和迅捷的特征，其业务范围从金融领域向中间业务、非金融业务等领域拓展，种类日趋多元。电子银行业务在向多元化发展的同时也在逐渐走向标准化，风险监控体系、运营管理体系等在业内逐渐形成了规范化的管理模式，各家商业银行纷纷采纳规范化、标准化的管理措施。未来，电子银行将进一步促进金融业务的国际化步伐，进一步提高工作效率，为实现全球经济一体化奠定基础。

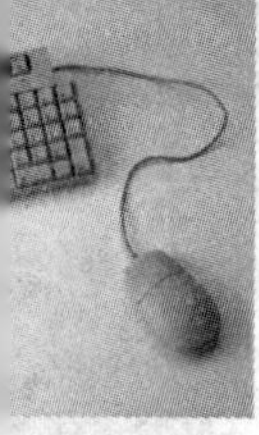

二、我国电子银行的发展

(一)我国电子银行的发展阶段

我国电子银行虽然起步较晚,但发展迅速。国内最早投入电子银行业务的银行是中国银行,但是最早开展电子银行业务的银行是招商银行。最初,招商银行在我国银行业电子银行业务处于领先的优势,在发展规模上也占有优势,但是近些年来,国有四大行凭借其在客户规模和营业网点规模的优势,重新在电子银行市场上快速地建立起其大行的地位。我国的电子银行业务发展大致可分为四个阶段。

第一阶段(2000 年以前),银行网站建设阶段。在这个阶段,各个银行开始建立他们自有的网上银行,国有四大银行和招商银行分别建立了各自的网上银行,并且推出各自的网银新业务和新产品,迅速树立自身企业的品牌和形象,利用网站这种更直观的展现手法来抢占更多的市场。在这一阶段的网上银行是最初级的网站形式,仅仅能进行一些最基本的银行业务,业务类型简单有限,并不完善。

第二阶段(2000 年至 2004 年),网上银行业务开展阶段。在这个阶段,各个银行快速地推出了自己的电子银行业务,树立电子银行品牌。当时我们已经有 20 多家银行的 200 多家机构建立起自己的网页。各大银行一方面大力发展网上银行的客户,一方面将传统的银行业务发展到网上银行,用网上银行作为传统交易的分流渠道。这一时期,我国主要银行的网上银行业务已经基本实现了查询功能、转账功能、支付功能、代缴费功能、金融类产品的购买功能。

第三阶段(2005 年至 2010 年),稳定阶段。在这一阶段,我国的网上银行已经进入稳步发展时期。网上银行的业务规模大量增长,2010 年底的网银交易量为 553.75 万亿。网上银行业务中企业网银业务占有主导地位,远远大于个人网银的业务量,但是经过 2007 年个人理财市场的大力发展,个人网银业务也呈现大幅度的增长趋势,主要集中在个人理财业务。国有四大银行的电子银行业务虽然起步较晚,但是凭借其在市场中的地位、丰厚的资产规模、网点规模、客户规模的优势,在短短的时间内就超过了最早开展电子银行业务的招商银行。例如中国工商银行在短短的十年,个人网银客户从 20 万增加到 1 亿,成为我国首个拥有上亿网银客户的银行。

第四阶段(2011 年至今),电子银行业务的多样化发展阶段。目前手机银行业务在欧洲及日本、韩国等国家和地区的应用已经十分成熟,我们才处于起步阶段。早在 1999 年,中国银行、招商银行等就与中国移动运营商等合作推出了基于 STK 方式的手机银行,但由于当时手机功能的局限性,很多功能的使用并不完善。目前,随着手机功能的不断开发、移动通讯网络的发展,手机上网变得越来越普及,智能手机及 3G 网络的出现更是为手机银行带来了新的发展,各家银行也开始大力发展手机银行业务。手机银行也成为各家银行新的竞争领域。除了手机银行之外,电话银行、家居银行等电子银行业务也在迅速普及,电子银行业务呈现百花齐放的发展趋势。

(二)我国银行电子银行业务的现状

经过三十多年的迅速发展,我国的电子化建设已取得了突飞猛进的成绩,从根本上改变了银行业务的传统模式。中国人民银行为货币政策与宏观调控服务的应用系统、办公自动化系统以及现代支付清算系统的建设取得了突飞猛进的进展,我国银行业的综合业务处理、资金兑换、银行卡等一系列应用系统也发挥着越来越重要的作用,自助银行、网络银行等新型金融服务项目不断涌现,这些建立银行业多功能、开放的、综合的电子化体系已经初步形成。

随着电子银行功能越来越完善,更多的用户开始使用电子银行作为金融业务的手段,电子银行已经和人们的生活和工作密不可分。据中国电子商务研究中心发布的《2014 中国电子银行调查报告》中的数据显示,中国电子银行业务连续 5 年呈增长趋势。2014 年个人电子银行用户比例为 43.1%,较去年增长 7.2 个百分点。其中,个人网银用户比例为 35.6%,手机银行用户比例为 17.8%。据《报告》统计,2014 年移动支付用户比例成倍上涨,超过五成用户月支付额在 300 元至 1000 元之间。

目前我国在电子银行的发展上大致分为四个梯队,第一梯队是工商银行、农业银行、中国银行、交通银行和建设银行五大行,这一梯队的业务规模占据了电子银行近九成的市场。第二梯队是由光大银行、招商银行、中信实业银行等股份制商业银行组成的。第三梯队是由深发展银行、华夏银行、广东发展银行等小型股份制银行组成的。第四梯队是由农信社和众多地方性商业银行组成。从我国电子银行的交易笔数,交易数额和交易业务来看,其中交易额前十位占 98%的市场份额,交易笔数前十位占据 99.1%的市场份额,交易业务收入前十位占 99.3%市场份额。在这些排名中,中国银行、工商银行、农业银行、建设银行、交通银行和招商银行一直名列前六名,占据了市场的 92%。

第三节 电子银行的风险及防范

一、电子银行所涉及的风险因素

银行业风险是指银行取得资本和收益产生负面影响的预期或不可预期的潜在可能。根据巴塞尔银行监管委员会《有效银行监管的核心原则》,将商业银行业风险概括为信用风险、国家和转移风险、市场风险、利率风险、流动性风险、操作风险、法律风险、信誉风险八种。

银行业风险或多或少都与金融相关,根据与金融关系的密切程度,这八种风险共分为两类:①金融因素,包括市场风险、流动性风险、信用风险利率风险;②非金融因素,包括国家和转移风险、操作风险、法律风险、信誉风险。

金融因素是经常波动的,与一国或跨国的市场经济状况有关。市场供需关系、货币政策、信息透明度变化等都会影响这些风险。经过多年的实践,目前已经有不少工具,用来量化、管理甚至预警这些风险因素,例如,现在广泛使用的信用体系,就是为了更好地规范信用风险程度。

非金融因素则是在一个较长时期内相对稳定、逐渐发展的。这些因素不易量化,而且,

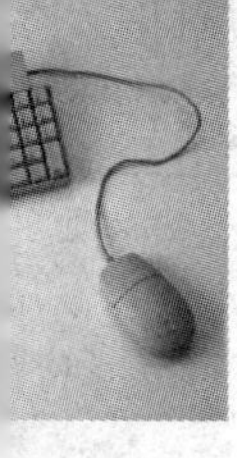

随着技术的进步和电子银行业务的发展，非金融因素内容将不断更新和充实。例如，新的电子银行业务方式产生后，相关配套的法律法规、技术规范等将随之增加。电子银行是金融创新的产物，与传统商业银行一样，在经营过程中，电子银行也具有信用风险、流动性风险、市场风险和利率风险、国家和转移风险。在这基础上，由于电子银行基于互联网技术，提供7×24服务的特性，决定了其在操作风险、法律风险、信誉风险方面，有着特殊的风险体现方式。

一方面，在互联网环境下，电子银行的操作风险面临更加大的挑战。与传统银行不同，由于没有直接通过互联网对公众提供服务，因此，即使受到攻击，也大多发生在内部的某些业务或区域上；在互联网信息技术普及的今天，电子银行通过互联网提供服务，通过内部网连接后台，更有可能受到来自不同方向的攻击，而且无论是攻击来源还是攻击范围，都比以往任何时候大，而且时间非常灵活，手段也相对隐蔽。

另一方面，电子银行的信誉风险也受到挑战，由于信息传播速度快，不同业务系统之间的关联性增加，因此，某个系统故障有可能影响其他系统，甚至影响整个系统，使银行声誉受到不良影响。另外，一个电子银行的风险不仅影响本行的信誉，甚至引起传染效应，对银行业的信誉造成影响。

最后，随着电子银行技术的发展和操作的规范、信誉风险的管理，相关的法律法规也需及时出台，对电子银行业务相关方面进行规范。法律法规的滞后，就会导致电子银行业务纠纷无法可依，危机人们对电子银行业务的信任度，进而影响电子银行业务的发展。

下面分别从法律风险、操作风险、信誉风险三个方面重点介绍电子银行的风险。

(一)法律风险

法律风险是指在电子银行业务经营活动中，因违反法律法规而遭受处罚或因交易各方的法律权利和义务未能有效确立和执行导致发生法律纠纷，而给银行造成直接或间接损失的可能性。

电子银行业务涉及的法律及制度包括：隐私保护法、消费者权益保护法、货币发行制度、消费者权益保护法、知识产权保护法和财务披露制度等。与传统银行不同，电子银行在法律方面体现出不同特征：一方面，电子银行业务通过互联网传输，没有纸质凭证，其业务操作都是通过电子化方式；另一方面，由于互联网遍及全球，国籍边界不清晰，业务与客户分布在世界的各个角落。

电子银行的这两个特性向传统的、基于自然边界和传统书面制约基础上的法律法规提出了新的挑战。

(1)电子银行的法律风险首先在于，当发生纠纷时，双方当事人的法律权益得不到有效的保护。当前，电子商务和电子银行还在发展中，很多法律法规未能及时跟上，现行法律主要针对传统银行业，有关网上交易权利与义务的相关条例法规还有待政府进一步完善。由于电子银行网络纠纷的特殊性，因而采用传统的法律工具和规则评判网络纠纷将是相当困难的。

例如，近年来屡有发生的银行存折、卡被克隆的案件，回顾这类案件的判决过程变化，银行所需承担的责任有明显变化：最初法院判决认定责任主要在客户本身，银行只需负三成责任，后几年判决银行需负一半责任，近两年的判决则认定这类案件中银行需负全责。这个过程不仅反映了储户维权历程，而且标志着银行与储户的纠纷争议有望通过法律得到解决。

【案例】 王某于2005年12月21日在珠海某银行开设活期储蓄账户，之后在2006年1月13日又在该银行办理一张与上述活期储蓄账户相配套的银行卡。2008年末犯罪嫌疑人两次在该银行的所有ATM机插口处安装了用于盗取取款人银行卡卡号与密码的摄像装置和读卡装置。之后在原告王某持银行卡在ATM机处取款之际，盗取了王某的银行卡磁条内信息和密码，克隆了王某的银行卡，并从王某账户中取走25467元。2008年12月31日，原告王某使用银行卡取款时，发现卡内25467元存款不翼而飞，卡内只剩490.94元余额。

2009年，法院对这起卡被克隆案件做出一审宣判，判决被告珠海某银行向原告王某支付存款本金及利息。法院审理认为，被告银行向原告王某发出的银行卡是作为原、被告双方储蓄存款合同的凭证，银行应有义务识别凭证的真伪，但本案中银行没有能够识别犯罪嫌疑人克隆的假银行卡。由于银行发给王某的真银行卡并没有其他人，储户ATM取款遭克隆，银行被判负全责。王某账户内25467元的交易，不能看作是被告与原告之间达成的交易，因此，法院判定被告须偿还原告的全部经济损失，原告的全部诉讼请求理据充分。

(2)电子银行使用电子货币和提供虚拟金融服务业务，涉及客户资料，属个人隐私权。如客户个人资料泄露，使客户的个人隐私权受到侵害，电子银行就可能会面临诉讼。

例如，在网上银行失窃案中，因用户网银信息丢失带来损失，法院判决认定银行应当对用户网银信息丢失负举证责任，如果银行不能证明用户有过失的，则需对用户的损失承担赔偿责任。

【案例】 2006年10月，河南省一用户在某银行开通了网上银行。2007年9月17日，用户在该存折上存了30余万元。当天下午2时，当他到银行取钱时，却被告知账户上只剩560元。经询问，原来是自己银行卡上的存款34.9万元被别人用网银账号转走支取了。法院审理后认为，用户在被告处开户，并注册办理了电子银行用户，双方即建立了储蓄存款合同关系。被告在双方之间的合同关系中，负有及时支取存款的义务。而本案中，被告银行无法证明原告是由于自身的过失致使存款被窃取，在这种情况下，被告银行仍需承担及时支付存款的民事责任。3月20日，法院宣判被告某银行给付储户存款34.9万元及自2007年9月17日至判决确定的给付存款日按同期银行贷款利率计算的相应利息。

电子银行信息被盗责任究竟谁来承担呢？银行承担，还是用户承担？依据我国法律法规的规定，如果是由银行自己的网络设备而引起的，那么就要由银行本身来承担责任；但如果是客户计算机的终端设备存在不足引发的，则由客户来承担责任。然而这个判定原则存在着较大的不足，即一旦客户的信息被弄丢了，就会在寻找银行网络设备问题上存在很大的难度，所以，在网络银行的起诉案件中，法院往往根据“谁起诉谁举证”的准则来判决客户起诉的失败，因为电子银行存在的缺陷是很难被客户发现，进而举证的。据调查统计表明，在这类网银被盗案件中，如果由于电子银行对用户身份的审查不是那么严格，犯罪分子使用假身份证进入网银的违法行为往往能获得诉讼的胜利。假设有相当一部分法院采取该案件中所依据的举证原则，那么在未来的网银盗取案件中，用户获得诉讼胜利的几率增大很多。

(3)电子银行还可能涉及第三方的法律问题。例如：客户通过第三方网站链接电子银

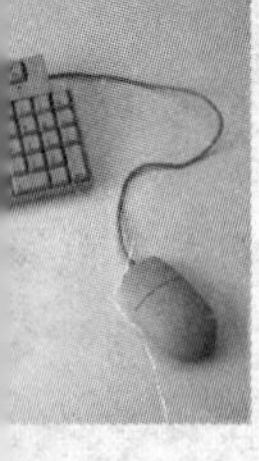

行，并进行电子银行业务操作，如果第三方网站受到电脑黑客攻击，黑客利用这种链接侵入电子银行客户的网页，使客户账户受到损失。而且，当这种侵权行动通过网络通讯技术延伸到国外，也增加了法律风险。在一些国家电子银行业务属于刚开展的新兴业务，非常缺乏电子银行的法律法规要求，在业务交往过程中容易出现问题，而且，对于电子银行所要承担的责任与义务也现在还没有一个明确的界定，这些都容易导致风险的发生。

近年来的电子银行储户网银失窃案中，被害人除了可以起诉银行和犯罪分子外，还可以考虑追究被犯罪分子植入木马网站的责任。正是因为这些网站经营者防护不当，才导致访问他们的用户被犯罪分子窃取了网银密码，他们可以被追究第三方责任。

【案例】 4名"80后"使用电脑木马病毒入侵深圳某信息网站，截取部分进入该网站的网络用户的户名、账号、交易码等信息，然后登录各个用户的网银账户，将账户内的钱款转入自己网上开设的账户卡，先后敛财10多万元。上海中院对这一类网银失窃案做出终审判决，3人以盗窃罪，分别被判处有期徒刑并处罚金；另一人被以掩饰、隐瞒犯罪所得罪，判处有期徒刑并处罚金。由于网银失窃案的罪魁祸首是利用木马盗窃网银密码者，而这些网站的经营者对网站的安全防护不严，才使一些犯罪分子趁机植入木马窃取了访问网站的用户的网银密码。因此，网站的经营者也是网银失窃案件责任人，也必须对用户网上银行失窃承担一定的赔偿责任。

在互联网上，网站被植入木马的情况屡有发生，有的还涉及一些著名公司的门户网站或者是政府网站。有些网站由于网站服务器端程序存在缺陷，一些不法分子往往趁机在网站中植入一些可以盗取银行密码的木马程序，我们在浏览网页时，常会收到不安全风险的提醒。由此可见，电子银行的发展也是相关法律法规不断完善的过程。

（二）操作风险

随着电子银行业务的发展，操作风险的内容也不断扩大，它不仅存在电子银行日常运营所使用的设备和技术中，也体现在银行的内部管理，以及对客户端的操作风险和相关知识的普及和传递。因为系统的稳定性、安全性和可用性有着很大的漏洞，所以致使潜在危害的存在，这就是操作风险。按照产生原因的不同，操作风险可以分为以下几个方面：

(1)电子银行安全系统和其产品的设计缺陷；

(2)银行内部管理问题；

(3)电子银行客户的疏忽，操作失误。

电子银行系统及产品涉及技术风险，银行内部操作涉及管理风险。

总的来说，银行在这方面承担着重要和不可推卸的责任。银行应通过持续完善系统体系，修订安全基线，进行有效的运维管理和规范内部管理流程等工作，更有效识别和管理操作风险。

1. 技术风险

电子银行的技术风险是由电子银行的形式及其特点决定的。

首先，以网络银行、手机银行为例，由于这些电子银行服务具有3A特点，通过互联网向公众提供服务，其中，互联网的特性是电子银行最大的技术风险。总而言之，外联网、互联网、内联网是各个银行开展网络化服务的主要三个网络。内联网是指银行内部网络，外部人员无法进入,只有内部员工可以进入。外联网是银行与特定的外联机构,例如:与人行、外管局的互联网络,大多通过专线接入,具有一定私有性;互联网是向公众开放的网络,例如网络银行、手机银行均通过互联网,提供公众访问服务。只要具备个人电脑、智能手机等终端设备,任何人都可以通过互联网,对网络银行、手机银行等服务进行浏览。直接向公众提供银行客户的账户查询、转账、理财等银行业务,其本身无论是系统、网络还是数据都存在高度的风险。据报道,在美国 SFNB 银行营业的前 6 个月中. SFNB 已受到 1.5 万次网络攻击,企图破坏其银行系统,以至于 SFNB 担心如果这种趋势继续延续,发生大量的攻击行为,将不利于社会公众树立对电子银行的信心。相比之下,电话银行利用公共电话网 PSTN、信用卡和 ATM 卡利用银行自助设备,属于银行网络的外延,网络相对集中可控,且范围有限,较容易保障数据传输安全性。

在电子银行的网银业务中,首先面临的是电子银行信息技术选择,对于市场中存在的不同公司的解决方案,银行必须根据自身需求和实际情况,选择适合自己的合作伙伴以及解决方案,如选择失误,整体电子银行的高质量服务也就难以实现,还会丧失电子银行的商业机会。其次,由于网银前台 WEB 服务器与后台 APP 应用服务器,以及 APP 与 DB 数据库服务器之间需进行数据交互,存在数据传输的通信通道,增加数据传输的风险程度,所以一般网银都会设计三层架构,按区域对不同等级的服务器提供安全防护。

2. 管理风险

管理风险指电子银行由于管理问题而造成的风险。其主要包括以下几个方面。

(1)银行内部管理不善,造成内部员工违规操作。

银行内部员工利用工作之便盗取客户信息、诈骗客户资金的风险或由于员工不执行管理制度,违规办理业务的风险。例如银行内部员工虚设客户信息,利用职务之便,违规贷款等,在已破获的电子银行犯罪案件中,涉及银行内部工作人员作案的比例高达 75%。其中,内部授权人员占到 58%。

(2)银行内部管理不善,造成生产系统运行故障。

电子银行的计算机系统运营的稳定性也越来越重要,电子银行的操作风险也会因为电子银行的计算机系统停机、网络中断、磁盘被破坏等因素造成损失。由于行业不同,由电脑程序中断等原因所产生的损害也不一样,通过对发达国家各个行业的调查统计表明,银行业和零售业所遭受的损害最多,制造业和信用卡业务授权部门则位居第二。

【案例】 2011 年 1 月 21 日,广州、东莞、江门等地某国有银行部分储户先后发现其账户存款被无故清零,损失少则三千元,多则几万元。截至当天 20 时 30 分,故障解除,所有客户资金全额退回。经银行证实,"清零"为操作性失误所致。这些都是因为银行运营管理不善,造成生产系统误操作或运行故障。

(三)信誉风险

信誉风险会使用户对网络银行的信心受到干扰,同时,一旦损害了银行的信誉,电子银行服务业务的发展就会受到连续、长久的消极影响,对银行业务的影响非常大。

据相关研究表明,影响用户采用电子银行的因素,除了感知有用性和感知易用性之外,对电子银行信任度也至关重要。也就是说,电子银行不仅要功能丰富,人机交互人性化,电

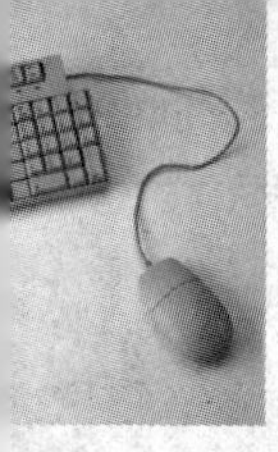

子银行的品牌和信誉也非常重要，这是不同银行之间电子银行服务的区别，也将直接影响用户采用哪家银行的电子银行服务。因此，银行部门应加强电子银行的服务质量和信息质量，从而增加顾客对电子银行的信任。另外，银行部门如何强化同顾客的沟通，整合以电子银行为重点的多渠道营销传播以提高顾客的信任度，也是推广电子银行业务的重要课题。

反过来，感知风险对用户的电子银行采用意图产生消极影响，这说明在电子银行环境中，感知风险在减少用户对电子银行的采用意图和信任方面起着不可忽视的作用。银行部门应强化电子银行在交易安全及隐私保护方面的能力，以降低用户对于风险的感知程度，提高用户对电子银行的信任程度。

信誉风险有以下两方面特点。

(1)信誉风险的出现往往伴随着其他风险，例如操作风险、法律风险。其随着操作风险、法律风险的出现而产生，不会单独出现。电子银行业务广泛采用计算机和互联网的先进技术，一旦产生问题导致系统不稳定，将会给银行带来信誉风险，银行发生信誉风险，会影响银行客户之间的合作关系，严重的更会影响公众对电子银行的信任度。

(2)信誉风险具有波及性。一旦某家银行的电子银行信誉风险受影响，公众可能对整个银行体系电子银行都会产生担忧。所以不仅针对某一家电子银行，影响可能波及整个电子银行业。例如，电子银行提供电子银行业务的失败，影响到用户对自己所依赖的电子银行产生不信任，尽管他所依赖的电子银行实际上并不存在市场信誉问题。一家跨国商业银行互联网上业务出现问题而导致的信誉风险，公众用户很容易便会把这一现象和别的银行开展的网络银行风险混在一起。在一定的金融环境中，一旦出现了世界范围内的网络银行风险危机，就有可能致使网络银行服务系统的整个崩溃。例如：银行未能及时向用户解释使用电子银行系统时遇到的问题，或者交易第三方被黑客攻击、银行站点被电脑黑客通过非法手段获取不准确信息所造成的损失，也会使客户对银行的信誉产生不信任。

二、国外电子银行风险管理经验

2001 年 5 月，《电子银行风险管理原则》由巴塞尔银行监管委员会颁布，《原则》中从三个角度指出了十几条风险管理准则。三个角度分别是：声誉风险和法律风险管理、管理层和董事会监督、安全控制。与传统银行相比，电子银行在操作风险、法律风险和信誉风险方面，遇到更加突出的挑战。从前面对电子银行发展历程的论述我们可以看到，电子银行是一项金融创新，随着经济全球化和电子商务的发展，电子银行必将成为发展趋势，对我国金融业的不断深入、健康发展，带来深远的影响和重大的意义。现在，世界已经进入了互联网和信息化的时代，电子商务成为新的经济增长点，在这一经济变革浪潮中，只有掌握了前进的方向，才能够在国际竞争中取胜。所以，面对挑战，我们不能退缩，而是应该迎难而上、迎接挑战，加强我国的电子银行风险管理。

电子银行风险管理并没有一个放之四海而皆准的统一模式，各国都是根据本国的实际情况，参照国际通行准则，制定适合本国国情的电子银行风险管理措施。在这种情况下，我国有必要借鉴其他国家和地区的管理经验。所谓他山之石，可以攻玉，通过学习总结其他国家和地区的经验，为我国的电子银行风险管理提供宝贵借鉴。

(一)美国电子银行风险管理

1995年,美国安全第一网络银行(SFNB,www. sfnb. com)开始营业,这是世界上第一家网上银行。美国电子银行业务发展迅速,到2000年,美国的国民银行中大约有60%都设立了各自的网页。在这60%的银行中,有95%的银行属于大规模的银行(资产达100亿美元及以上),与此同时,有大约2.5%的大银行准备设立网络银行业务;而小规模银行(资产低于1亿美元)中约有48%已经公开宣布了自己的网站。

美国电子银行风险管理的以下特性,对于我国风险管理具有借鉴意义。

1. 健全的法律监督管理体系和管理结构

在美国,网络银行已经具备成熟的法律框架,从市场准入、业务开展、风险管理和持续监督管理等方面,已经基本形成了涉及电子商务、互联网交易等方面各种法律体系。例如:在市场准入方面,有《国民银行网络银行注册审批手册》;在风险管理方面,有《网络信息安全文件做法指引》、《技术风险管理》等;在现场和非现场检查方面,有《OTS对零售在线PC银行的声明》、《OCC可疑行为报告机制》等。在这些法律体系中,以《全球电子商务框架》(A Framework for Global Electronic Commerce)、《统一电子交易法》(United Electronic Trading Act)和《全球及全美商务电子签名法》(The Electronic Signature in Global and National Commerce Act)等的影响力最大。

美国不用重新专门设置电子银行监督管理方面的法律法规,它可以通过对已经健全的银行监督管理法进行适当的补充来满足网络银行的需要。

2. 量化电子银行风险管理

“统一评级制度”,又被称为“骆驼评级制度”(CAMEL),是由美国存款保险公司、货币监理署以及美联署等机构于1978年共同协商设立的,这一制度的制定,不仅使美国的银行监督管理原则得以一致,也使得监督检查具备了连贯性、权威性和客观性,从而有利于风险管理工作更好地进行。资产的质量、获利质量和水平、资本的充足性、资产流动性、运营管理能力,都可作为判断某一银行运营和安全性能力的重要根据。监督管理部门把风险量化管理以及进行标准化管理是美国网络银行风险管理有效开展的两大准则,通过对银行问题进行分析研究,按照程度和范围不同,对银行予以相应的警告或处置。

(二)英国电子银行风险管理

英国的电子银行起源于早期的自助银行,整体而言,现在在英国,人们主要还是选择传统的柜面银行服务形式,所以电子银行的交易量不是很多。然而,由于一些“高端”客户(资金流转快、收益多)开始逐步倾向于网络银行业务,所以英国的银行对于网络银行服务都是支持的。英国电子银行的监督管理特点是维持金融市场的有序高效竞争,帮助消费者达成公平交易。

英国电子银行风险管理的以下特性,对于我国风险管理具有借鉴意义。

1. 注重电子银行技术监督管理

金融服务局(FSA)引进英格兰银行有关风险管理的丰富体验,将其重中之重放到了金融行业尤其是三大主要金融服务业的“零售市场”,推行把风险监控作为起始点的监督管理

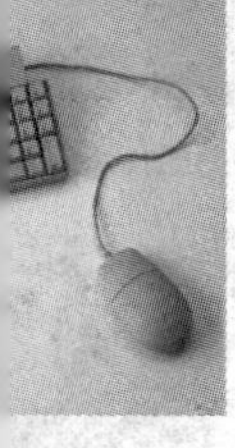

机制。FSA以“技术中性”原则来监督管理网络银行,也就是说无论互联网如何发展,金融体系监督管理的基础性准则不会因此而变化,FSA认为,网络银行仅仅是发展银行新的服务业务的中介手段,所以并未建立起专门的法律法规。然而,FSA在对电子银行进行评价时却会关注三个主要问题:防火墙、保密、应急策略、备份系统的评价;数字签名的法律地位的确认和严谨;是否对病毒或黑客拒绝服务(DOS)和对威胁攻击有足够的评价。就监督管理目标来说,FSA主要是为了维护有序的、高效率的、统一的金融市场,使得客户实现公正、公平的金融交易,因此FSA时刻关注着金融行业的前进动向。就监督管理原则和方法来说,FSA把风险监控作为重要的监督管理手段,尤其是监控风险和服务风险。

2. 加强与欧盟其他国家的交流

英国在电子银行监督管理过程中,非常注意与欧盟其他国家的交流,与欧盟整体的风险管理策略保持一致,提高监督管理效率。通过欧盟区一个国家风险策略的银行,也能在欧盟区其他国家成立电子银行,统一风险管理水平和消费者保护水平。

(三)新加坡电子银行风险管理

新加坡金融监管局(MAS)于2000年颁布实施电子银行服务业的风险管理方法,该方法针对在新加坡注册的银行进行监督管理,采取了弹性、审慎的风险管理原则。

新加坡电子银行风险管理的以下特性,对于我国风险管理具有借鉴意义。

1. 有效的人才培训和储备

新加坡金管局MAS通过定期的通告以及政策声明、指南这些实时(day-to-day)管理方式对网上银行进行监督管理和指导,并成立了网上银行安全、科技风险处等多个工作组和监督管理处室。新加坡金管局的管理人员不仅具有专业化监督管理水平,还有很强的敬业精神,对监督管理工作尽职尽责。新加坡金管局每个季度举办一次信息科技风险例会,向新加坡各金融机构CEO、CIO和信息科技管理人员定期讲解互联网安全、银行卡网上支付风险事件等信息科技风险发展的最新形势,对金融机构进行技术辅导,警示风险,并介绍解决风险问题的方法和措施。

2. 及时跟进国际趋势,加强国际交流

新加坡金管局为使银行业保持较大的灵活性,迅速采用新技术,跟进国际银行业的发展,避免新加坡当地银行的电子银行服务落后。

从上面我们可以看出,新加坡金管局的风险管理方法是根据当地银行服务业务科技发展手段和发展方向的变化而制定的,是随时完善网络银行服务的一种管理办法。其一方面要加强金融部门运用科技手段提高竞争和效率的力度,一方面还要坚持严密的监督管理制度,及时将电子银行服务存在的风险和收益告知用户,对于风险管理的相关信息要及时公开。

(四)海外电子银行风险管理经验总结

总体来说,国外较成功的电子银行管理模式,其风险管理内容有以下共同点。

1. 监督管理层次化

对电子银行监督和管理有以下两个类别:首先是行业级监督管理,主要是对危害金融系统稳定和妨碍其他管理行业发展的电子银行业务进行监督和管理;其次是企业级的监督管

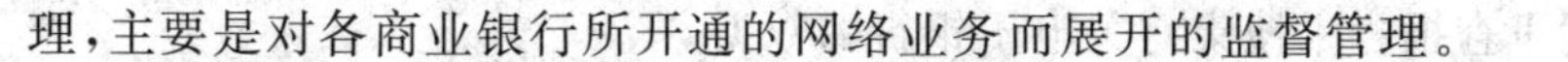

理，主要是对各商业银行所开通的网络业务而展开的监督管理。

2. 监督管理内容全面

当下政府监督管理部门对网络银行的监督管理主要有三方面：业务扩展管理、日常检查、市场准入和退出管理。

（1）业务扩展管理。主要有两方面：一是对专门的电子银行部门设立或分行业务的开展进行可行性管理。二是对网络服务的范围展开监督管理，监督管理部门要清醒地认识到在基本支付服务以外，电子银行适度拓展业务空间至证券、信托投资、保险和其他非银行服务，监督管理部门也需进行可行性管理。

（2）市场准入和退出管理。有相当一部分国家规定，银行如果要建立电子银行就必须通过审查要求。审查内容包含：技术安全协议检测报告、网络设施和办公基地准则、注册银行规模或资本、服务规划和范畴、责任判定和解决方法、风险公开和处理计划、交易记录的保存与时间限制等。另外，如果分行想要设立电子银行，必须得到总行的授权和同意。

由于电子银行具有传递时间短、地域广的特点，如出现意外事件，可能会影响银行的正常运营。因此，为了预防电子银行内部储存的客户资料被盗取，维护金融体系的稳定，同时保护客户网银信息隐私，世界各个国家在网络银行退出的程序上都十分严格。

（3）日常检查。为了使对网络银行的评价公正、公平，各监督管理部门都要对电子银行进行日常检查，这些检查包括：交易系统风险性检查、资本流动性和充足率检查，电子记录健全性和准确性的检查、保护客户隐私检查、客户资料保密性检查等。

3. 其他经验

（1）银行需从自身承受能力出发，设立恰当的风险偏好机制，实施定额管理，通过努力可以把风险控制在自身能够接受的范围。

（2）为了提高风险管理效率，银行内部必须建立起明确、科学的风险分工管理体制，各个风险管理部门负责各自对应的风险，服务团队与管理团队职责明确，各司其职。

（3）电子银行审查人员要求既要具备熟练且正确的实施风险管理规定、程序和方法的能力，又要具备承担监督检查银行风险重责的能力，这就要求审查工作者要有自主性、独立性。

（4）对风险导致的最大损失及风险进行定量检查，一旦风险无法用具体的数字模式定量的话，监督管理部门就必须马上实施有效的预防策略，阻止损害继续扩大，同时要时刻关注风险发展动向。

各个国家的网络银行风险管理除了共同点以外，也存在一些差异，例如，各国风险管理中的政府监督管理部门就有所差异。

纵观世界各国有关网络银行的管理经验，我们可将海外电子银行风险管理模式分为两种，分别是以美国为代表的美国模式，以及以英国为代表的欧洲模式，这两种模式都取得了一定的成绩，且各有优点。

美国模式：审慎宽松。一方面强调网络和交易的安全、重视保护消费者权益，另一方面又认可电子银行在金融活动中的作用，人为不应过分干预网络银行的发展。因而，在风险管理立法上，补充已有法律，适应电子银行业务发展，而在一些方面则主张电子银行相似于传统银行，这些方面主要指监督管理部门及其分工、监督管理政策、监督管理机制、监督管理内容等，例如，美国的金融部门如果想要设立电子银行，不用通过审查备案或是专门声明，风险

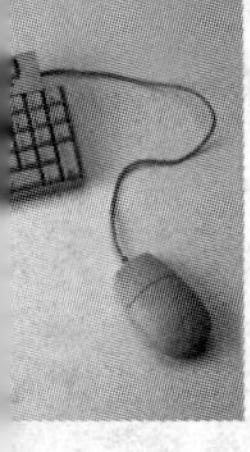

管理部门只需利用年度审查报告来搜集有关电子银行的数据。

欧洲模式：采取的方式比较新，具有公开透明的法律环境，以维护消费者权益和恰当的审查为原则，同时，在欧盟的整个区域内密切合作交流，并且对欧盟每一个国家的监督管理部门实施统一的监督管理原则，以提高监督管理的效率。

三、我国电子银行风险管理的对策

（一）完善法律法规建设

根据对我国电子银行风险管理问题的分析，建议从以下几方面加强电子银行法律法规建设：

1. 制定规范

制定相关的技术规范和法律规范，加强电子银行系统的系统安全与信息安全，确保电子银行运营安全性。

制定规范主要从两方面入手：一方面，加快电子数据取证和保管的立法工作，规定银行负责维护电子数据的真实性、完整性，并长期保存，严禁客户资料、系统日志、交易记录等被销毁、篡改和伪造。明确数字证书、数字签名、电子证据、电子合同的法律效力，这些电子数据既可作为法律取证依据，也利于税务、审计和监督管理部门的监督检查。另一方面，制定电子银行相关的行业技术标准和规范，对电子银行业务使用的数据格式、硬软件产品，用户接口标准、安全传输、认证加密等各方面制定统一的行业标准，为电子银行业务的持续发展奠定基础。

2. 明确电子银行交易管辖权

当前在国际社会尚未就确定电子银行交易管辖权达成共识，从各国和地区的管理经验来看，在确定管辖权时，各国和地区既要综合平衡本国利益，也要考虑相关国家利益，有时还得考虑国际社会的整体利益。一般电子银行交易管辖权可分为信息发出地和信息收到地两种，当前我国属于发展中国家，通过网络输出的信息量相对较小，获取的信息量较大，以信息收到地来管辖，对我国相对有利。

3. 建立适宜电子银行交易的统一的金融监督管理法律制度

要确立混业经营、统一监管的体制。目前，中国金融业混业经营已成为趋势，银行、证券、保险、租赁等金融业务相互渗透。如能对中国金融业集中统一监督管理，整合包括银监会、证监会、保监会在内的金融监督管理部门和监督管理职能，将有利于提高我国电子银行风险监督管理的针对性和监督管理效率。同时，还要注意开展我国与其他国家的电子银行监督管理中的协作，在国际上形成统一的监督管理原则和要求。其次，根据我国电子银行监督管理的手段和技术，除了政府监督管理外，还应加强市场、法律、技术等多种手段的监督管理，形成一套立体、全方位的监督管理体系，从不同角度和维度对我国电子银行业务进行综合、不间断的监督管理，这样才能有效降低电子银行的风险，促进和保障我国电子银行业务的持续稳定发展。

4. 细化电子银行内部监督管理法规

首先，国家立法应明确规定中国电子银行内部监督管理者所必须具备的品德素质；其次,银行内部应加强规章制度建设,规范银行内部工作人员行为准则,树立职业操守意识,通过自查、教育等方式,及时发现工作中的不足,并通过评估、控制等方式,消除风险隐患;最后,明确内部监督管理人员的职责分工,规定对内部监督管理人员实行垂直领导。避免内部监督管理人员滥用职权,并设立专门监督管理机构对内部监督管理人员进行法律监督。

(二)加强内部风险控制

结合前面风险分析中对电子银行操作风险的论述,我们可知电子银行操作风险包括技术风险和管理风险,针对我国风险管理中存在的问题,本节主要从以下方面说明如何加强银行内部风险控制:量化风险评估机制、完善风险管理机制、完善系统安全、提升 IT 运营管理水平。

1. 量化风险评估机制

为有效地抵御风险,促进其良性发展,我们应对电子银行的风险进行量化评估,为风险管理提供基础,实现资本电子银行的业务上的最优配置。

2. 完善内部风险管理机制

银行在建立有效经营风险管理机制的时候,风险管理机制要构建起一种垂直机制,使其得以更好地完善和前进。在西方国家,网络银行内部设有风险控制官,其最大的特点在于不对同级部门的掌管人负责,而是对控制一级风险负责。目的是为了保持控制风险的机构独立的运作,有其明确的责任和义务。

3. 完善系统技术安全

由于互联网技术更新快,电子银行系统的安全基线也应适时调整,更新各种安全技术,并通过评估、分析、实施、反馈的循环,全面、整体实现电子银行系统的安全性。

(1)通过防火墙等技术,隔离网络黑客和病毒的攻击。在电子银行系统的网络边界部署防火墙,如网银的 WEB 服务器与 APP 应用服务器之间,APP 应用服务器与 DB 数据库服务器之间配置专业防火墙,对进出网络的数据进行检查、过滤和控制,并通过地址映射技术,屏蔽内网真实地址,隔离银行内部网络的外在安全威胁。同时,注意病毒流行动向,及时更新操作系统补丁和杀毒软件版本,构建全面覆盖内网的病毒防御体系。

(2)不断加强漏洞扫描和入侵检测程序。主动安全预防程序包括入侵检测在内。可以在电子银行的每一个关键网络节点或服务器中部署入侵检测系统 IDS,可以实时监视可疑的连接和非法访问,IDS 的升级产品 IPS,能与防火墙实现联动,当检测出异常流量后,匹配防御策略,并及时将策略通过联动,应用到相应的防火墙策略中,实现对入侵流量的主动防御。另外,还要实时进行安全漏洞的检查。而对于电子银行的每一个网络设备和主机程序的安全漏洞和补丁则要定期展开检测和维修,更新厂商对补丁和漏洞的更新信息,及时更新系统补丁,修补漏洞,消除安全隐患。

(3)加强身份鉴别系统。在电子银行系统中,一般采用双因素认证,即基本用户名及密码组成的身份认证,加上由动态口令与数字证书组成的附加身份认证,有的银行动态口令由可随身携带的令牌产生,如光大银行阳光令牌,根据加密算法随机产生动态口令,而且,动态产生的口令在一分钟后就会自动失效,有效地保证了用户登录的安全性。将来,网银还可以通过自动指纹认证系统进行身份认证。在网银交易过程中,大多数银行都使用了自建的

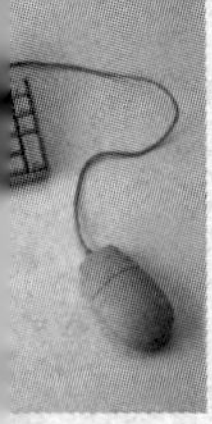

CA系统或国内通用的CA体系(CFCA),它所采用的数字签名技术能够确保交易指令的不可否认性。CA体系建筑在PKI理论基础之上,PKI(public key infrastructure)公钥基础设施能够很好地解决网络中的加密或是信任问题。在实际环境中,网银技术采用安全电子交易协议(SET),涵盖了银行卡交易资料完整,数据认证、信息保密、数字签名等技术,目前SET已经成为事实上的工业标准。

(4)提升加密技术,保证数据的安全。加密技术按照通信层次可以分为三类:节点加密、端到端加密和链路加密。链路加密是指在通讯线路两端,对数据进行加密,到达目的地后解密,节点加密安全性比链路加密高,在网络节点中,消息不以明文形式存在,端到端加密要求数据在从源端到目的端的整个传输过程始终以密文形式存在。"端到端加密"使用于那些对网络流量分析没有很高要求或是链路数量很多的情形下。然而,一旦对网络流量分析提出了高的需求,那么就必须要使用"端到端加密"与"链路加密"两者结合的方法:先对所要传递信息的开头进行加密,这时要使用"链路加密",接着,我们要对所传递信息的内容进行加密,此时要用"端到端加密"的方法。RSA和DES是数据加密两种主要算法。RSA是非对称密钥,是公钥加密体系的一种,其最大的好处在于密钥管理的方便。DES是对称密钥,是私钥加密体系的一种,而它的最大好处在于加密、解密时的快速,以及计算方法简便,但是对于它的密钥却很难管理。所以,在我们的实践运用中最好是将两者结合起来使用,例如,通过RSA来管理密钥,通过DES来加密数据。

4. 提升IT运营管理水平

电子银行系统的平稳运行,需要根据ITIL最佳实践,完善运营管理流程,完善事件管理、问题管理、变更管理、配置库等。金融部门可以采取系统备援、系统恢复和系统防范程序(比如病毒侦测、警示、预防等),同时还可以进行定期演练和持续改善。

(三)加强管理人才储备

电子银行要想快速、安全推进,就必须要具备既熟练掌握网络信息技术,又对银行服务业务精通的专门化、多功能的综合性人才,尤其是风险管理的业务经营管理人才和内部控制人才,因此,我国应建立风险管理人才培养储备,已满足电子银行业务的迅速发展。

借鉴国外商业银行的经验,风险管理人才主要从以下两方面渠道获得:①内部培养(从相关岗位挑选适合人员培养或者内部竞聘);②外部招聘。除了这两方面的人员,银行还要培育自身的风险文化,使银行全体成员学习并运用风险监督管理方法和理论知识、增强风险防范能力、增强风险监督管理演练、制定具体可行的防范风险执行准则、构建和完善相应的风险监控体制。迅速建立起不同业务条线的风险管理团队,形成专业化队伍,并通过持续性培训、学习、研讨等多种途径,不断更新并掌握先进的风险管理理念、风险管理技术,再造相关业务流程和风险管理体制。

同时,在风险管理过程中,加强对风险控制人员的奖惩。一旦造成了损失,无论是市场拓展部门还是风险监控机构都要进行深刻的反思,从中吸取经验,制定出具体的防范措施,另外,在风险防范过程中,对于做出良好表现的,我们要给予适当的鼓励,而对于未能做出适当的措施而引发损失的人则要有适当的处罚,刺激其注意并改进。

E-commerce

（四）提高客户风险意识

我国电子银行发展状况指出，安全性是电子银行用户最关注的方面，实际上，电子银行风险的一个主要来源就是客户的自身安全意识薄弱。调查显示，操作不当是我国目前产生网银安全问题的主要原因之一，因此，做好客户的安全教育工作，提高客户风险意识，对防范电子银行法律和信誉风险十分必要。

提高客户风险意识，重点要做好有效和透明的信息披露和客户教育，主要包括以下几方面：

（1）银行要根据客户的实际情况为其介绍适当的金融服务业务，并且在客户办理业务后要对其进行业务指导，如何使用新产品和服务、对服务和产品所收取的费用、问题和错误如何解决等。

（2）客户在开通网上交易功能时，银行应多提示使用过程、规范的使用方以及双方各自的权利和义务，同时还要通过加强保密措施，防范违法犯罪分子采用病毒、黑客等方法入侵银行系统，对银行客户的信息进行复制，盗取客户账户余额，金融机构还要向客户提交电子银行服务业务的具体使用方法，并且以书面的形式，鲜明地告知客户的信息安全、隐秘性、用户权益等相关事项，同时要提醒客户及时更新计算机安全技术。另外银行还应积极地向客户推荐网银专业版，这是因为它是建立在 PKI 基础之上的一种认证机制，能对网上用户提供数字签名、验证身份、数据保密和完整性等安全防范服务。

（3）加强对公众的电子银行安全教育，通过媒体、网站、网点等渠道，介绍网上银行业务品种、规则、交易风险、权利和义务，使客户清楚保障网上支付安全的工作程序、网上支付加密保护的机理及银行提供的安全保障支持。

（五）建立风险应急体系

为了更好地应对突发情况，使电子银行业务更好地连续推进，我们必须要做好其核心机制——快速响应机制的完善。因为网络银行服务风险存在着传播快、范围广的特点，所以就要求反映要及时、快速。网络银行的应急机制重点加强信息备份、灾难恢复以及业务连续性的管理，以及客户服务支持。

商业银行应在系统内建立有效的风险报告体系，业务人员发现问题后，根据问题级别，将信息及时反馈到上级部门。为了使风险不再扩展，上级机构一旦发现风险情况后，就必须马上部署实施具体有效的方案，开展应急处理。如果风险触及到了行业的安全性，就要立马向监督管理机构报告，听从监督管理机构的安排，相互协调，共同解决。同时，还要建立行业内的联动机制，提高应急响应效率。同时，应急方案应制订演练计划，定期进行各类应急预案的培训和演练，以保证其连续有效。把应急和灾备工作提升到全方位、多部门齐抓共管、协调一致的整体工作层面，确保极端事件发生时，能够在最短的时间内按照既定方案有序处置。

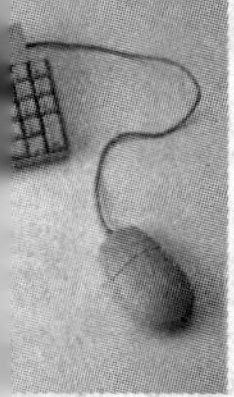

一、简答题

1. 电子银行的概念是什么?

2. 电子银行的功能有哪些?

3. 电子银行的特点有哪些?

4. 电子银行的类型包括哪些?

5. 电子银行所涉及的风险因素有哪些?

6. 国外电子银行风险管理经验都有哪些?

二、案例分析题

富国银行的变与不变

2013 年,美国富国银行超越中国工商银行,成为全球市值最大的银行,也成为金融界议论的焦点。创建于 1852 年的这家百年老店,经历了社会环境的巨大变迁,还能坐上市值头把交椅,其经营策略的选择颇有独到之处。

富国银行的标志是一架六匹马拉的马车,富国信奉一句话:"永远不要把马车放到马前面。"也就是不要以产品为中心,而要以客户为中心。从富国银行百年发展史看,它成立于美国淘金潮时期,在那个人流、物流大流动,但信息、交通又十分落后的年代,富国银行为客户提供金钱和货物的快递服务,这无疑是切中要害。进入 20 世纪之后,全球经济变迁,但富国银行没有像美国其他大型银行那样,重点发展一本万利的投行业务,而是坚守传统商业银行的业务领域。而且,富国没有大举在海外扩张,而是坚守本土市场。直到今天,富国的三大业务条线还是社区银行、批发银行,外加财富管理。

富国银行服务实体经济,不追逐热门业务,在成立 140 多年里都偏安一隅,只在加州经营。这些理念看似朴素、保守,却让富国银行拥有极强的风险抵御能力。在历次金融危机或经济萧条期,富国银行几乎未受影响。相反,那些醉心于投行业务,极力发展衍生品交易的国际性大行,屡屡成为金融危机中首当其冲、损失最大的机构。因而,1997 年之后历次金融危机和经济萧条,都为富国提供了收购同行的良机,从而笑到最后。

但在坚守传统,有着诸多"不变"的情况下,富国银行在业务领域却积极谋变。以备受国人关注的小微业务为例,富国有诸多变革。一是苦心经营渠道,开设了 9100 个网点,网点不叫分支行,叫门店(store),以此放低身段、贴近客户。二是将科技手段与传统业务嫁接,比如通过 Facebook、Youtube 等年轻人喜爱的社交网站获取客户,积极发展电子银行,其三分之二的贷款都是系统自动完成。三是不卖产品,卖解决方案,以满足客户全部需求为目标,积极研发多项产品组合的解决方案,实现交叉销售。

放眼国内,不少银行的规模进入了全球银行 1000 强。但总体上,国内银行业还是过于依赖存贷款利差，核心竞争力有待提升，同质化经营有待改变。在发展策略上，变与不变，如何取、如何舍，已成为利率市场化背景下银行必须考虑的问题。在这方面，富国银行的抉择，或许可为借鉴。

（资料来源：孟群舒.解放日报.2013－08－13.）

【思考题】

根据案例，谈一谈在目前各大银行发展电子银行的迫切性，电子银行都包括哪些方面，我国商业银行应该向富国银行学习哪些内容。

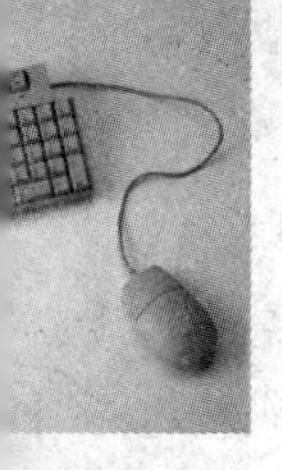

第四章 网络银行

提防:网银“黑手”盗钱财

不用到银行柜台排队,不受营业时间限制,还可以给手机充值、给信用卡还款、网上买基金……网上银行的便捷高效吸引了越来越多的用户,其安全性也越来越令人关注。网上支付漏洞和网银盗窃案被曝光后,不少消费者纷纷质疑网银的安全性。

(一)网银被盗案

33岁的蔡先生是上海一家外资软件公司的总经理,经常通过网上银行购物、缴费、转账。2007年某天中午,蔡先生像往常一样上网查看自己的账户情况,却惊讶地发现银证通账户下原有的16万余元只剩下36.62元。吓了一跳的蔡先生马上拨打银行客服电话查询,果然两个银行卡上的余额都所剩无几。客服人员说,钱都通过网上银行转账被转走了。

国内首例网上银行盗窃案历时3年之久才有了判决结果,温州市中院驳回农行上诉,维持永嘉县法院原判,即农业银行永嘉支行赔偿储户90%损失,储户承担10%损失。和这位储户相比,在北京的杨先生就没有那么幸运了,在其网银上的6万多元不翼而飞后,因杨先生不能提供充分证据证明其存款消失是因银行过错导致,法院一审驳回了杨先生要求工行赔偿的诉讼请求。

虽然有专家认为银行应为网银钱财丢失“买单”,但在大部分网银被盗案中,由于网银用户无法举证银行的责任,打赢官司的几率为零。某银行曾有400多名储户网上银行的钱财被盗,但因无法举证,全部无法索赔。

绝大多数网民认为,网银钱财被盗,银行不能一推了之。有网友说:网银被盗首先是银行管理不善。网银也是银行推出的一个项目,银行有义务保护每个用户的存款。“我们是把钱存进了银行后被盗的。难道银行就不应该为此负责吗?”网友“弱者的呼唤”表示:无论从哪个角度讲,对网银的钱财银行都负有保管的义务,银行有必要反省,而不是一味地推卸责任!

(二)专家建议出台相应司法解释

对于防范网银“黑手”,绝大多数用户只知道些皮毛。而层出不穷的隐蔽性极强的网银“黑手”,连一些专业的网络技术人员都防不胜防。而一旦因网银被盗,引发用户与银行间的纠纷,银行往往会指责用户操作失当,法院也会因为用户的过错,免除银行方面的责任。

北京邮电大学网络法律研究中心主任刘德良认为,网银安全案件中,从证据技术角度考虑,银行处在绝对的优势地位。如果法院在司法实践中,仅仅因为网银用户无法举证银行方面有过失,而只根据“谁主张谁举证”的原则去判定案件,用户往往会败诉,显然也是不公平的。网银用户一般并不具备这样的专业知识和能力,因此用户不具备举证的能力,他们最多只需要履行必要的注意义务。他建议最高人民法院应当适时出台相关司法解释,维护广大网银用户合法权益。

即便网上银行有一定的使用风险,网银用户也大可不必因噎废食。专家提示,网银安全关键要靠自己,了解使用风险,做好相应的措施,只要小心防范、谨慎操作,还是能够有效保证网银安全的。

目前网银常见陷阱多为如下几类:

(1)克隆网站。不法分子大量克隆各家银行的网站,以假乱真。用户一旦输入银行卡号及密码,个人信息就会被网站记录盗取。

(2)窃密冒领。由于用户马虎、保管不善或轻信他人,导致网银个人账户信息外泄。

(3)网络钓鱼邮件。不法分子以银行、金融机构或其他机构名义向用户发送电子邮件,以欺诈性信息诱骗客户包括银行卡密码在内的个人信息,被称为“网络钓鱼”。

(4)木马病毒。木马病毒会监视受感染计算机系统,如果发现用户正在登录网上银行,就会弹出伪造的登录对话框,诱骗用户输入登录密码和支付密码,并通过邮件将窃取到的信息发送出去。

三条保证网银安全的基本保密措施:

①首先要登录正确的银行网站,不要从不熟悉的邮件或网站链接进去;②其次是保护电脑安全,安装防病毒软件,并及时更新病毒库;③最后是保护各种密码,正确使用数字证书,使用数字证书后要及时拔出,不可转借他人。

(资料来源:陈婧.解放军报.2009-04-28.)

第一节　网络银行概述

一、网络银行的概念

网络银行(Internet banking)又称网上银行、在线银行,简称“网银”。网络银行是建立在计算机通讯技术(IT)之上的网上金融,是一种以高科技高智能为支持的AAA式银行,即在任何时候(any time)、任何地方(any where),并以任何方式(any style)为客户提供服务的银行。

20世纪90年代中期,随着互联网的发展与普及,商业银行开始进军互联网,并逐步形成网上购物、支付一条龙的服务。1995年10月18日,成立于美国的安全第一网络银行(Security First Network Bank)的诞生,标志着世界上首家以网络银行冠名的金融组织正式成立。它是金融领域的一场革命,将引发金融业经营管理模式、业务运作方式、经营理念风险监管等一系列重大变革。

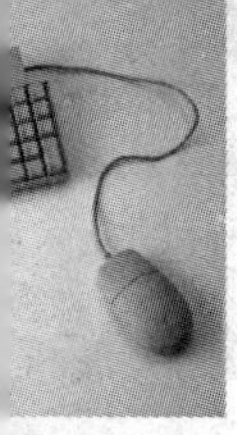

二、网络银行的分类

按网络银行的组成架构可以分成纯网络银行和以传统银行拓展网上业务为基础的网络银行两种形式。

（一）纯网络银行

纯网络银行是完全依赖于Internet发展起来的全新电子银行，这类银行所有的业务交易全部依靠Internet来进行。这是一种纯粹的网络银行，利用Internet技术建立虚拟空间，没有分支银行或自动柜员机（ATM）。例如，世界上第一网络银行——安全第一网络银行SFNB（Security First Network Bank）1995年10月在美国成立。该银行的成立得到了美国OTS（Office of Thrift Supervision）的承保。SFNB不同于以往的银行，它没有经营网点，整个银行的员工也大大少于通常概念的银行，客户完全通过Internet与银行建立服务联系，实现了24小时全天候服务，迅速、方便、可靠。

（二）以传统银行拓展网上业务为基础的网上银行

这种网络银行是指在传统银行的基础上，运用公共互联网来开展传统的银行业务交易处理及增值服务，主要是发展家庭银行、企业银行等服务。客户足不出户就能进行业务操作，享受银行服务。目前我国开办的网络银行业务都属于这种。由于整个系统是以传统银行系统为基础，利用互联网络开展相关的业务，其服务也称网络银行服务。

三、网上银行特殊优势

（一）高效便捷的3A自动服务

网上银行运作的基本策略是前后台业务和数据处理一体化，为银行客户提供了任何时间、任何地点、任何方式均可得到的便捷灵活的服务，即anytime、anywhere、anystyle的3A服务。而且，目前银行先进的计算机系统能够同时对大量的网上银行业务进行集中处理，所以网上银行能够免去或减少传统银行无法克服的序时排队、重复沟通等低效因素，大大提高客户办理业务的效率。

（二）平均成本较低且持续递减

网上银行建设的“沉没成本”（sunk-cost，SC）是固定的，且不需要支付大量的日常费用。从下图可以看出，网上银行每笔新增业务（或每个新增客户）的边际成本（MC）几乎可以忽略不计，使每笔业务的平均成本（AC）随着业务量的增长保持递减，总成本曲线（TC）则增长十分缓慢。因此，网上银行达到一定的使用规模后即产生相对传统银行的明显成本优势并保持增强。据国外调查统计，实体银行网点每一笔交易所需的费用为1.07美元，电话银行为0.45美元，ATM自助银行为0.27美元，而网上银行每笔交易的成本仅为0.01美元。如图4-1所示。

(三)对客户的锁定效应较强

熟悉一个网上银行系统的学习成本是很高的,有的客户还出于安全性的要求购买数字证书等成本较高的耐用物理设备,当客户的这些“转移成本”(switching cost)高到一定程度时,便会产生“锁定”(lockln)效应。这种效应使创新能力较强的网上银行能够获得一定得“特殊奖励”,即使在难以获得专利保护的情况下,与传统银行的大多数产品相比,也不会产生过度竞争。

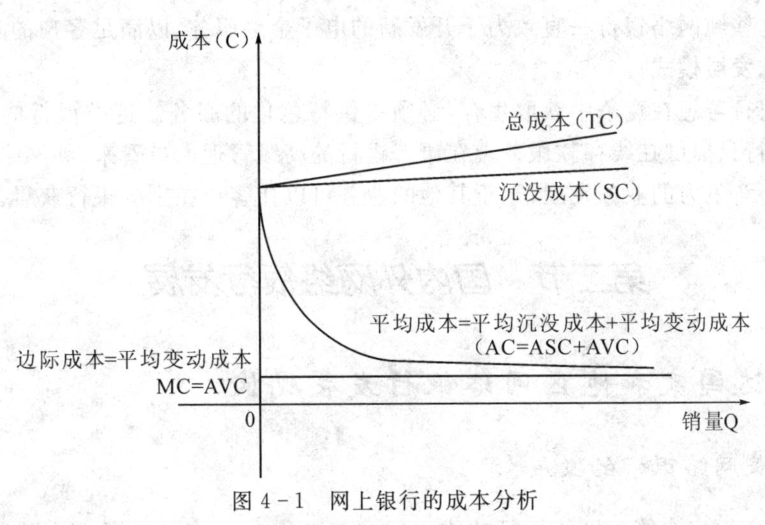

图 4-1 网上银行的成本分析

(四)有利于品牌形象和质量标准的确立

网上银行与客户长时间的图形界面交互过程,能够获得向客户展示图形形象的充分机会,并且提供的服务比营业网点更标准、更规范,避免了因工作人员的业务素质高低及情绪好坏所带来的服务满意度的差异,更可以避免传统银行在工作质量上的大量不可控因素。

四、网络银行发展模式

(一)大银行的网络化发展模式

大银行在发展网络银行业务时可以通过两种方式:一是收购已有的纯网络银行,如上述提及的加拿大皇家银行通过收购美国安全第一网络银行,在网络银行发展道路上取得了捷径。二是发展自己的网络银行。如上述提及的威尔士·法戈银行就是通过组建自己的网络银行获得巨大成功的典型代表。

(二)社区银行的网络化发展模式

美国的信托银行是一家位于堪萨斯州的社区银行。他们建立网络银行是将其视为防止当地客户流失的一种手段。当新兴的网络银行出现,并对以地理位置确定目标客户市场的策略产生强大冲击时,发展自已的网络银行以保证在目标客户市场中的份额,是信托银行最好的选择。今天他们的网络客户可以进行远程交易,并随时检查交易情况。

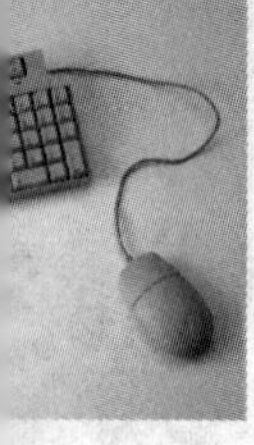

(三)纯网络银行的发展模式

对于纯网络银行的发展模式而言,也有两种不同的理念:一种是以印第安纳州第一网络银行为代表的全方位发展模式:另一种是以休斯敦的康普银行为代表的特色化发展模式。

1. 全方位发展模式

对于应用这种发展模式的网络银行而言,印第安纳州第一网络银行并不认为纯网络银行具有局限性。他们认为随着科技的发展和网络的进一步完善,纯网络银行完全可以取代传统银行。这些纯网络银行一直致力于开发新的电子金融服务,以满足客户的多样化需要。

2. 特色化发展模式

纯网络银行若想在竞争中获取生存,必须提供特色化的服务。这类银行的代表就是康普银行,该银行只提供在线存款服务。在康普银行的高级管理人员看来,纯网络银行应该专注于具有核心竞争力的业务发展,至于其他的业务可以让客户在别的银行获得。

第二节　国内外网络银行发展

一、发达国家和地区网络银行发展现状

(一)欧美网络银行的发展

1995 年,美国安全第一网络银行的成立标志着一种全新的银行模式的诞生,对传统银行业产生了前所未有的冲击。根据美国联邦存款保险局(FDIC)的统计显示,1996 年至 1998 年,美国传统银行的资产年递增率为 8%,而同期美国网络银行的资产年递增率达 53%。这标志着网络银行作为银行业一种全新的经营模式,对靠众多分支机构经营的传统银行业形成巨大冲击。从 1995 年开始,互联网的应用开始逐步与银行业相结合,创造了网络银行这一新事物,并取得快速发展。美国网络银行业务量平均每年都以超过 100%的速度增长,业务范围也涵盖了除现金以外的所有零售银行业务和投资银行业务,成为银行业竞争的一个新热点。

加拿大皇家银行是加拿大规模最大、盈利能力最强的银行之一。2000 年,它收购了美国安全第一网络银行,扩大了其在美国金融市场的业务和份额,并顺理成章地步入了美国金融零售业务的市场,利用安全第一网络银行吸收的存款投资于加拿大的中小企业,获得了高额的收益。更重要的一点是,它利用这次收购,将业务拓展至一个新兴的、飞速发展的领域。这次收购使加拿大皇家银行立即站在网络银行发展的最前沿,成为一次低成本、高效益兼并的典范。表 4-1 列举了北美网络银行发展过程中的 20 项创新性改革。

欧洲网络银行发展起步较晚,但欧洲中央银行估计,现在每个月新增的网络银行用户数量可达百万之巨。根据巴黎的国际市场咨询机构“蓝天”(Blue Sky)的统计,在 1998 年 11 月至 1999 年平均 6 月的时间内,欧洲 8 国拥有 Internet 银行网址的银行,就从 863 家增加至 1845 家:而能通过 Internet 进行资金划拨、付账或买股票等网络银行交易的银行则有 1265 家,而且越来越多的新兴市场的参与者也在纷纷准备加入这个新兴的银行服务业务

表 4-1 北美网络银行的创新项目

序号	日期	创新项目
1	1995 年 5 月	Wells Fargo 是世界上第一个提供 Web 通道的银行
2	1995 年 10 月	First Network Bank 是第一个开始提供全面服务的网络银行品牌
3	1996 年 3 月	AT&T 第一个为信用卡持卡人提供在线欺诈保护
4	1996 年 3 月	BayShore Trust(Canada)是世界上第一个提供在线实时贷款的银行
5	1996 年 7 月	Britton&Koontz First National Bank 第一个开始提供触发式电子邮件提醒的系统
6	1997 年 1 月	Beneficial Finance 在美国第一个提供实时小额贷款
7	1997 年 3 月	Bank of Montreal 开始提供实时抵押贷款
8	1997 年 7 月	E-Loan 开始提供在线抵押经纪人业务
9	1997 年 8 月	Eople First Finance 最先提供空白支票自动出借业务
10	1997 年 8 月	River City Bank 为其网站增加个人金融服务功能
11	1997 年 8 月	Qspace 首先提出了在线信用局报告
12	1997 年 12 月	NextCard 开始提供网上信用卡服务
13	1998 年 4 月	One Core 开始为小企业提供在线优化服务
14	1998 年 6 月	Lending Tree 开始为拍卖市场提供零售贷款
15	1998 年 10 月	Compu Bank 第一个开始提供基于 Web 的银行内部资金转账系统
16	1999 年 3 月	DeepGeenBank 开始提供实时住宅净值贷款
17	1999 年 11 月	PayPal 开始提供电子邮件支付系统
18	1999 年 12 月	X. com 第一个提供银行服务与价值投资(与共同基金指数挂钩)综合服务(无缝集成)
19	2000 年 7 月	Citibank 开始提供银行账户综合服务(银行品牌)
20	2000 年 8 月	Cyberbills 第一个为企业提供审查支付账单

(资料来源:网络银行报告 Online Banking Report,2000-12.)

中。到 2003 年年末,欧洲的网络银行由 2000 年的 20 家增长到 55 家,在线银行业务中瑞典占有最大的份额,约 50%;其次是瑞士,占 36%;第三是德国,占 25%。欧洲三分之一的储蓄都在 Internet 上进行,总金额约 1580 亿欧元。

2000 年 7 月,西班牙的 Uno-E 公司同爱尔兰互联网银行 First Group 正式签约,组建业务范围覆盖全球的第一家互联网金融服务企业 Uno First Group。同清算银行、英特尔公司等几家大公司结盟的 First-E,1999 年创建了一个覆盖德国、西班牙和法国等欧洲主要国家的网络银行。

英国的 Barclay Bank 在 2000 年关闭了 50 家分行,用此资金来发展网络银行业务。英国的网络银行业务近年得到突飞猛进的发展,相关资料显示,2001 年英国网上支付用户的规模为 1000 万,至 2004 年的规模已达 1505 万,复合增长率(CAGR)为 14.6%。2001 年英

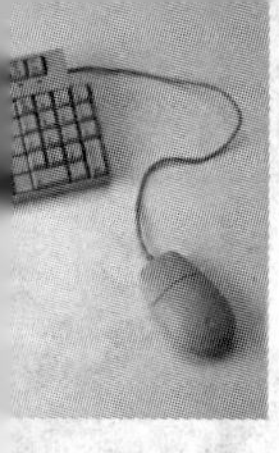

国网上支付市场规模为68亿英镑，至2004年的规模已达110亿英镑，复合增长率(CAGR)为17.4%。

（二）亚洲地区网络银行的发展

1. 日本的一站式网络银行服务

据道琼斯通讯社报道，日本三和银行与6家金融机构推出了名为Financial One的网络银行超市。加入这一金融集团的都是日本一流的金融机构：三和银行、东洋信托银行、大同共同寿险公司、Taiyo共同寿险公司、日本火灾海上保险公司、兴亚火灾海上保险公司和全能证券公司。

Financial One于2000年4月份推出一个共同的门户网站和一个电话中心来提供金融服务产品。他们还整合了各个公司的信用卡，向6家公司的所有客户提供集银行、保险和其他服务于一身的多功能信用卡。另外，6家公司还将成立一个合资公司，处理客户的个人资产管理、财务计划和遗产等事宜。这种合作不仅促进各种性质不同的金融机构间开展交叉业务，而且也为客户提供了多样化的增值服务。

2. 中国香港地区的网络银行

中国香港地区的网络银行业务发展也很快。1998年11月，花旗银行在香港率先推出首家网络银行服务。1999年初，永隆及浙江第一银行亦推出“永隆网络银行"及“CF Web Banking”服务，相关费用全免，超过前者只提供一些基本网上理财服务、网上投资理财及提供资讯等服务，主要目的是提高银行的形象，吸纳一些年轻和专业客户。其后，汇丰、恒生、永亨、道亨、运通、渣打、东亚、美洲银行等也相继推出类似服务或将原有电脑联线银行服务加入多项灵活的网络银行服务功能，最近，部分银行则更集中推广其网上股票买卖等服务。此外，由于香港电子商务发展加快，政府大力推动资讯科技发展和公共服务电子化等有利客观环境因素支持，一些银行也积极发展其网上购物方案及网上商贸方案等等，例如中银集团的中银至in网站、花旗银行属下Citi Commerce推出的网上商贸服务及汇丰于1999年10月推出的网上电子商贸服务方案等。由于世界贸易运作日趋电子化，不少银行积极回应，计划大力提高其贸易融资的运作效率，加快研究推出网上贸易方案，协助客户及企业尽快与世界网上贸易及金融电子化接轨。

3. 中国台湾地区的网络银行

在中国台湾，网络银行业务的快速发展满足了不同客户群体的需求。客户可以通过网络办理查询、转账和进行各种电子交易，客户可以直接上网申请贷款或购买基金。银行可以通过专属网络、增值网络及Internet提供各项金融服务，其范围包括查询、转账、电子交易、一般通信及金融资信服务等。

二、中国大陆网络银行的发展现状

（一）产品种类丰富，但使用范围集中

网上银行的产品设计是按照由简到繁逐步递进的，首先是利用网站发布金融信息，向顾客提供简单的信息查询业务；其次是将非现金业务放到网络渠道上去，如转账业务；最后便

是网上银行成为实体银行主动服务“主战场”，业务种类不仅仅涵盖实体银行所有的产品，还包括利用互联网进行的创新业务。具体而言，大部分网上银行除了有传统银行的一些基本业务，如账户管理、各种代缴手机费、水电费、有线电视费等代理服务之外，还会涉及公共信息服务、投资理财服务、信用卡服务，以及和电子商务相关的综合经营服务。有的银行还发行电子货币、提供电子钱包等服务，和各大医院合作提供预约挂号服务，以及和铁路、航空合作提供快速订票服务，以方便顾客的日常生活。

随着社会的进步和竞争的加剧，顾客的需求也日益多样化，为了吸引更多的客户，网上银行的产品也在不断创新，表 4－2 列出了 2013 年 10 家主要的网上银行新推出的业务内容。

表 4－2　2013 年 10 家网上银行新举措

银行名称	网上银行新举措
工商银行	实现对主流操作系统、浏览器和平板电脑的全覆盖，推出个人网上银行私人银行专区，打开网银的高端市场
农业银行	推出个人网银外汇业务，并设立香港分行个人网银
中国银行	新增金融 IC 卡、密码付款、无卡付款、数笔汇款套餐、网点预约排队等服务
建设银行	推出个人网银私人银行版和 e 账户，新增储蓄国债、个人结售汇的投资理财服务、进一步拓展银医、社保服务
招商银行	用微博这一媒介，推出“微预约”办理网银专业版
光大银行	推“光大网上营业厅”、“阳光 e 缴费”、“理财夜市”服务
中信银行	推出储蓄国债和凭证式国债的认购、兑取，实时结售汇功能
兴业银行	加强对新型安全认证工具的研究，推出二代网盾证书、建设动态口令系统
浦发银行	新增理财版个人网银
民生银行	优化产品功能，大量开展客户营销活动

虽然各大银行都在积极创新产品，提升服务品质，但是顾客对网上银行的实际使用功能却是很有限。在 2010 年我国用户网上银行使用功能调查中发现：最常使用的功能是缴费支付，包括生活缴费和网络购物支付，占比 75.1%；排名第二的是账户管理，占比 74.8%；转账汇款占比 58.6%，排在第三；其余依次为投资理财、贷款融资和其他。同样在 2013 年我国用户网上银行使用功能调查中发现，最常使用功能排名第一的是第三方账户充值，占比 77.3%，排名第二的是网络购物，占比 74.8%，其余依次为转账汇款、账户管理、公共缴费，最后是投资理财、贷款融资和其他。通过这两组数据就可以看出，我国网上银行的功能在不断更新和完善，但是顾客的使用功能依然是局限于比较简单的支付、转账、查询等功能，而最能为银行带来高利润的投资理财功能和贷款融资功能，顾客使用率却很低。这直接影响了网上银行的竞争力，也说明了大部分顾客只是把网上银行当做传统银行的网络延伸，对其提供的个性化产品响应度不高。出现这种现象的原因是多方面的，如顾客出于对风险防范的考虑，或者是信息不对称，人人贷等新型网络融资平台的分流等。因此，如何更好地挖掘顾客对网上银行的使用潜力，对于银行而言可能是比开发新产品更为重要的事情。

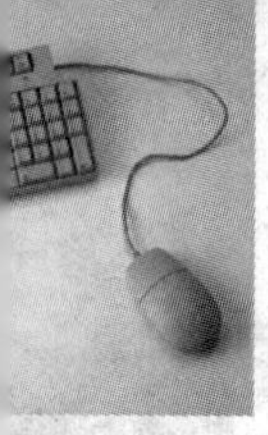

(二)安全技术到位,但安全服务缺失

在2013年艾瑞咨询关于不使用网上银行原因的调查中,担心安全问题排名最高,占到了56.1%。事实上,我国网上银行的安全产品很丰富,而且技术也较为先进。如U盾、工银电子密码器、动态口令卡、预留信息等,除了这些基本的安全措施以外,网上银行还推出安全控件、杀毒软件、私密问题提问等手段,以确保顾客账户信息和资金交易的安全。而且我国网上银行的安全技术设计均是按照国际标准来执行的,很多产品也是直接从有多年使用经验的发达国家引进的,所以产品的技术设计没有多大缺陷。但是网上银行的安全策略不仅仅包括技术设计,还包括安全管理。社会上经常出现的客户账户被盗、资金流失事件,也说明我国网上银行的安全管理还存在隐患。比如,顾客在使用网上银行时,一般要求输入用户名和密码即可,这是银行系统识别顾客的手段,但是对于信息不对称的另一方顾客,却没有识别银行身份的方法,从而极易出现一些不法分子利用顾客对网银的信任,设计钓鱼网站,骗取账号信息,造成顾客财产损失。所以,网上银行应该在安全管理方面有所作为,如:提供方法帮助顾客识别虚假网站,注册和银行网站类似的域名;和国家立法机关、域名管理机构合作协商,有效制止虚假网站、黑客行为等。

另外,经过调查统计发现,网上银行信息被盗的另一主要原因是顾客在使用过程中的失误,大部分人对网上银行的各种数字证书、身份验证、软件下载安装等技术性问题都不是很清楚,而且顾客在真正遇到执行困难时,面对的是冰冷的机器、"一视同仁"的程序,在无法正常交流的情况下,顾客就更容易出现焦虑心理,操作失误就在所难免。这也说明当前网上银行安全问题的真正障碍不在于技术,而是在于顾客对这些技术能否正确操作,能否规范使用。所以,现阶段对于网上银行来说,做好安全产品服务比开发新技术要重要。要加强自身的服务推广,以及对顾客进行全面的信息安全知识引导,使顾客真正了解和掌握操作过程。只有这样才能使得顾客对网上银行的安全性拥有足够的信心,顾客才会提高使用网上银行的频率。

(三)客户规模壮大,但动户率较低

随着2012年我国政府在信息化领域的一系列推进政策,以及基础网络设施建设成效的释放,移动网络的建设,宽带普及等行为直接带动了人们对互联网的使用。截至2013年6月底,我国网民规模达5.91亿,互联网普及率为44.1%。良好的网络大环境使得网上银行的用户数量也一直呈现上升态势,从2007年仅有0.79亿户,到2008年直至1.36亿户,增速高达76.5%,创下了历史之最。随后个人网银用户的规模稳步增加,截止到2012年,我国个人网上银行客户数量已达到3.69亿户。

虽然客户规模在逐步壮大,开户率稳步提高,有些银行的开户率高达70%之多,但是网上银行的动户率却很低。目前学术界还没有对网上银行动户进行明确界定,在本书中主要是指开通并持续使用网上银行相关业务的账户占个人账户总数的比例,它可以反映出网上银行客户对网上银行功能使用的情况,也是反映网银的营销服务、业务指导和售后服务水平的重要指标之一。但是目前全国个人网上银行平均动户率还不到30%,也就是说绝大部分客户属于"睡眠户"。大部分网上银行的网站只是起到了展示银行产品和提供服务信息的作用,并没有成为真正的网络交易平台。以中国工商银行的网上银行为例,其网站浏览量跃居全球银行类网站的榜首,但是顾客使用目的却是进行查询和获取金融服务信息,而不是真正地使用网银办理业务。

第三节 我国网络银行面临的风险及防范措施

一、我国网络银行面临的风险分析

所谓的网络银行的风险,是指由于外部环境的不确定性、网络银行本身业务管理或技术力量的欠缺,以及风险管理能力的不足所导致的网络银行活动中止、效率低下、失败或达不到预期目标的可能性。我国网络银行风险主要概括为以下几种。

(一)技术风险

网络银行的运行基于电子信息技术,因此,网络银行的系统风险主要源于电子信息系统的技术风险。技术风险主要包括:系统风险、操作风险。

1. 系统风险

网络银行是建立在Internet之上的,由于因特网具有开放性的特点,因此保证系统的安全性就显得更加重要了。系统风险又主要包括以下几方面。

(1)计算机硬件和软件问题引起的运行风险。

硬件风险主要包括内在和外在风险。断线、短路、老化、设备损坏性使用和人为减少计算机运行寿命等由计算机本身及相关元件、部件、设备等带来的风险属于内在风险。计算机机房设计和安装达不到国家规定,不可抗力对银行计算机系统资源带来的损害,计算机及网络设计没有可靠接地、缺少防尘设备而造成计算机故障等属于外在风险。此外,还有软件风险,主要是在应用软件研制过程中,由于人为原因导致应用软件本身设计不完全导致的系统风险。

(2)网络安全问题带来的风险。

纵然网络银行设有层层安全系统,并不断更新安全技术和方案,以保证虚拟金融柜台的正常运行,网络银行的安全系统依然是网络银行服务中最薄弱的环节。黑客攻击技术随时间的推进不断提高,他们随时可能侵入银行专用网络或银行电脑系统进行非法操作,而银行的正常客户或者非法入侵者在网络银行之外的银行业务交往中,也都有可能将各种计算机病毒带入网络银行的计算机系统,以致影响网络银行的平稳运行。

2. 操作风险

操作风险主要是银行职员、客户的错误操作而导致银行损失的风险。职员对业务的漫不经心或其客户的疏忽、网络银行的账户授权使用、真假电子货币的识别等都可能导致严重的操作风险,从而危及网络银行的总体安全。操作失误或操作不当造成的风险是操作风险的主要表现。操作人员操作权限界定不清,密码使用混乱;业务人员操作结束之后或者临时离开柜台时没有退出操作界面从而给非法入侵者提供登录业务系统,修改数据或破坏其他程序以致计算机系统瘫痪的可乘之机。在实际业务操作中,客户办理业务时对业务的不了

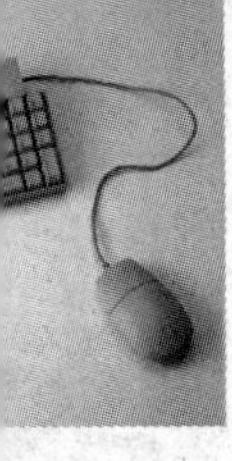

解甚至是疏忽，操作人员之间代号混用，密码没有定期严格更换，有的操作人员甚至以系统管理员身份登录业务系统。这些现象都有可能引发网络银行风险。

（二）业务风险

网络银行的业务风险主要包括信用风险和法律风险，这种风险主要基于虚拟金融服务品种所形成。

1. 信用风险

债务人未能遵守与银行所签的合同条款履约或者按约定行事，而对银行收益或者资本造成的风险。网络银行的所有交易并非在实体办公地点而是在网上完成，银行与客户间没有面对面交流。这种情况下，银行无法鉴别客户身份的真实性，而且也会缺乏其资信状况的评价依据。如果银行轻易放贷，就会面临严重的信用风险，并且其涉及的部门远远超过传统银行所影响的部门。在传统银行环境下，银行发生信用风险影响的只是银行业本身，在没有其他因素的情形下，不会对其他相关产业部门产生不利影响。而在网络银行环境下，电子货币系统的整个运行会涉及电子货币发行机构、分销机构、赎回机构以及结算机构等部门，一旦发生信用风险，遭受损失的就不仅仅是网络银行自身，还会波及这众多参与机构。

2. 法律风险

由于合同履行非正常终止、法律诉讼程序或者不利判决结果等因素，对网络银行的经营状况造成不良影响甚至损害的风险。基于对网络银行进行远程操作的可行性，加大了银行用传统方式预防和发现犯罪活动的难度，从而引发银行的法律风险。近些年，网络银行处于高速发展的时期，但与此不相适应的是，目前政府尚未在网络金融业务和电子银行业务方面制定出一套完备的法律法规、行业制度体系与配套，以至于很多时候银行在开展新的在线业务时无法可依。由于网络是跨越地区和国界的，各国订立的金融方面的法律法规不尽相同，对相同的情况会产生不同的解释和规定，从而在意识形态方面可能会发生冲突。针对这种情况，各国以及国际组织之间并没有达成一致共识。总的来说，目前网络银行存在的法律风险相当大。

（三）管理风险

管理风险是指商业银行信息化部门的管理现状和管理水平，与网络银行的业务规模和产品种类高速发展的现状不适应，从而造成的风险。首先，由于网络银行的运作有别于传统银行，管理的模式更应该以客户为主导，注重内部协调合作。市场环境的变化也要求网络银行的运营模式进行转变，一旦传统银行的管理思想不能满足新的业务发展需要或是管理人员短缺，网络银行的管理风险就随之产生。其次，网络银行是一个发展的银行，处理网络银行在战略决策中的风险是网络银行风险管理中的一个重要内容。战略决策的失误往往是由于对未来市场的错误判断而导致的战略失误或是对未来行业发展的变化状况无法做出相应决策。这些失误都会造成网络银行收益或资本受到损失。

二、我国网络银行风险的防范措施

网上银行的诞生是银行领域的一场革命性的变革，它在赢得了广大消费者的喜爱的同时也给银行自身和广大客户群体带来了许多风险。因此,如何防范和应对这些风险是网络银行发展壮大的重中之重。

（一）建立计算机及网络安全防护体系

加强日常安全管理,在充分分析网络开放性的基础上,对网络系统进行事前防护,并通过各种安全技术减少计算机安全隐患,避免系统安全风险。主要措施包括:制定物理安全防护措施,保护计算机机体、计算机机房、计算机系统、网络设备等重要设备免受人为破坏、搭线攻击和自然灾害;采取包括加密技术、口令、防火墙、病毒控制等安全措施,防止外部的非法入侵;建立对各种计算机及网络设备定期维护制度,对突发性安全事故要有应急计划,确保所有设备的运行处于最佳状态;保证硬件运行环境的安全性,机房建设要按国家标准进行建设、施工、装修、安装,并经各检验部门验收合格后才能投入使用。

（二）严格规范操作程序,加强业务操作监管

首先,网络银行需要制定全面的电子银行业务规程和安全规范,普遍建立相关信息资料、独立评估报告的报告备案,银行还应根据发展情况及时将其更新完善,确保系统运行中各种问题的发现及迅速处理。其次,在现有的计算机硬件设备及软件技术的基础上对自助银行和银行网站的工作状态进行实时监控,从而对网络、客户实现远程管理;定期管理维护网络安全管理系统、计算机设备;定时考核员工计算机安全等方面的知识并根据时代的进步及时培训;隔离网络安全管理系统中的业务通道和信息处理通道,并采取措施有效防范非业务部门对业务系统的登录甚至各银行间互相登录。最后,建立健全针对员工的激励约束机制,及时了解员工的思想动态,深入开展爱岗敬业活动,充分调动广大员工的积极性,降低内部违规事件出现的几率。

（三）建立健全信用管理机制

一方面,我们应加快社会信用管理体系的建设。建立社会信用机制是整个社会系统下的复杂工程,需要全社会全方位的努力与配合。因此,在加强相应教育宣传力度的同时,我们还应建立一个完整的配套工程,尤其是较为完善的制度框架。另一方面,我们还应从银行内部着手,建立健全银行内部信用管理机制。具体的方案主要包括以下两个方面:首先,加强网上银行客户的档案管理。在网上业务的开展中,应根据需要及时调整用户信用额度,有利于优良客户订单的增加,与此同时还可以及时发现信誉较差的客户,避免造成信用损失;再者,提高风险测量水平。信用风险评估对于银行至关重要,其过程尤为复杂,以便准确地在整个银行范围内为其客户设定准确的网上客户信用档案,以更好地维护企业的自身利益。

（四）完善相关法律法规及监管制度

针对网络银行存在的法律风险,我们应积极制定并完善相关法律法规。一方面,应对现有法律中不适应网络银行发展实践的条款进行修订和补充,既要从刑法角度对犯罪进行严惩,也要在民法方面进行界定。另一方面,借鉴国外有关网上银行的相对完善的法律制度,与国际组织相关规定接轨,从而出台我国关于网络银行的法律制度是目前急需解决的问题

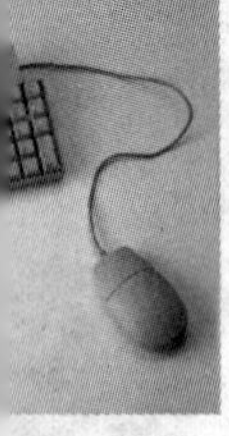

之一。例如,制定网络银行犯罪相关法律条例,并增加到《刑法》中去。另外,还需进一步完善有关互联网管理的各项行政法规,如将保护网络交易安全等内容增加到《互联网监督管理条例》中去。通过完善法律法规,明确执法监督主体,改革执法监督体制,为网络银行的安全性提供制度化的保障。

(五)系统培训相关专业人才,制定有效管理制度

首先,要制订网上银行的人力资源培训计划,通过有计划地系统培训相关专业人才,造就熟悉银行业务和掌握信息技术开发与应用等技能的复合型人才。同时,对客户进行相关培训,在增强其安全意识的同时实行跟踪服务,协助客户建立起客户端用户权限管理制度,业务授权管理等,从而降低客户因疏忽而造成损失的几率。

其次,制定有效分级授权管理制度,有效加强网络银行内部管理,从而减少因银行管理漏洞而带来的损失。对越权操作应有"提醒"或"警示"的功能,进一步规范银行内部运作。

就目前情况来说,我国的网络银行正处在初级发展阶段,在发展过程中出现的安全及风险问题都亟待解决。网络银行的安全,不仅仅与客户的利益紧密相连,还关乎我国银行业的健康发展以及金融体系的平稳建设。我国网络银行起步较晚,服务还比较有限,传统的服务仍然占据着国内银行服务的巨大部分,但这些都无法掩盖网上银行强劲的发展势头。我们可以凭借"后发优势",冲破落后体制的制约,充分利用新技术、新方法和新模式发展和培育新的金融体系,促进金融业迅速健康发展。我国应充分借鉴网络银行发展及风险防范管理相关方面相对完善的国家的经验,完善网络银行风险管理体系,从而在激烈的银行业竞争中维持更为稳健的可持续发展。

本章习题

一、简答题

1. 请简单分析纯网络银行和以传统银行拓展网上业务为基础的网上银行的优缺点。
2. 不同的纯网络银行的发展模式适用于哪些不同的经济发展区域?
3. 亚洲网络银行的发展对我国网络银行的发展有哪些借鉴之处?
4. 针对我国网络银行的发展现状,银行应做出哪些措施促进发展?
5. 目前我国网络银行面临哪些风险?应采取哪些防范措施?

二、案例分析题

阿里纯网络银行能活下去吗?

阿里发布消息称,他们筹备的民营银行方向是纯网络银行,将对接阿里小贷。网络银行主要借助互联网开展业务,它可以在任何时间、任何地点、以任何方式为客户提供服务,因此也被称为AAA(anytime、anywhere、anyway)银行。

阿里发展网络银行是有它的优势的。首先,与传统银行相比,阿里的海量网络客户是一座金矿。像阿里这样一个存在明显的网络效应的互联网商业模式来讲,网络效应的巨大威力使已经积聚了海量客户的互联网商业平台可以轻松地植入金融服务。

阿里巴巴的金融业务发展路径很清晰。它开始于最初的网络平台(阿里巴巴、淘宝、天猫)。由于电子商务业务需要便捷的网络支付工具来支持,阿里推出了支付宝。随着电子商务平台的扩大,自然又衍生出融资需求,从而产生了阿里小贷。由于支付宝中有大量闲置资金,于是阿里巴巴与天弘基金合作推出了余额宝。

从这个发展路径,我们可以看出,阿里做纯网络银行的一个最大的优势就是阿里巴巴的各种网络平台上的巨大存量客户资源。阿里巴巴聪明地运用了这些既有资源,并加以适度的营销宣传,吸引了更多的客户加入到它庞大的网络中。所以,就像阿里小贷、支付宝、余额宝一样,网络银行对于阿里来说,也是水到渠成、顺理成章的一件事。

第二,海量网络客户使得阿里可以在很短的时间内向大量中小投资者或储户提供现有银行所不能提供的相关服务。互联网公司业务发展迅速,其重要特点是可以覆盖到广大的受众人群,且每人涉及的资金也不是很多。传统银行更注重服务少数的个人(比如高净值储户)和少数的企业(比如大规模、高收益的企业),却忽略了大量中小储户,尤其是小储户。而通过互联网金融,能够快速覆盖到很多人。

因此如果网络银行能够提高良好的产品和服务,那么它可能会在很短的时间内发展到很大的规模。

第三,阿里的大数据使得它们拥有大量消费者的信息。支付宝具有上亿的消费者信息,他们可以通过这些信息掌握消费者的消费习惯。很多国外的研究发现,如果一类人群的消费是很有计划的,不铺张浪费的,向这类人贷款实际上风险是很小的。

因此,要预测贷款人的行为,预测贷款人最后是否会违约,是否会破产,实际上看他平时的消费行为就可以了。而小微企业行为则是由个人行为构成,如果你能够掌握消费者的信息,当这个消费者成立了小微企业并需要贷款的时候,现在掌握的消费信息在预测企业违约可能上也将会非常有价值。

第四,在美国,商业银行三分之二的贷款并不是对企业贷款,而是个人贷款和家庭贷款,其中最大的一方面就是住房按揭贷款,以及信用卡或者是说消费贷款。在这方面中国有很大的潜力。尤其像阿里巴巴和腾讯,它们掌握了大量的个人消费信息,则可以在这方面做得更好,这就是差异定位。现在的大银行在这方面做得还远远不够。

阿里的纯网络银行,迄今在国内外都没有先例。纯网络银行是否符合我国现有的国情,我认为有待商榷。金融是跨期价值交换,金融交易的成功是需要交易双方信任。金融的本质就决定了银行不能没有网点,因为在出现问题、需要服务的时候,人都想要去一个看得见摸得着的网点得到服务。中国人如今普遍缺乏诚信,亲朋好友都不一定敢借钱。

很难想象,人们会把辛辛苦苦赚来的钱投资给看不见摸不到的网络银行。单纯的互联网界面虽然能带来便利,但却不增强信任。虽然网络银行可以省去做传统物理性网点的成本,但没有物理网点可能意味着金融交易难以发生。

另外,网络银行令违约和欺诈的风险大大增加。互联网金融产品在普及面、广泛度方面发挥作用的同时,欺诈空间也增加了。在对大数据的运用上,还没有一家公司能用大数据为金融资产风险定价,最多只是做做精准营销。网络银行现在还不能做到不需要与客户见面,也不需要实地考察,更不需要抵押担保质押来为资产风险定价。

西方发达国家网络银行业务发展较早,对网络银行风险监管已逐步探索出一整套较为

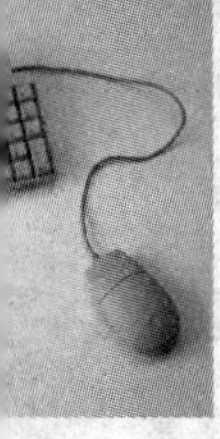

成熟的经验和办法。比如美国基本形成对电子商务、互联网交易乃至电子银行监管的法律框架。

各个发达国家对网络银行的监管主要包括市场准入、业务扩展管制、日常检查和信息披露等。美国、德国监管当局一般都要求网络银行接受日常检查,检查内容包括资本充足率、流动性、交易系统的安全性、客户资料的保密与隐私权的保护、电子记录的准确性和完整性等。

在美国,除了著名的"骆驼"评价体系,还拟定了专门针对银行信息系统的风险评估体系。该体系从审计、管理、发展成果、支持与传输等四个方面综合测算银行风险,并将风险分为五个综合评估等级。美国货币监理署和联邦存款保险公司已将该体系作为对网络银行风险评价的主要工具之一。

目前,纯网络银行模式在我国属于新兴事物,法律监管方面还处于真空。笔者认为,发展网络银行的环境、机制尚未成熟。民营网络银行能否成功诞生、生存,且拭目以待。

(本文作者:朱蕾,美国哥伦比亚大学商学院博士,上海交通大学高级金融学院教授,波士顿大学管理学院教授)

【思考题】

你如何理解网上银行的风险问题?谈谈你对纯网络银行的看法,如果你身边有这种纯网络银行,你会使用吗?

第五章 网络证券

证券行业:迈进网络交易时代

根据国务院新闻办公室发布的《中国互联网状况》白皮书,2009年约有3500万人利用互联网进行证券交易。按2009年12月沪深股市最近一年参与交易A股账户6576万户来粗略估算,占比达到了53.22%。进一步考虑到利用互联网交易的账户更多的是机构与大资金账户,利用互联网进行交易的金额比重会远远高于此比率。宏源证券(16.87,0.45,2.74%)2009年年报披露,公司网上委托交易金额1.31万亿元,占公司整体交易额的82.8%。

选择网络交易,我们认为主要有四方面的原因:一是A股市场投资者有年轻化趋势,以中青年为主的投资者习惯互联网所带来的方便、快捷和高效。截至2009年末,沪深A股合计持有账户中,年龄在20—30岁以及30—40岁两个年龄阶段的占比高达50%。其中,20—30岁的占比19.88%,30—40岁的占比30.77%。2009年仅20—30岁年龄阶段的投资者处于正增长,其余各个年龄段皆处于负增长,20—30岁年龄段同比增长16.19%。二是随着网络的互动性、可视性增强,通过网络能够逐渐实现投资、娱乐、交流、沟通、互动的一体化。三是金融行业及证券交易自身的"高效率"诉求助推网络交易的发展。四是证券公司竞争以及费用压力使得其寻找低成本运营方式,进而实现经营模式转换。

网络交易时代对证券公司的影响是渐进的,机遇与挑战并存。首先,证券公司需要逐渐增加信息技术方面的投入,既包括固定资产投入,亦包括增加维护人员,这在一定程度上会增加小型券商的费用支出压力。中信证券年报显示,2009年经纪业务员工占比减少,而信息技术人员占比增加。其次,在增加后台投入、减少前台支出的情况下,证券公司费用结构会逐步改变,固定费用比例增加,变动费用比例减少,从而在一定程度上导致并可能进一步加剧。

目前于佣金率方面的竞争,交易效率提高亦给证券公司压缩费用提供了空间。再次,网络交易催生投资者对高效理财平台的需求,未来证券交易与其他电子交易平台将呈融合趋势,这为金控(金融控制股份公司)背景下的证券公司提供了机遇,亦会促进证券控股公司的发展。最后,金融交易"高效率"的内生需求将促使证券公司逐渐转变经营观念,单纯的营业部扩张及业务拓展人海战术将不再是主流手段,通过网络交易等提供个性化服务及加强研

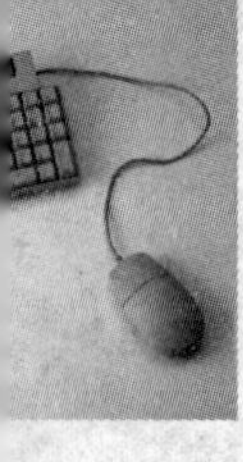

发会逐渐兴起。

展望未来,三网融合与电子交易平台互通是必然趋势,信息技术革命将带来行业的创新与发展。一是网络交易愈加微型化、便捷化,如手机证券的发展帮助投资者随时随地进行交易、获得投资信息;二是促使监管层重新思考非现场开户的合理性与可行性,从而弱化营业部扩充的竞争模式;三是有可能推动证券公司营业部虚拟化,减少投资者非现场交易,从业人员实现虚拟化办公协作,进而大幅压缩行业的业务及管理费用;四是证券交易与虚拟社区、即时通讯、视听娱乐具有进一步融合的趋势。

这一案例表明:随着我国经济的发展,证券投资已经成为百姓的一个重要投资渠道。证券交易系统经过多年的发展,交易手段也经历了很大的变化,网上证券交易成为重要的交易方式。随着互联网技术的发展,网上证券交易取得了快速发展,成为券商经纪业务发展的热点,也成为我国最有发展前途的电子商务领域。

(资料来源:王大力、丁小玲. 证券行业迈进网络交易时代. 2010-06-11.)

第一节　网络证券概述

一、网络证券的概念及特点

网络证券是在互联网上所进行的各种证券发行、交易、结算活动的总称,是投资者通过互联网手段传送交易信息和数据资料并进行与证券交易相关的活动,包括获取实时行情、相关市场资讯、投资咨询和网上委托等一系列的服务。美国证券交易委员会在一份有关网上交易的报告中曾指出:网上交易是自电话发明以后个人投资者与证券公司之间关系的一场最重大的转变。由于网络本身所具有的开放性、全球性、低成本、高效率等的内在本质特征,必然使以互联网络为媒介的网络证券交易与传统的柜台委托交易、自助委托交易、电话委托交易等证券交易方式相比,具有其自身的特点。

1. 多品种、全方位

多品种是指网上交易品种涵盖网上证券发行、证券交易、资金清算等多项服务业务种类,利用互联网为客户提供咨询、行情、理财等多种服务手段,实现全方位、7×24 小时不间断委托服务。

2. 一个入口、通买通卖

系统通过总公司的交易网关接口访问位于全国的所有营业部,客户只要登录交易网站,而不用再去选择开户的营业部便可快捷交易。

3. 无差异的基础服务

网上交易系统将充分体现安全、快速、便捷的委托交易功能,为网上客户提供完善全面的行情浏览和委托手段,首先保证网上交易客户能享受到与现场客户无差异服务(如操作界面相似、响应速度快、服务产品全),同时还能提供网上证券委托等服务在目前的通信条件下,在网站设计的最大负载内,网上交易的行情刷新速度与营业部同步,委托迟延应小于 2 秒。

4. 个性化的增值服务

交易网站的基本项目是在线交易,其附加值体现在在线咨询上,在线咨询要能为客户提供以下服务:基本咨询的网络快递(投资快讯、研究报告、投资组合等);由公司内外专家组成的"投资顾问团"提供每日的"专家在线";由开户预约、个股诊疗、预约调研和投资组合方案组成的"预约服务";每日卫星电视股评、股评报告会、行业研究报告会可以进行"网上直播";营业部经纪人和经理的在线接待等服务;开设投资俱乐部,提供新用户注册、模拟炒股、股民学校、股市红茶馆等服务。可以看出,网络证券业务不是一个单纯的部门能够完成的,它需要多个部门协同作战、紧密配合。

二、网络证券交易的优势

网络证券交易对投资者来说方便、迅速、安全,可获得券商多种多样的网络服务。总结优势如下。

(一)成本优势

传统的证券公司营业部一次性投资(包括场地租金、装修等投资)大约在500万～2000万元左右,月均营业费用据保守估计也在25万～80万元左右。在支持同等客户的条件下,网上交易的投资是传统证券公司营业部的1/4～1/2,日常月营运费用是传统营业部的1/5～1/4,大大减少了证券公司的运行成本。另外,证券公司在发展一定规模的网络证券交易客户后,边际成本会随之下降。

(二)效率优势

在证券市场中,信息是非常重要的,投资者尤其对信息的及时性和准确性有特别高的要求,与传统的证券业务相比,网络证券交易具有速度快、信息量大、功能完备等优势,并且信息的流动不受时空限制,这能够有效地提高证券市场效率,节省投资者获取信息的时间,并降低信息的不对称程度,提高投资者决策的有效性。

(三)时空优势

网络证券交易是无形的交易方式,只要有计算机及网络出口的地方都能成为投资者的投资场所。同时网络证券交易简单快捷,只要开通证券网上委托的相关手续,交易就不再受地域和工作时间的限制,只要有一台可以上网的电脑,就可以方便地委托下单,查询所需要的资讯,交易过程的速度可以远远快于传统的电话委托。网络证券交易促使更多的投资者参与股票交易,并增加交易的频率,从而加快证券市场的流动性,提高证券市场的效率。

(四)质量优势

计算机网络技术大大提高了证券业务的自动化程度,可以抽出更多的人力、物力去提高服务水平,进一步改善服务质量,具体体现在为客户提供更完备的信息服务、投资咨询和券商研究报告等方面的同时,还能降低营业部的经营风险,现有营业部存在的风险主要有:因交易人员失误给营业部造成的损失,如下单数量过多或过少、买卖证券错误等;因经营管理制度失控而造成的损失,如违规透支、越权自营等。而由于网上交易的特点,证券交易中间环节减少,投资者直接下单,可以使交易人员失误造成的损失得到控制;而通过计算机的管

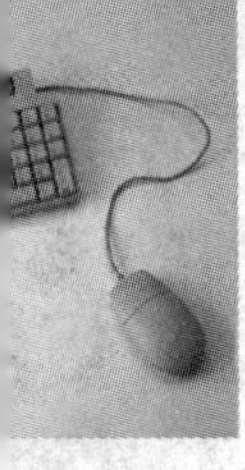

理规则，也能够大大地降低交易差错。

(五)竞争优势

在开展网络证券以后，券商之间的差别将主要体现在技术支持及投资咨询服务上。在券商之间的竞争中，券商所提供的证券信息的全面准确度、对客户投资指导的及时性与完善程度，以及在此基础上长期积累形成的证券投资咨询品牌，将成为券商在竞争中取胜的重要手段。

(六)无限扩张优势

原理上只要互联网到达的地方，证券公司就能拓展网络证券交易业务。我国证券公司最早开始尝试开办网上交易业务是在1997年。2001年以来，网络证券交易业务加快了发展速度。在传统证券业务经营模式下，历史的积累、规模、业务的结构和优势等成为证券行业决定竞争胜负的重要因素，开展网络证券交易以后，证券公司之间的主要差别将体现在技术支持及投资咨询服务上。证券公司提供证券信息的全面准确程度、对客户投资指导的及时性与完善程度以及在此基础上长期积累形成的证券投资咨询品牌，将成为证券公司在竞争中取胜的重要基础。

第二节　国内外网络证券的发展

一、美国网络证券交易的发展

互联网起源于美国，网络证券交易也于20世纪90年代初在美国出现，它为美国证券业带来了革命性的变化。在美国，网络证券交易又被称为“在线交易”，目前已经成为美国证券市场最重要的交易方式之一。美国的网络证券交易正式开始于1995年，当时以Discover brokerage direc公司为首的几家经纪商率先引进网上交易系统，允许客户通过Internet发出交易指令，开辟了证券交易的先河。

E*TRADE公司是美国网络证券的先行者，该公司从1992年起，以在线方式为投资者提供证券交易服务。一开始，E*TRADE通过AoL及ComPuserve等门户网站提供网上投资服务。1996年，随着公司网站(http://www.etrade.com)正式开通，E*TRADE展开独立的网上交易服务，并快速将其经营范围向证券市场的其他领域延伸。同时，公司利用互联网的开放互联优势在全球范围内拓展网络证券活动。目前，E*TRADE已经成为世界著名的网上券商。

伴随着E*TRADE等一批网上券商的崛起和快速发展，美国市场上的传统券商也感受到更大的竞争压力，嘉信理财(Charles Schwab)、美林证券(Merrill Lunch)、摩根士丹利添惠(Morgan Stanley Dean Witter)等大牌券商于20世纪90年代中后期纷纷介入网上经营，极大地促进了网络证券的推广应用，使之成为美国证券市场最为引人注目的变革趋势。

美国证券网上交易的生命力如此旺盛，一方面与美国发达的网络系统有关；另一方面也是与网上交易的优势分不开的，对投资者而言，网上交易的最大好处是交易费用低，且操作方便，信息快捷全面，自由度大，不受时间和地点的限制，随时随地获得行情并进行交易，因此在美国颇受青睐。

二、亚洲地区网络证券交易的发展

（一）韩国网络证券交易的发展

韩国的网络证券交易自1997年5月开始，是全球网络证券交易发展最快的一个国家。韩国网络交易的快速增长发生在1999年的网上交易手续费下调之后，1999年5月网上交易手续费下调50%，两个月后又下调80%，使得网上交易手续费只有现场交易的1/4，带动了网上交易市场的迅猛发展，同时网上交易的开户数也保持持续增长的态势。韩国网络证券交易的迅猛发展，源于网络覆盖率高、网上交易费用低、证券监管机构支持等因素。

（二）日本网络证券交易的发展

日本证券业最早引进网络证券交易的是大和证券，从1996年4月开始实施网上交易。1998年6月29日，东京证券交易所推出了专为在正常交易时间以外进行交易而设计的大宗交易和一揽子证券交易的电脑化网络，标志推行网络证券交易成为日本券商普遍追求的发展证券交易市场的又一新手段。

虽然日本在信息技术上与美国并没有多大的差距，但网络证券交易的发展程度却相去甚远。因此，影响网络证券交易发展的最主要因素是证券市场本身的成熟程度和竞争机制。

（三）中国台湾地区网络证券交易的发展

1997年7月1日，大信证券在中国台湾地区率先推出网络证券交易，由此拉开了中国台湾地区网络证券交易快速发展的序幕。在短短4年左右的时间里，中国台湾地区网络证券交易占的比例、网络证券交易开户数和开办网络证券交易的券商数量都出现了显著的增长。在中国台湾地区，率先推出网络证券交易的是传统券商。中国台湾地区纯粹网络证券公司的出现比较晚，即网路证券公司（日盛证券投资设立）和创新证券公司两家，在网络证券交易领域扮演主角的依旧是传统的证券公司。

（四）中国大陆网络证券的发展

中国大陆证券业务本身起步较晚，在证券业务发展初期已具备网络证券交易的技术条件，因此，制约网络证券发展的主要因素不是互联网技术层面的，而主要源自制度。自2000年《网上证券委托暂行管理办法》出台后，我国网络证券业务快速发展，到2012年，我国网络证券交易用户数达到1350多万户，相比2001年增长了1000多万户，年复合增长率达到13.64%；网络证券交易量占股票、基金总交易额的占比也大幅提升，超过了90%。

然而，受制于严格的监管制度，目前我国网络证券的准入门槛并未打开，服务主体仍为传统券商，且网络证券业务还仅停留在网上委托的初级阶段，投资者的开户和资金收付等重要业务环节仍必须依赖有形的营业网点。即便是大型券商，如中信、海通等虽能提供网络证券经纪服务，但业务模式比较单一，以提供简单网上交易通道服务为主，没有充分挖掘信息

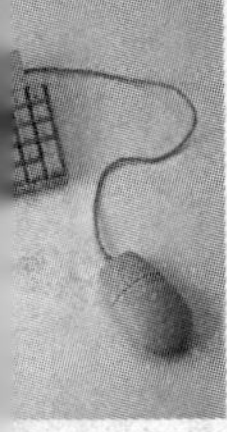

技术带来的优势，也没有将其与券商资本市场中介的职能相结合开展多方位网络证券业务。因此，目前我国的网络证券市场还不是真正地将网络技术与证券业务充分结合的市场，仍处于初级阶段。

第三节　网络证券交易的模式

网上交易在世界范围内的兴起与迅猛发展虽然时间不长，但从其发展来看，已基本形成了两种交易模式：一种是以美国为代表的网上折扣券商模式，一种是以日本为代表的固定手续费制度下的网上交易模式。

一、自由佣金制度下的美国模式

证券交易佣金是指委托者委托买卖成交后，按实际成交金额数的一定比例向承办委托的证券商交纳的费用。佣金是证券交易的主要成本之一，证券交易成本的降低，明显有助提高投资者的投资信心、提高资本市场运行效率、提高资产配置的效率，营造证券市场的繁荣，提高一个国家证券市场的综合竞争力。因此，为降低证券交易成本，推动证券市场的发展、繁荣，佣金制度在全球范围内发生了较大的变革。1975 年以前，世界各国的证券市场交易基本上都采用固定佣金制度。1975 年 5 月 1 日，美国率先在全球取消证券交易的固定佣金制度，实行佣金协商制。目前，据统计，全球主要的证券交易所中，绝大部分对佣金的收取采用自由协商制，其中大部分实行完全的自由协商制，少数证券交易所实行规定最低费率、最高费率或在一定区间内协商议价的方式。我国现行的证券交易佣金制度，是最高限额内向下浮动的佣金制度，而非完全的佣金自由化。

在经历三十多年的快速发展后，目前美国国内形成了以 E＊TRADE、嘉信理财以及美林证券为代表的三种不同的交易模式，同时这三种最为典型的模式也成为其他各个国家在开展自己网上交易时借鉴的主要蓝本。

(一)E＊TRADE 模式

E＊TRADE 模式是指交易完全在网上进行，公司并无有形的营业网点存在，故其可以以尽可能低的折扣吸引对价格在意而对服务要求不高的自动投资者，因此这些公司的营业成本低，故而价格低就是这些公司的优势。E＊TRADE 于 1992 创立后不久，就赶上了美国第二波佣金降价潮，并成为美国佣金价格战的先驱。目前其佣金费率属于同服务水平中佣金费率最低的券商之一。在客户粘性上，E＊TRADE 一直是美国点击率最高的券商之一，领先其竞争对手嘉信的两倍以上。其成功的原因主要有以下几方面。

1. 以网站为中心的营销体系

E＊TRADE 点击率较高的原因主要包括：

(1)注重网站宣传，E＊TRADE 网站的行销费用很高。1999 年其网站行销费用约占全年总收入的 49%，2000 年这一比例更高。

(2)E＊TRADE 网站的使用界面清楚、易操作，深得客户喜爱。

(3)E＊TRADE 采取金融证券业垂直门户网站的定位，为客户提供了丰富的网络信息，内容涵盖银行、证券、保险及税务等。

2. 全方位的业务拓展

1997年起,E * TRADE开始大举扩张其全球市场,与America Online及BankOne策略联盟,进军澳洲、加拿大、德国及日本;随后又进入英国、韩国等国家和我国香港地区。与此同时,E * TRADE大举拓展其零售网点,在美国建立了五个"财务中心",分布于纽约、波士顿、丹佛、比利时山庄和旧金山;并通过全国各地的"社区"深入其触角,此外,E * TRADE还有1.1万个以上的自动柜台机网络供客户使用。

3. 丰富的信息咨询内容

E * TRADE为客户提供丰富的信息内容和研究报告,并与著名的Ernst&Young合作提供财经资讯服务。E * TRADE通过买下Telebankt,强化了其金融垂直网络服务策略。除证券信息外,E * TRADE还提供房屋贷款服务、保险产品、退休规划、税务及网上金融顾问服务等。

(二)嘉信理财模式

1971年,嘉信理财公司作为一个很小的传统证券经纪商而注册成立。1975年,美国证监会(SEC)开始在证券交易中实行议价佣金制,嘉信理财公司抓住机会,把自己定位成为客户提供低价服务的折扣经纪商而获得初期的发展。1979年,公司意识到,计算机电子化的交易系统将成为业界主流,因而,投资建立了自动化交易和客户记录保持系统。这时,公司的口号是成为"美国最大的折扣经纪商"。20世纪80年代初期,共同基金开始获得美国投资者的广泛认可,成为分散风险的方便工具,嘉信理财公司开始把和经纪业务高度技术关联的基金业务纳入公司的主营业务。1987年,嘉信理财公司的股票在纽约证交所上市。2001年底,公司的市值为216亿美元。

20世纪90年代中期,互联网规模兴起,嘉信理财公司大胆地预见到,互联网将会成为对中小零散客户进行大规模收编集成的重要平台,于是,在业界率先对互联网在线交易系统进行重投资。从此开始,嘉信理财公司把传统的经纪和基金等业务捆绑在高速前进的互联网列车上,整个公司的业绩突飞猛进,迅速成为美国最大的在线证券交易商。目前,公司为780万客户管理着8600多亿美元的资产。

在1990—2000年的10年中,嘉信理财公司对股东的投资回报率一直高居美国"财富"500强公司的前5名。公司的主要经营指标,如客户资产、主营业务收入、净利润的复合年增长率都在25%~30%之间。嘉信理财公司已成为金融服务和电子商务业界的成功典范。虽然在2000年美国互联网泡沫破灭后,公司的业绩在2001年度出现了大幅下滑,裁减了25%的员工,但是嘉信理财和其他"烧钱"的互联网公司不一样的是,公司的在线金融服务业务一直具有很强的现金流基础。嘉信理财公司面临的问题是,在折扣经纪业务竞争日益激烈以及证券交易整体低迷的情况下,如何在现有规模基础上实现进一步的增长。目前,公司管理层的应对策略是在其低成本折扣经纪的基础上增加全方位的客户咨询服务,以打造其以客户为中心的服务品牌来吸引客户。

嘉信理财公司的成功之道在于其长期贯彻了"细分市场集成"的公司战略。这种战略的特点是主营业务集中,构成主营业务的细分业务在技术、市场和管理方面具有高度的关联

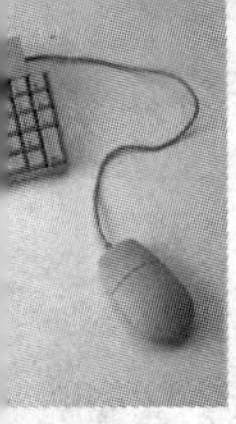

性。这和多业务单元的多角化经营明显不同，因为多角化的业务单元之间一般没有关联性，或者关联度很差。在战术上，“细分市场集成”战略的贯彻主要是要不断挖掘客户的个性化需求，进行细分整理，形成一个公司的客户群结构，然后，分别按这种需求结构来设计相应个性化产品。在这种战略下，公司规模的扩张在于有机地集成一系列高度关联的细分市场业务。“细分市场集成”战略的竞争优势在于细分市场集成力就是对标准品市场的一种细分解构力，因为标准品的特点是对客户群的个性化需求结构进行平滑化和模糊化处理。

（三）美林模式

美林证券是世界领先的财务管理和顾问公司之一，总部位于美国纽约。作为世界最大的金融管理咨询公司之一，它在财务世界的响当当名字里占有一席之地。公司创办于1914年1月7日，当时美瑞尔(Charles E. Merrill)正在纽约市华尔街7号开始他的事业。几个月后，美瑞尔的朋友，林区(Edmund C. Lynch)加入公司，于是在1915年公司正式更名为美林。1920年代，美林公司纽约办公室坐落于百老汇120号，并且在底特律、芝加哥、丹佛、洛杉矶和都柏林都有办公室。美林集团是全球领先的财富管理、资本市场及顾问公司，其分公司及代表处遍及全球六大洲37个国家与地区，雇员达60000人。

美林通过提供一系列的金融服务，来满足个人以及机构投资客户的需要。这些服务包括个人理财计划、经纪证券买卖、公司顾问、外汇与商品交易、衍生工具与研究。作为投资银行，美林也是全球顶尖、跨多种资产类别之股票与衍生性产品之交易商与承销商，同时也担任全球企业、政府、机构和个人的战略顾问。美林在全球有超过700个办公室及15700名财务顾问，为个人及企业提供以一流规划为基础的财务顾问与管理服务，旗下所管理的客户资产总值达1.7万亿美元。为全球规模最大的财富管理公司之一。美林持有全球最大的投资管理公司之一贝莱德美林投资管理(Black Rock)近一半的股权，其管理之资产总值约1万亿美元。

二、日本为代表的固定手续费制度下的网上交易模式

日本证券业最早引进网上交易的是大和证券，于1996年4月开始实施网上交易。东京证券交易所也于1998年6月底推出网上交易。从1998年6月29日开始，东京证券交易所推出了专为在正常交易时间以外进行的交易而设计的大宗交易和一揽子证券交易的电脑化网络。到1998年底，日本进入网上交易的券商有19家。而日本目前还没有放开交易手续费，因此各券商进入网上交易的最主要目标是尽早从网上争取更多的顾客，为手续费自由化以后可能面临的竞争局面作准备。日本的网上交易具有如下特征。

(1)网上交易得到券商的普遍认同，没有进入网上交易的券商都在准备进入；

(2)网上交易处于顾客目标战略阶段，在佣金固定制前提下，广告宣传、树立品牌等是目前券商在网上交易较为重视的策略；

(3)网上交易的运营体制尚未形成，运作系统大部分是依靠公司或企业集团的内部系统，只有少数利用网络接入提供运作系统服务；

(4)网上交易集中于股票交易，商品差别化的竞争战略处于萌发阶段；

(5)网上交易的服务时间尚有保留，没有达到“热线”状态。

从以上日本网络证券交易的发展状况可以看出，日本在信息技术上与美国并没有多大的差距，而网络证券交易的发展程度却相去甚远。因此，技术因素不是最主要的，影响网络证券交易的最主要因素，是证券市场本身的成熟程度和竞争机制。1999 年的股票交易手续费自由化必将给日本证券二级市场带来冲击性影响，网上交易将可能出现新的竞争局面。日本在实行券商注册制和佣金自由化的改革措施后，自由竞争机制将取代以往的政府保护政策，自由竞争的市场环境将很快在日本形成。

三、我国的网络证券交易模式

我国从 1996 年开始出现网上交易以来，经历了观望、开发、试用和发展阶段，尤其是 20 世纪初期网络的普及和相关条例的颁布，网上交易资格和运作方式得以明确下来，我国网络证券交易才开始迅速发展。我国网络证券交易模式或多或少是向网络证券交易业务最发达的美国学习的，经过不同时代的发展，我国网络证券交易也形成了具有我国国情特色的如下几种交易模式。

（一）通过 IT 公司网站或者财经网站提供服务的交易模式

这是 IT 公司参与发起的模式，IT 公司包括网上服务公司、资讯公司和软件系统开发商等负责开设网络站点，为客户提供资讯服务，券商则在后台为客户提供网络证券交易服务。这种模式开始于 1997 年，这个时期的网络证券交易方式是以营业部为中心，以 IT 厂商软件产品开发为依托的初级网上交易方式，虽然提供实时行情、委托交易等服务，但是没有服务的概念只是作为一种新渠道的开发，所以很少有增值服务。

这种模式的主要特点是：①利用现有的 Browser/server 的 SSL 平台，交易数据在券商内部传输，安全性好；②无需下载软件，便可实现网上委托交易、行情服务、信息查询等功能，快捷便利；③通过 ISP 拨号上网，节省通讯费用。

（二）券商自建网站提供服务的模式

这是一种券商占网络证券交易主导的模式，券商建立自己的网站，并在此基础上创建网络证券交易系统，通过与互联网的链接，券商在网站上开发出各种如网上模拟操作、国内外宏观信息报道、证券分析等各种特色化功能，并为客户提供个性化的服务，客户可以通过券商网站上的网络证券交易系统直接进行下单、委托交易、行情查询分析等相关活动。

这种模式的主要特点是：①券商拥有自己的网站，并开发自己网站的网上交易系统；②券商提供个性化服务，注重投资者不同的服务需求；③券商提供自己机构研究成果，增值服务能力有所提高。

（三）券商与银行合作模式

券商与银行之间建立专线，在银行设立转账服务器，可用于网络证券交易资金查询，资金账户与储蓄账户合二为一，实现银行账户与证券保证金之间的及时划转。采用这种方式，投资者只要持有关证件到银行就可办理开户手续，通过银行柜台、电话银行、网络银行等方式进行交易。

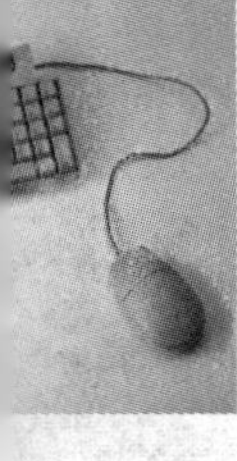

(4)“银行＋证券＋证券网”合作模式

这种模式使投资者一次交易由三方合作完成，银行负责与资金相关的事务，证券商负责证券网上交易委托交易、信息服务等与股票有关的事务，证券网负责信息传递和交易服务等事务。这种模式下形成了三个独立系统：资金在银行系统流动，股票在券商那里流动，信息在网站上流动。例如“建设银行＋西南证券＋飞虎证券网”。这种模式不仅提高了效率、降低了成本，而且可以最大限度满足证券交易对安全性的要求。

第四节　网络证券面临的主要风险及防范措施研究

一、网络证券交易面临的主要风险问题

网络证券交易所涉及的环节远多于营业部交易，而且许多环节并不在证券公司控制之内，所以进行网络证券交易的风险性也较传统交易大。网络证券交易的风险主要有两个方面。

(一)证券交易活动中可能存在的风险

(1)操作性风险。一是投资者进行网络证券委托交易时，由于不具备一定的网上操作经验而造成操作不当的风险；二是投资者对完成网上交易必须具备的网上委托的身份认证文件及密码工具保管不当，被他人窃取后假冒投资者身份进行网上委托交易而导致的投资者经济损失。

(2)第三人侵权的风险。第三人或者侵入投资者电脑，或者截取投资者网上传输过程中的交易指令或者攻击证券公司进行网络证券委托业务的服务器，以窃取投资者相关证书及密码阻碍投资者交易。

(3)银证转账的风险。为了防止网上委托数据受到非法窃取和篡改，一般的证券公司不直接向投资者提供网上银证转账业务。

(4)虚假信息及失真信息的风险。网络传播的信息虽然量大、方便快捷，但是网络信息的如果是虚假的或滞后的，则会给投资者造成损失。

(5)财务风险。投资者在采用网上委托交易后，应在交易当日同营业部进行账务核对，确认本人资金账户和证券账户的余额及当日发生额准确无误。

(二)网络技术系统可能存在的影响证券交易的风险

(1)投资者的电脑系统故障、感染病毒、被非法入侵、电脑设备或软件系统与网上交易系统不匹配，无法下达委托指令或委托失败而产生的损失。

(2)互联网故障导致委托指令、行情信息等中断、迟延、错误，使投资者无法在其指定的委托价位成交而产生的损失。

(3)通讯线路繁忙、服务器负载过重，投资者不能及时进入行情系统或网络证券委托系统，使投资者不能及时增大收益或止损。

(4)网络券商的设备故障、交易系统故障、感染病毒、电力故障等导致投资者的委托指令

无法被执行。

(5)重复或错误发送交易指令。

(三)交易中还可能面临的其他风险

自然灾害和环境因素造成的风险。以及除证券投资包括的一般违约风险、利息率风险、购买力风险、流动性风险和期限性风险等,证券交易业务还存在特殊风险。

二、网络证券面临风险的防范措施研究

(一)加强监管

我国目前已经形成了由中国证监会和其派出机构——证券监管办公室和证券监管特派员办事处组成的集中统一高效的证券市场监管体系,应充分发挥这一优势体系对网络证券交易活动进行监管。同时,还要吸纳更多更优秀的网络技术人员、会计师、律师和具有证券专业知识的人才到监管队伍中。此外,交易所的功能也不可忽视。交易所的自律监管职能来自法律授权,交易所通过作为会员的证券公司承认证券交易所的章程和业务规则,以及与上市公司订立上市协议,以弥补证监会行政监管的不足。尽快制定公平、合理的交易规则,并根据市场和技术发展的具体情况定期评估调整,是证券交易所对证券电子交易进行自律监管的有效途径。证券交易所通过在交易规则中对电子化交易错误的责任承担,或者责任限制作出合理的规定,并据此指导市场参与者的行为,可为市场参与者提供稳定的预期。

(二)树立风险防范意识

树立风险防范意识的具体措施主要有以下几方面。

(1)在权威网站上发布相关投资者保护信息,描绘证券交易欺诈的种种类型,提供一系列投资者依据网上信息进行投资决策前必须询问的一系列问题。

(2)建立专家在线解答板块,包括证券、法律、会计等方面的专家,定期解答投资者的咨询,每周一次。如周日法律咨询,可以让法律援助中心指定相关人员做这些工作,并给予必要的报酬;周三会计问题咨询,由会计师事务所或者国家审计机构派员给予解答;周六证券专业知识咨询,由证监会或者证券公司或者证券交易所派员给予解答。从而,给投资者提供更为全面、权威、可靠、准确的信息。

(3)拓宽投资者检举揭发的途径,鼓励投资者针对不法事件及时检举,或利用网络建立互动的资讯系统,或提供电话号码或者网址,使投资者通过网络确认特定人或特定机构提供的信息或进行的证券交易活动是否合法。

(三)加强对披露信息网站的监管力度

首先,可对披露证券信息的网站实行许可证制度。证监会应公开被授予许可证的网站名单,并向投资者说明。投资者从未获得许可证的网站获取信息被误导并据此入市遭到严重损失的,应自负后果。网站也必须在醒目位置向投资者说明其是否具有披露证券信息的许可证。

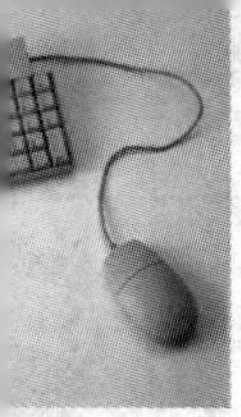

其次，可以设立权威网站。当不同的网站信息披露出现比较大的差异时，以权威网站为准。可以考虑将证监会网站、证券交易所网站和上市公司自己的网站作为权威网站。

再次，加强对网站信息内容的监管。监管的重点主要包括证券公司的网上投资咨询是否违背有关咨询方面的法规，网站中是否有传播虚假的、误导性的信息。因此，证监会或者证券交易所有必要专门设置一个与投资者的信息交流平台，以便接受投资者的检举揭发。

（四）对网络证券交易欺诈的监管应进行立法完善

目前我国证券法对虚假陈述、操纵市场等欺诈行为的民事责任尚不完善，相应的诉讼机制也不完备，在这些方面应该加以立法完善。立法机关应该对我国现行《证券法》的相关规定进行修改，在原有的监管系统上对网上证券交易加以补充规定，如统一对网上交易系统认证标准，对IT公司介入证券类服务的责权进行清晰的界定等。证监会应根据《证券法》的规定制定《证券法实施细则》，详细规定有关网上证券交易的规则。最高人民法院还应对滞后的证券法律法规进行适用性司法解释，这样才能解决业务创新带来的法律稳定性与滞后性的矛盾。同时，我国现行《刑法》中有关计算机犯罪的覆盖面过于狭小，仅限于非法侵入计算机系统和破坏计算机信息罪，并没有关于网上证券交易犯罪的相关规定。建议全国人大常委会对《刑法》第285条、286条、287条规定的各种计算机犯罪进行补充规定，并由最高人民法院制定适用性的司法解释。

（五）关于管辖权和准据法适用问题

首先，可以由当事人约定管辖权法院。如果当事人之间未约定，应优先考虑证券公司所在地法院的管辖，因为证券公司掌握了交易的数据资料，而且确定其所在地较为容易。其次，对于适用的准据法，应允许当事人自主选择。若当事人未作出选择的，可适用证券公司所在地的国家法律，因为无论从交易合同的订立、交易指令的执行还是侵权行为、侵权结果等因素来看，证券公司所在地与证券网上交易具有在客观上最确定、最集中、最密切的联系。另外，我国还应该积极参与国际合作，签订有关网上交易管辖权和适用准据法的国际条约。这样，既可以明确管辖权，防止国家之间发生适用法律的冲突，又可以使当事人预见到争议的处理结果。

计算机技术以及网络技术的发展带动着网上交易的迅速发展，网上证券交易如今已成为现今世界很普遍的证券经纪模式，然而网络在推动证券业务发展的同时，也带来了网上证券交易欺诈等问题，这给网上证券监管带来了新的挑战，需要有相配套的完备的监管机制来应对这一难题，网上证券监管任重而道远。国际上的监管经验给了我国刚起步不久的网上证券监管不少有益的启示，因此，我们应学习并借鉴国外先进的监管制度，对我国网上证券监管的不足逐步加以完善。

一、简答题

1. 网络证券交易有哪些特点?

2. 网络证券交易的优势有哪些?

3. 网络证券交易有哪些风险?

4. 对于推动我国网络证券交易发展,请你提出一条合理建议。

5. 网络证券面临风险的防范措施有哪些?

6. 我国网络证券交易有哪几种交易模式?

二、案例分析题

广州股民C是2007年入市的,入市后未赚反亏,心急如焚。2008年年初他在网上看到了网址为www.gp3333.com的上海天成股票资讯有限公司的网页,网页上表示:加入该公司VIP会员每月提供10只黑马,获利50%,2月29日前入会享受买一个月送一个月的优惠,收费3800元。并每天免费送2只黑马验证。C一下子就动了心。网页显示:该公司全国免费热线:××××,联系人:蒋先生,入会热线:021－××××,提供工行、农行、建行的账号,其中农行卡号:×××××,收款人:徐少伟。

2月22日,C股民通过农行柜员机给徐少伟名下的农行卡账号汇去3800元,蒋先生确认收到,说25日(星期一)上班再联系。

25日,蒋先生那里的“猫腻”开始来了:蒋打电话要C再汇2万元股票操作保密的保证金,以防止C向其他人泄露黑马秘密,并说保证金是C的财产,服务期满后将还给他。C于是再从农行汇去2万元。然后蒋让他打另一个电话,跟公司经理联系。中午,一位自称董经理的人给C打来电话,说过两天有新股上市,为优惠公司会员,可帮他申请一个名额,参与操作,这样十几天就可提前完成服务期,要他再交5万元作为公司利润提成。C未答应。当晚咨询蒋先生,蒋说网上有说明。C在该公司网页上看有代客小资金理财,赢利后利润提成30%的说法。于是,26日C又汇去5万元,然后满怀希望地等待着27日(星期三)的新股上市操作的通知。

结果等到28日,董经理打电话来说公司已与上市公司签约,向上市公司注资3千万～4千万元,下星期新股上市,利润可翻倍,已为C申请到了15万元的额度,要C再汇8万元,加上以前汇去的7万元,凑成15万元。董说,这项服务只有老会员能参加,只优惠了3名新会员,C是其中之一,所以要保密。操作完成后扣除5万元提成和2万元保证金,派利一次性汇入C账户,还可继续提供服务。

C这时有些怀疑了,打电话给蒋,说不参加这个新股操作了,只按照原来的约定,参加买一个月送一个月的提供黑马服务,蒋说,把钱汇入公司,是公司在帮你理财,这是难得的机会,只有公司与上市公司签约注资才能有此机会。并再次要求C保密。

29日,蒋开始进一步施加压力,打电话给C,说再不汇款,要在网上关掉他的会员资格。于是C又从农行的网上银行汇去8万元。这时他才发现徐少伟的卡号不是上海的,打电话问蒋,蒋称此账号为公司的签约账户,在山东曲阜。

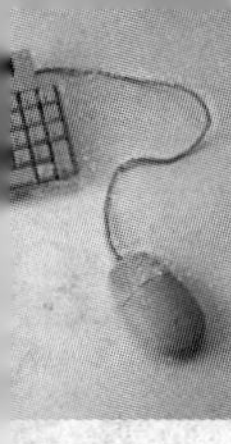

当天下午，董经理又打来电话，称下班前公司要将钱款汇入那家签约的上市公司，还差部分钱，要C再汇15万元或10万元。C说没有，董又改口说明天汇也可以，再去想办法。当时C卡上只有5万元，答应再汇5万元。此时C已是满腹狐疑，但还心存侥幸，认为一家“公司”，一个“经理”，不会是诈骗。董不断给他打电话，说下班前公司一定要把钱汇入上市公司，催他赶快去汇款。于是C赶在5点下班前又汇去5万元。董打电话告诉他钱款收到，前后共计203800元，并要了他的详细地址，下星期会给他寄去合同和单据，说下星期一会再跟他联系，下星期五会将新股上市的赢利汇入他账号。

29日晚上，C上网，突然发现上海天成股票资讯有限公司的网页打不开了。此后，C天天打电话，不是说打错了就是无人接听或根本打不通。C在网上查到其他受害股民的留言，说世纪之星股票研究所更名为上海天成股票资讯，继续诈骗，还使用过其他的免费热线。

近日，绝望中的C向上海证泰监管部门进行了举报。据分析，这是一起比较典型的网络证券诈骗案。这类非法证券活动中的犯罪主体往往未经工商登记，无固定场所，犯罪成本极低且手法容易复制，虚假注册地在上海等金融中心城市，但犯罪人与受害人“两头在外”，给有关部门的监管和调查带来难度，有关部门提醒投资者，从事证券期货投资必须买卖经国家有关部门核准的品种，必须通过合法的机构或渠道，需要进行咨询也必须去合法的机构。只有遵守法律、法规，提高风险意识，坚决不参加各类非法证券期货活动，才能真正保护自己。

【思考题】

根据案例，分析网上证券交易的安全问题。如果你作为普通股民，应该如何规避风险？

第六章 网络保险

导入案例

互联网保险：创新发展空间巨大，孕育蓝海市场字号

“互联网逐步加深衍生出新的互联网财产以及相应的保险需求，比如虚拟财险等，从而孕育着一个令人充满遐想的保险‘蓝海’市场。”申万宏源证券研究所分析师闻学臣向记者这样表示。

网络游戏早已成为网民们的生活常态。虚拟财产保险，是对网络中的虚拟财产进行保护的财产保险。其险种分为损失险和责任险。损失险的标的物是游戏中的装备、游戏币以及游戏账号等，当这些物品发生损失的时候，保险公司负责赔偿。另外，如同现实生活中会出现不可抗力的威胁需要有其他的财产险一样，虚拟财险中也有因为系统意外而衍生的险种即责任险。

2013年2月，阿里、腾讯、平安投资设立的我国第一家互联网保险公司“众安在线”正式获得中国保监会的批复，允许其开展互联网相关的财产保险业务，这标志着我国保险业与互联网的融合实现了重大突破。新公司完全通过互联网开展销售和理赔服务，产品包括虚拟货币失盗险、网络支付安全保障责任险等，创新业务不断取得进展。

与一般的保险代售的互联网保险公司相比，“众安在线”能够因地制宜以互联网的思维结合大数据，设计服务于互联网经济的保险产品，能在线提交理赔申请、提供证明材料等，实现“保险设计—保险销售—保险理赔”一体化、互联化的互联网保险服务。

除了在上述所说的虚拟财险方面，“众安在线”在电商产品这种互联网与实体经济结合的领域也有创新。2013年末，众安发布“众乐宝”保证金计划，是其联合淘宝网推出的国内首款网络保证金保险，旨在为加入淘宝消保协议的卖家的履约能力提供保险，帮卖家减负，确保给予买家良好的购物保障。

渠道网络化+场景化：保险飞速增长

保险网络化是通过互联网，利用数字化信息和网络媒体的交互性来与客户交流，提供保险各个环节的服务，使保险信息咨询、保障计划设计、投保、核保、缴费、承保、保单信息查询、理赔和给付等保险全过程实现网络化，辅助营销目标达成的一种新型营销渠道。

我国互联网保险的险种可以分为人身保险、财产保险以及因互联网而存在的创新性保险。互联网人身保险包括理财型寿险、健康保险、意外保险、旅游保险以及传统寿险等这些

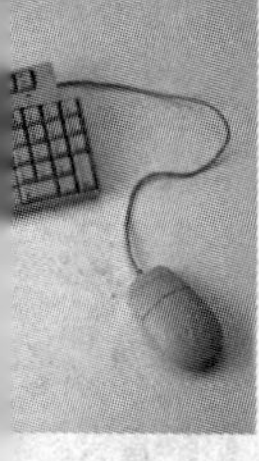

较容易网络化的人身险种。互联网财产保险包括汽车保险和家财险等险种。另外,因为互联网而生的电子商务顺应产生了第三类保险,也就是创新性的保险,比如淘宝购物的运费险。

"渠道网络化是目前阶段互联网保险的集中形态。这些丰富的产品形式体现了如今互联网保险蓬勃的发展态势,对传统的保险渠道产生了强有力的冲击,无论是传统人身险还是财险,都可以通过互联网的方式进行网络化销售。"在谈到互联网对保险营销渠道的深度影响时,互联网金融千人会秘书长易欢欢向记者这样表示。

目前互联网保险的规模为291.15亿元,占行业整体保费收入的1.7%左右。增长速度方面,其在2012年增速达到232%,2013年实现同比增长174%,互联网保险正呈高速发展之势。

与国外对比来看,我国的保险网络化销售发展还有很大的空间。人身险种方面,美国在线购买的比例在2012年的时候达到了8%至11%,是我国的4~7倍。而在网络销售发展更为成熟的财产销售领域,发展的差距则更为巨大。以汽车保险销售为例,我国的车险网络销售比率仅仅只有1%左右,而美国已经达到了30%至50%,英国达到了45%左右,日、韩两国达到了41%和20%,是我国的几十倍以上。以此推演,未来我国的互联网保险销售空间巨大。

(资料来源:卓尚进.金融时报.2015-02-07.)

第一节　网络保险概述

一、网络保险的概念

网络保险,是指实现保险信息咨询、保险计划书设计、投保、缴费、核保、承保、保单信息查询、保权变更、续期缴费、理赔和给付等保险全过程的网络化。网络保险无论从概念、市场还是到经营范围,都有广阔的空间以待发展。

2013年作为互联网金融的元年,保险电商化的时代已经来临。未来对网络保险的研究必将层出不穷,把网络保险与保险电子商务的概念区分开,明确网络保险的定义,有着很强的学术意义和实践价值。在此,本文将网络保险重新定义为:保险公司或中介机构利用互联网为客户提供产品及服务信息,实现保险业务的部分或全部流程的网络化,利用信息技术开发针对用户特征的定制化产品,并基于互联网平台开展专属网络保险产品的经营活动。

二、网络保险的优势

(一)产品的虚拟化适合网络

互联网是天然适合保险业拓展的平台,保险的本质是风险的分散,而风险的分散必须通过多数人组成的网链关系得以实现,这样的网链结构通过互联网就能实现无限的扩展。保险不需要实物的生产、物流及仓储等,电子商务给保险公司提供了直销的平台。

保险产品本身的虚拟性在互联网中被进一步放大,在网络营销中,保险公司会尽可能地全方面介绍产品，所有的产品信息都是通过网络以信息的形式传递给顾客的，利用文字、图片和视频等多种表现形式来说明保险的内容，其产品描述就是对网络保险产品的真实写照，免去了描述信息与实物不符的问题。客户在选择产品时，通过对产品内容的了解就可以完全掌握产品信息，提升了对网络保险产品的可信度。此外，虚拟化也极大保护了客户隐私，降低客户风险。在传统的保险投保环节，营销人员不可避免会有意无意地侵犯客户的隐私，对客户权利造成伤害。客户有时也担心自己的某些隐私可能会泄露而不得不放弃购买保险，而网络保险则能排除中间知悉客户隐私的环节，客户的所有信息都由保险公司统一管理，使客户感到安全和舒适。

(二)降低产品价格，购买便捷

与传统销售渠道相比，保险公司通过发展网上虚拟营业厅，降低了铺设实体网点的高额成本，省去中介及代理人环节，免除支付给传统代理人和经纪人的佣金费用。此外，电子保单在印刷、传递和保存上都具有成本优势。而这些节省下来费用就可以直接让利给客户，保险公司通过降低保费来吸引客户，客户也从中受益，从而达到一种双赢的局面。

保险的网络化大大缩短了投保、承保、交费及保险金支付等进程的时间，没有时间和空间的限制，客户可以在 24 小时内随时随地方便地上网，了解和比较保险产品，在线上直接填写资料就能办理相关业务，节省了客户的时间和费用，也大大刺激了保险需求。

(三)新客户、新险种的开发

过去保险公司在设计产品时，要考虑到产品的适用人群、销售状况、营销成本以及风险控制等，往往只能开发出那些易于推广销售的标准化的产品，产品的单一在一定程度上偏离了消费者的真实需求，掩盖了客户潜在的个性化需求，也导致保险业同质化严重，使市场竞争太过激烈。随着互联网金融的崛起，网络保险逐渐打破了地域的限制，保险公司可以在全国范围内向客户直接进行保险宣传，把零散的保险需求集中起来，针对消费者的需求量身定制，进行个性化的保障，这样很多小众险种(如登山、跳伞)放在某一地区可能保不了，但放在网络上就会有巨大的消费群体。互联网平台可实现客户资源的深度挖掘，打造更优的客户体验。

(四)信息公开透明，与消费者形成互动

网上投保透明度高，容易确认责任归属以规避风险，打消了消费者对网购保险的顾虑。保险产品在网上进行全方位的展示，消费者可以方便地搜索，进行险种之间的比较，有足够多的时间来充分消化理解保险条款的内容。互联网的透明性在保护消费者权益的同时，也为保险市场创造了一个平等的竞争环境，有利于保险公司将发展重心放在提供更优质的服务和业务创新上，减少恶意的价格竞争，便于监管部门的监督并维护市场的秩序。

互联网渠道也增强消费者与保险公司的沟通与互动，保险公司可以直接获得客户的反馈，及时调整自己的营销方案，这提高了投保人的地位，使他们由被动的信息接受者转变为主动的参与者和重要的信息来源，有利于向“以客户为中心”的营销理念转变。此外，双向的信息交流减少了消费者投保的盲目性，对产品的理解越透彻，消费者保险购买就越理性，由

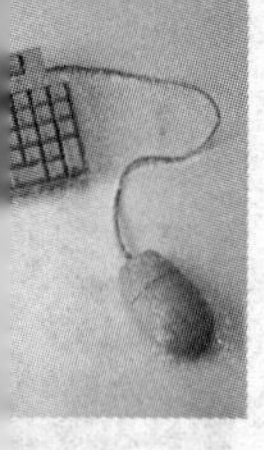

条款理解偏差而引发地保险纠纷就越能够得到避免。

(五)培育客户的忠诚度

传统的保险营销很多都是通过人情关系促成，风险的本质也决定了绝大多数的保险都不会获得赔偿，因此传统的保险消费是以营销员的转移而转移，消费者的每次购买对品牌没有依赖度；而在网络购买时，消费者对产品、对服务甚至是对网页的设计都有着不同的偏好，从不同的网站上感受到的是不同的服务风格和满足程度。培养客户忠诚的最主要因素要使客户满意、愉悦和信赖，只有真正以客户为中心的企业才能在保险购买的各个环节优化改进，无微不至地考虑客户的需求，不断地改进产品和服务，这样做的结果不仅仅是让客户感到一种满足，更重要的是能够让客户对企业充满感激。随着品牌信赖度的不断巩固，满意的客户会乐意将自己的感受告诉他所熟知的人，赢得了老客户的同时也获得了新客户的尝试。

第二节　国内外网络保险的发展

一、发达国家和地区网络保险的发展

(一)美国网络保险发展概况

美国是发展互联网保险最早的国家，由于在网络技术方面的领先地位和优越的市场经济环境，美国在 20 世纪 90 年代中期就开始出现互联网保险。目前，美国的互联网保险业在全球业务量最大、涉及范围最广、客户数量最多且技术水平最高，几乎所有的保险公司都建立了自己的网站，比较有影响力的主要有 InsWeb、Insure. com、Quicken、Quickquote、SelectQuote 等网站。在网站上为客户提供全面的保险市场和保险产品信息，并可以针对客户独特需要进行保险方案内容设计，运用信息技术提供人性化产品购买流程。在网络服务内容上，涉及信息咨询、询价谈判、交易、解决争议、赔付等；在保险品种上，包括健康、医疗人寿、汽车、财险等。美国互联网保险业务主要包括代理模式和网上直销模式，这两种模式都是独立网络公司通过与保险公司进行一定范围的合作而介入互联网保险市场。二者也有一定的区别，代理模式主要是通过和保险公司形成紧密合作关系，实现网络保险交易并获得规模经济效益，优点在于其庞大的网络辐射能力可以获得大批潜在客户。相比之下，网上直销模式更有助于提升企业的形象效益，能够帮助保险公司开拓新的营销渠道和客户服务方式。1995 年 2 月创立的 InsWeb 公司是美国互联网保险代理模式的成功案例。除代理模式和直销模式这两种主流互联网保险运营模式外，美国市场上还出现了纯粹进行网上保险销售的公司，例如 eCoverag，这是美国第一家，也是 100%通过互联网向客户提供从报价到赔偿服务的公司。

(二)欧洲网络保险发展概况

在欧洲，网络保险发展速度非常迅猛。1996 年，全球最大保险集团之一的法国安盛在德国试行网上直销。1997 年意大利 KAS 保险公司建立了一个网络保险销售服务系统，在

网上提供最新报价、信息咨询和网上投保服务。英国保险公司的网络保险产品不仅局限于汽车保险,而且包括借助互联网营销的意外伤害、健康、家庭财产等一系列个人保险产品。近十几年,网络保险在英国发展迅速,个人财产保险总保费中网络营销的比例,从2000年的29%增加到2008年的42%,而传统的保险经纪份额从42%下降到29%。相比于其他尚不成熟的保险市场的互联网保险业务,英国保险市场的互联网革新经历了一个极有代表性的发展路径。据埃森哲咨询公司发布的相关报告显示,2009年德国约有26%的车险业务和13%的家庭财险业务是在互联网上完成的,而在仅仅一年的时间里,这一份额就分别上涨至45%和33%,可见互联网保险在德国发展之迅速。德国重视互联网保险的商业模式创新,率先开发出一种新P2P保险模式,具有防止骗赔、节约销售和管理费用以及方便小额索赔等优势。

(三)亚洲地区网络保险发展概况

1999年7月,日本出现名为Alacdirect.com的网络保险公司,是一家完全通过互联网推销保险业务的保险公司,主要服务于40岁以下客户。1999年9月,日本索尼损害保险公司开通电话及网络销售汽车保险业务,到2000年6月19日通过因特网签订的合同数累计突破1万件。在多种因素的综合作用下,2008年出现了一些以互联网为主要销售渠道的人寿保险公司。2008年5月,LifeNet保险同印度国家银行安盛人寿保险(现在的Nextia人寿保险)合作,开始销售日本的第一份在线人寿保险产品。自此,在线人寿保险公司的市场份额在日本人寿保险市场中稳步增长。

在韩国,通过互联网销售保险的经营模式仍处于成长初期。各家保险公司对网销兴趣正浓:韩华人寿、LINA人寿(韩国信诺)、KDB人寿(2012年11月)、现代人寿(2012年12月)、新韩人寿(2013年4月)、教保人寿(2013年10月)均开始推广网销业务。在韩国,网销的基本流程非常简单,即:网站标题或广告引流—在线报价—核保—承保完成。目前,网络在韩国寿险市场上的贡献率约占10%。韩国在线车险销售始于2001年,目前在线车险保费收入占全部车险保费收入的25%以上。截至2012年,韩国非寿险保费收入中的在线保险占比10.9%。

中国香港地区保险业中,保柏公司是最早利用互联网推动保险销售的,其次是保诚公司和蓝十字公司。在中国台湾地区,互联网保险的发展趋势日益强劲。依据台湾"金融监督管理委员会"规定,在寿险产品中,旅游平安险、伤害险、传统型定期寿险、传统型年金险等均可采用网络投保。但依规定,民众必须有电子凭证才可以在网络上投保。随着智能手机的日益普及,保险行业积极推出云端服务。中国台湾地区的寿险公司将考虑开展数字化投保,例如手机投保等。

二、中国大陆网络保险的发展

(一)中国大陆网络保险发展的四个阶段

第一阶段:萌芽阶段(1997—2000年)。

1997年11月28日,中国保险学会和北京维信投资股份有限公司成立了我国第一家保

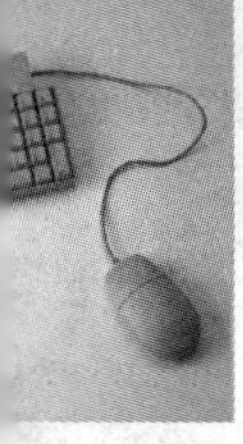

险网站——中国保险信息网(china-insurance.com)。同年12月,新华人寿保险公司促成的国内第一份互联网保险单,标志着我国保险业迈进与互联网融合的大门。

第二阶段:起步阶段(2000－2003年)。

2000年是我国互联网保险发展史上极为重要的一年,国内保险公司纷纷建立自己的公司网站。8月1日,国内首家集证券、保险、银行及个人理财等业务于一体的个人综合理财服务网站——平安公司的PA18正式亮相,其强有力的个性化功能开创了国内先河。8月6日,中国太平洋保险公司成立国内第一家连接全国、连接全球的保险互联网系统(www.cpic.com.cn)。9月22日,泰康人寿保险股份有限公司独家投资建设的大型保险电子商务网站——"泰康在线"(www.taikang.com)全面开通,这是国内第一家由寿险公司投资建设的、真正实现在线投保的网站,也是国内首家通过保险类CA(电子商务认证授权机构)认证的网站。外资保险公司也紧随其后。9月,友邦保险上海分公司网站(www.aia.com.cn)开通,通过互联网为客户提供保险的售前咨询和售后服务。然而,随着2000年全球互联网泡沫的破灭,意气风发的互联网保险在经历了一波冲浪式的竞赛后便偃旗息鼓了。

第三阶段:积累阶段(2003－2007年)。

2003年之后,随着国内互联网环境的好转,网购热潮的兴起、安全第三方支付的出现与法律制度的逐渐完善,互联网保险再度兴起。与2000年前后的触网狂潮相比,此后的互联网保险建设更显平缓与稳重。2003年,中国太平洋保险开始支付航空意外、交通意外、任我游(自助式)等三款保险在线投保。2004年4月,"泰康在线"在网上主推的产品就包括亿顺四款旅行保险、亿顺两款综合意外保险。2005年4月1日,《电子签名法》正式实施,为电子保单技术的有效运行提供了一定的法律依据,大大推动了电子商务的发展。从2006年开始,以太平洋保险、泰康人寿、中国人寿保险为代表的保险公司纷纷对自身的官网进行改版升级,从产品线、支付与承保优化的角度对保险产品在线购买进行了有效改善。与此同时,网上超市建设也加快了步伐。2006年,买保险网以"互联网保险超市"概念上线运营,采用了"网络直销＋电话服务"的保险营销模式。

第四阶段:爆发阶段(2007年至今)。

我国互联网保险在2007年迈入高速发展时期。从行业进入角度看,目前已经有保险公司如中国人民保险公司、平安保险公司、泰康保险公司等,保险专业中介如中民保险网、慧择网、优保等,互联网企业如淘宝、京东、苏宁易购等,门户网站如新浪、网易等,行业聚集类网站如携程网、磨房网等,另外还出现了产品搜索、对比与导购型发展模式。统计数据显示,2011年至2013年国内经营互联网保险业务的公司从28家上升到60家,年均增长达46%;规模保费从32亿元增长到291亿元,3年间增幅总体达到810%,年均增长率达202%;投保客户数从816万人增长到5437万人,增幅达566%。截止2013年底,我国有60家保险企业涉足互联网业务,其中人身险公司44家,财产险公司16家。2013年我国互联网保险规模保费收入达到291.15亿元,较2012年增长1.74倍。在过去的3年中,网销渠道的保费实现了年均200%的增长。从增速来看,发展确实非常迅猛,但从实际贡献率来看,2013年网销保费收入占中国保险业总保费收入比例仅为1.37%。

目前几乎所有的保险公司都建立了自己的网站,许多保险公司的网站不仅内容丰富、更新及时,并且可以在线为顾客提供多项服务。中德安联是德国安联保险集团(AllianzSE)与中国中信信托有限责任公司合资组建的人寿保险公司。除了运用公司网站展示公司的产品和服务、提供邮件和电话等联系方式以外，该网站还直接在线销售境内外旅游险、意外险、定期寿险、防癌险、综合重疾险等多种产品。它运用自己的产品主页“安联在线保”主要销售一些简单的特定保险产品。网站同时提供在线咨询服务，及时解答投保人的疑问。这些产品的一般特征是简单、价格普遍不超过100元、再投保率较高。

(二)中国大陆网络保险的发展现状

1997年底我国第一家保险网站——中国保险信息网的正式开通运行。在成立当天就收到了客户的投保申请，从而形成了我国第一张网络保险的保单，开启了对互联网保险的探索。此后的几年时间受限于互联网和电子商务整体市场环境的不成熟，网络保险市场未能实现规模发展。随着2005年《电子签名法》的颁布，互联网保险迎来了新的发展机会，当年人保公司推出国内第一张全流程电子保单，实质性地实现了网上操作交易。

2013年被称为互联网金融元年，保险行业也在积极应对互联网时代的到来，通过网上的大力推广使得在这一年取得了突破性进展，尤其是以万能险为代表的理财型保险在市场中受到了追捧。例如在2013年“双十一”活动期间，国华人寿通过对互联网客户的精准分析，推出的一款万能险产品“华瑞2号”以预期年化收益7%的高收益，在交易开始的后10分钟内就完成1亿元的销售额，活动当天寿险产品的总成交额也超过6亿元。据统计网络保险保费收入中大部分都是来源于理财型保险。

第三节　网络保险交易的模式

一、国外网络保险交易模式

(一)B2C模式

互联网保险B2C模式大致可分为保险公司网站、第三方保险超市网站及互联网金融超市三种形式。

1. 保险公司网站是一种典型的B2C电子商务模式

保险公司开设的网站旨在宣传公司产品，提供联系方式，拓展公司销售渠道。按照是否从事销售活动，可以进一步将网站细分为两类：宣传公司产品型、网上销售产品型。宣传公司产品型可以宣传公司及产品，方便客户联系，树立公司及产品形象，提高知名度，但只能算是“保险电子化”。网上销售产品型不仅在于选择合适的互联网保险产品，充分利用网络渠道的优势，还在于开发专门适用于互联网的保险产品。比如，美国林肯金融集团建立了一个名为eAnnuity.com的网站，提供名为eAnnuity的专业互联网年金产品。

2. 第三方保险超市为保险人和客户提供了一个交易场所

众多保险人和客户在这个超市中相互接触，使保险人发现合适的客户，使投保人找到自己需要的险种。可以细分为三类：连接保险公司型、连接代理人型、第三者管理型。连接保险公司型提供网上议价功能，将客户与保险公司相连接，保险公司每收到一个连接都要向该

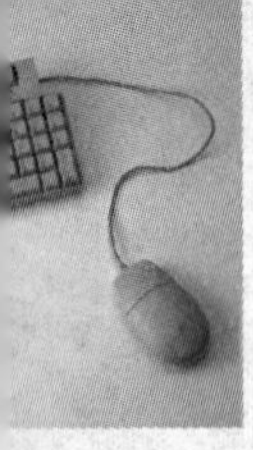

网站支付一定费用，但不发生真正的网上销售，比如美国的 InsWeb 网站。连接代理人型与连接保险公司型相似，这类网站也不发生真正的网上销售，不同的是其将顾客与代理人连接，比如美国的 NetQuote 网站。第三者管理型运用其数据库来确定消费者的最佳交易，他们是注册代理人，而其电话代表并不是代理人，几乎不提供咨询建议，比如美国的 Insure.com。第三方保险超市网站的数量在全球迅速增加，并积极扩张服务范围。但由于市场容量有限，而且许多产品可比性差、供应商议价能力较强等因素，这类网站面临激烈的市场竞争，生存者必须在市场营销和品牌战略等方面下大力气。

3. 互联网金融超市

互联网金融超市模式也为客户提供了一个交易场所。互联网金融超市与保险公司网站的关系犹如传统超市与专卖店的关系。

（二）B2B 模式

B2B 模式大致可分为互联网风险市场和互联网风险拍卖两种形式。互联网风险市场使不同国家和地区间的商业伙伴能够不受地域、国别限制，共同分担风险，尤其是地震、洪水、泥石流、风暴等巨灾风险。如 Global Risk Mark Place 和提供巨灾风险交易的 CATEX 都是采用这种模式，Global Risk Mark Place 提供全球性的风险交换服务，CATEX 则把巨灾风险的交易搬至虚拟网络。互联网风险拍卖就是大型公司或其他社会机构通过互联网把自身的风险"拍卖"给保险公司。集团式购买比较适合这种方式，比如，汽车协会可以为其成员挑选一种最便宜的保障。这种模式虽然刚刚开始，但由于他关注了投保人的需求，因此具有强大的生命力。

二、国内网络保险交易模式

（一）保险公司网站模式

保险公司网站模式是最早出现的也是目前最普遍的网络保险模式，保险公司使用自己的品牌建立官方网站，方便客户查询搜索，并向客户介绍相关的产品和服务，部分保险公司也支持在线购买，并提供售后查询、理赔等服务。这种模式的主要目的是保险公司通过网络媒介宣传自己的公司及产品服务，改变行业形象，争取潜在的客户，树立良好的品牌形象。

保险公司建立网站通常需要具备以下特点：一是资金充足，建立网站、广告宣传、服务支持等都需要雄厚的资金支持；二是有丰富的产品体系，产品越丰富越完整就越能满足不同客户的需求；三是有运营和服务的能力，互联网的最大特点就是透明，保险公司网络营销的竞争其实就是后台运营能力和服务能力比拼。因此，这些条件通常只有大型保险公司能够满足。

目前在 130 家保险公司中，全都建立了自己的网站，但大多数保险公司网站仅仅提供很少量的信息（公司新闻、介绍等）而已。

保险公司网站模式的优点有：①公司官网购买，信任度高；②可以直接与客户交流，获得及时的反馈情况，进行相应的调整；③可以很好地树立品牌形象；④网站通常是会员制，有利于保险公司收集到更多的客户资料，即使是匿名的访问，也可以通过对网站页面的访问记录及访问数据，通过数据挖掘等手段，获取客户的点击偏好，从而发现一些不容易被察觉的消费倾向。其缺点是：①前期推广时间较长，容易错失良机；②不利于客户在不同保险公司的同类型产品间进行对比；③建立网站的成本以及后期维护费用较高。

（二）保险代理经纪模式

2012年2月中国保监会正式向社会公布了第一批互联网保险销售资格，包括中民保险网在内的19家网站获批，保险代理经纪模式的大门从此开启。该模式一般由保险经纪人公司等非保险公司类机构创办。

网站通过自己搭设的交易平台，吸引众多保险公司的参与。该类网站能够向消费者提供较为丰富的各家保险公司的产品和价格，消费者可以根据自身的需要，通过对比的方式选择适合自己的商品，完成保险的购买。网站靠从中收取较低的佣金或手续费盈利。该模式能发挥出产品和服务等综合优势为客户量身定做保险方案，协助客户投保甚至索赔等环节，协调保险公司和消费者之间的利益关系。这种模式类似于网上保险超市，客户可以在网上超市中"货比三家"，找到符合自身预期的保险产品，并获取专业的服务。

在这种模式下，可细分为两种类型，一种是保险公司进驻网站销售产品，如慧择网、中民保险网等；另一种是保险公司营销人员进驻网站销售产品，如放心保、立刻保、向日葵保险网等。

保险代理经纪模式的优点有：①实现多家保险公司的产品在线对比；②营销人员进驻网站可以针对单一客户提供更专业的保险咨询，帮助做好保险规划；③产品较丰富，产品体系较完整。缺点是：①知名度不高，信任度较低，网站流量较小；②信息过于繁杂，客户容易迷失在一大堆同质的产品中；③客户留存率低。

（三）交易平台模式

交易平台模式是指保险公司利用成熟的网络购物网站销售保险产品，由于他们有庞大的用户群体和流量，较高的知名度，长期积累的专业性和安全性得到认可。大部分中小型保险公司考虑到建立网站成本及流量问题，并没有设立自己的网站，而将自己的网络营销渠道放在平台上销售。

这种交易平台的提供商普遍没有保险代理资格，仅仅以平台模式运营，收取服务费。以淘宝网为例，在与保险公司缔结的《电子保险平台线上服务协议》中看到，淘宝主要是向保险公司提供信息发布、电子保单查询、订单服务以及维护网上交易平台的正常运行。不承担因销售电子保单所引发的争议、内容变更和退保等责任，所产生纠纷由保险公司和购买者自己协商解决。代表性为淘宝网、京东网、苏宁易购等。

交易平台模式的优点有：①拥有海量的用户和流量；②有成熟的网络交易平台，易于开展营销活动。而缺点是：①保险公司渠道掌握度差；②受平台网站设计限制不能灵活调整营销方案。

（四）网络兼业代理模式

兼业代理向来都是保险销售中主要渠道。随着各类电子商务平台的建立，为了给客户

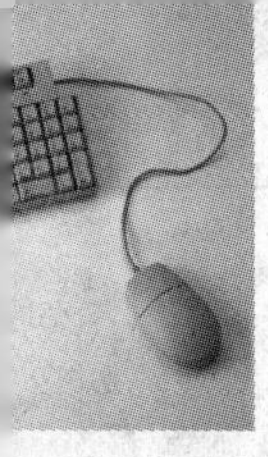

提供更方便快捷的服务，提升附加值，与其主营业务形成互补。大量的专业网站使用兼业代理的资质与保险公司合作开展业务，这种模式可以回避保监会对保险代理、经纪公司必须获得经纪牌照才可以从事互联网保险业务的规定，其手续办理简单、门槛较低，且放宽了对经营主体规模的要求等，因而相关机构都纷纷采取这种模式销售保险。此类模式的普遍形态是以旅行网站、航空购票网站、铁路客票网站和银行网站出现，主要经营短期意外险或航空、铁路等交通工具类以及理财类保险。

（五）反向拍卖模式

反向拍卖模式，也就是利用互联网开展保险业务的招投标。面向的主要是有着特殊的保险需求，或者采购集中且数额较大的企业和个人，他们通过在相关的网站上发布招标公告，详细列出采购的对象以及对保险人的资格要求，在公开、公平、公正的原则下，保险公司或保险代理人以竞标手段获得保险业务。

这种模式最大的优点就在于可以大幅地缩减保险采购成本、降低购买过程产生的交易费用，并增加了购买行为的透明度和公平性。由于是投保人主动发布的保险购买计划，对所期望购买到的保险产品有更明确的要求，因此在整个招标过程中占据着较为主动的地位，通过与多个保险人谈判，最终选定提供最合适的保险产品的保险公司签订协议。特别是政府机构、大型企事业单位在集中采购保险时，公开透明的招投标符合相关的规定，很适合采取这种方式。

在我国，反向拍卖模式出现的时间较晚，但近几年的发展也比较快。网站包括了专业经营保险业务的中国保险招标网以及涉足保险业务的中国采招网等，目前主要参与者以政府机构和大型国企为主，业务集中于大型的工程险、企业财产险、团体人身险等。

第四节　网络保险的风险及防范措施研究

一、目前网络保险存在的风险

（一）信息不对称产生的道德风险

道德风险既存在于传统保险也存在于网络保险，并且网络保险的道德风险可能更大。首先，投保人与保险公司的信息不对称可能更为严重，在网络世界保险公司很难分辨投保人提供的信息，投保人很有可能隐瞒与保险标的相关的重要事实；其次，由于网络上难以确认保险利益，容易引发赔偿纠纷，从而引发道德风险；最后，由于数字证书的技术还不是很成熟，加大了一些保险标的在线核保的难度。

（二）互联网带来的安全技术风险

网络保险相对于传统保险，作为全新的模式，融合了互联网技术和传统保险相关业务流程。网络黑客或不法分子可能利用互联网的技术窃取客户的私人信息，甚至骗取客户保费和赔款，对保险电商网站进行扰乱或攻击。首先，计算机软硬件的运行风险和信息管理系统的设计维护都可能导致保险公司服务过程产生风险；其次，保险公司对技术供应商提供的技术支持过度依赖，但又不能有效控制和监督技术供应商从而引起操作风险。最后，保险公司内部人员可能产生道德风险而窃取公司机密，或者被黑客攻击网络系统进行蓄意破坏，这些不法行为一旦得逞将给保险公司造成巨大的损失。

（三）网络法规的滞后性引起的法律风险

相对网络保险的快速发展，我国相关网络保险的法律建设滞后，从而加大了网络保险的法律风险。一方面是在网络保险交易过程中存在着违反相关法律法规的行为；另一方面网络消费者的一些合法权益难以获得法律的保障。当下，我国颁布的关于互联网安全的法规不多，适用于网络保险的更少。网络保险在营销过程中一旦发生损失，能否获得法律支持，是需要重点关注的问题，这在一定程度上也影响了网络保险的进一步发展。

（四）网络保险的新生性引起的定价风险

网络保险是一个新生事物，根据保险产品的定价原则，风险和管理费用是决定保险定价的决定性因素。从管理费用的角度看，网络保险产品定价应该低于传统保险产品，但降价的幅度不易确定，主要由于我国网络保险业务开展时间不长，还没有太多的历史数据积累。所以，如何合理确定网络保险产品的价格，特别是根据客户需求定制的个性化网络保险产品，以达到稳健经营的目的，是网络保险面临的又一挑战。

（五）复合型网络人才的缺乏引起的人力资本风险

网络保险即保险业务的电商化，在保险公司经营过程中，兼具网络技术和保险技能的专业人才尤其是复合型高技术专业人才对保险公司经营网络保险至关重要，一旦这些人才离职，保险公司很难在短期内找到不影响公司经营的人才来替补，网络保险业务可能暂停甚至瘫痪。这对保险公司来说，损失是难以估计的。

二、防范网络保险风险的对策

（一）加强公众对网络保险的认知教育

保险行业协会和保险公司都应加大网络保险的宣传力度，采用多种媒介和通俗易接受的方式向公众普及相关知识，提高大众对网络保险的认同感，并分阶段提供相关乐于被大众接受的产品，逐步改变人们对保险产品的消费观念，推进网络保险的良性发展。

（二）科学规划，以客户需求为重点发展方向

网络保险的安全建设是一项长期性和复杂性的工作，保险公司要将其纳入公司战略发展目标统一考虑，并结合公司网络保险发展实际制定相应的规划，利用现有资源，通过“投入→产出→提升”的良性循环，不断为网络保险发展提供适度的安全保障，确保网络保险平稳快速发展。随着各种技术的进步，市场需求不断变化，应善于根据不同客户的个性要求，及时推出新的服务品种；还要吸引并鼓励客户对保险产品提出意见和建议，让客户直接参与到

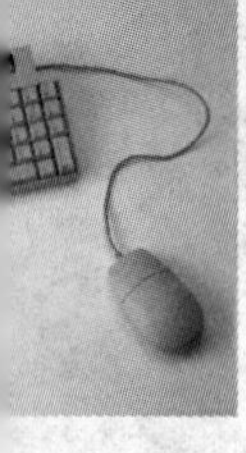

保险产品的设计中来，并为客户提供个性化保险服务。

（三）加大网络技术研发投入，建立安全的网络环境

首先，保险公司应建立自己的网络销售平台或成立专业网络保险公司，并且应建立动态的风险评估和监测体系；其次，还应加强信息安全保障体系建设，通过运用数据加密、身份认证、入侵监测以及建立数据备份等技术和手段，建立网络交易的安全保障体系，确保网络保险运作信息的保密性、完整性和有效性；再次，要保证公司采购的产品质量，尽可能选购国家权威认证的安全产品；最后，应积极引进新技术、新设备，提高信息安全保障能力。

（四）完善网络保险法制体系

目前，有关网络保险的法律法规相对缺失，虽然有相关互联网的法规，但没有针对与网络保险的信息安全、网络管理、支付结算等方面的规定。因此，应适时出台专门针对网络保险的法律法规，其内容包括电子保险合同生成时间和地点认定、合同的法律效力、告知义务的履行、道德风险的防范、网上交易平台安全标准、交易平台信息发布规范、保险公司网络保险审计、网络保险地域监管等，确保网络保险的业务运作和风险防范有法可依。

（五）加强保险公司内控制度建设

首先，要强化员工的服务意识，使得网络保险成为客户新型的理财保障产品，对员工加强信息安全意识的教育和培训，提高行业信息安全管理水平和效能；其次，建立合理的激励与约束机制，激发员工的积极性和创造力，增强员工对企业的归属感、荣誉感；再次，加强网络保险操作流程的规范性建设，严格操作程序和操作权限，防范操作风险；最后，加强对网络保险投保需求意愿、险种销售、保费收入、理赔等数据的收集、整理与分析，为网络保险产品的合理定价奠定基础。

（六）创新方法，加强网络保险监管规范

一是要净化网络环境，打击假保险网站，维护消费者的合法权益；二是要规范网络保险的业务宣传，规范业务人员网络信息宣传，避免销售误导，保障消费者的知情权和选择权；三是确保网络安全，督促保险公司加强自身电子商务平台的建设，实行安全、规范、高效的网络销售和资金结算，保障客户的隐私和网络支付的安全；四是加强道德风险防范，推进业务流程的改进，加强告知事项和相关材料的核实，防止保险欺诈。

一、简答题

1. 网络保险的优势有哪些？

2. 我国互联网保险发展分为哪四个阶段？

3. 国外网络保险有哪些交易模式？

4. 交易平台模式的优点有哪些？

5. 我国国内网络保险交易模式有哪些？

6. 目前网络保险存在哪些风险？

7. 防范网络保险风险有哪些对策？

二、案例分析题

网上车险是近年来一种新兴的车险投保方式，是汽车保险的大提速，它打破了传统代理车险的投保方式，是车主直接和保险公司进行交易，通过网上车险平台车主可以进行在线投保、在线支付、在线查询账单等服务，非常便捷。

(一)网上车险的概念

所谓的网上车险是车主可以直接通过网络平台，实现在线支付、在线查询、在线续保，一套流程下来投保用不了10分钟，续保更可以在3分钟内解决。网上车险却打破了以前的代理方式，将这些代理费用直接让利给车主们，比传统保险节省了很多，而且还可以根据您自身的情况，享受更多的车险优惠，让车主们摆脱代理费用的烦恼。车主通过网上投保就可享受到方便快捷的理赔服务。况且对于万元以下的车险理赔，资料齐全的话，一天就能赔付了。

网上车险从2007年第一次在国内出现，随着信息化科技的发展，网络已经融入了我们的生活，无论是了解新闻、查阅知识，还是购买商品、享受服务，都有很多人通过网络获得。专家预测，如今已经进入了网络时代，以后的生活将会和网络更加紧密。

(二)网上投保流程

网上买车险的价格优势是吸引车主最具诱惑力的因素，而方便快捷也是一大亮点。只要在电脑前填写投保信息、选保险公司报价、支付就可完成车险投保的全过程。3分钟就可搞定，而以往跟保险代理人来来回回起码得折腾3天。

(三)网上车险与电话车险的区别

区别一：电话车险是推荐车险，网上车险是自助选择

根据笔者测试，车主选择电话车险时，车主拨打某保险公司专线车险投保电话，需要介绍自己的详细情况，坐席人员会按照车主的情况推荐保险组合，如果车主觉得不满意，坐席人员会重新推荐保险组合。当车主选择网上车险时，车主需要按照提示输入必要信息，在保险选择界面中，车主可以按照自己的实际情况选择保险组合，不需要他人的推荐。这种自助选择车险是一种进步，随着车主对车险知识的了解，车主本人拥有了更大的主动权，可以方便地选出合适的保险组合。

区别二：电话车险以线下支付为主，网上车险以在线支付为主。

网上车险和电话车险区别之二是，电话车险是由坐席人员接听电话，电话内确定投保后，由工作人员带上POS机和保单与车主碰头，车主可以通过刷卡支付费用也可支付现金。网上车险则不同，车主在平台上选择保险后，通过全国各大银行的银行卡网上支付、信用卡无卡支付，还有支付宝、快钱、财付通等第三方支付手段，在线支付保险费用。简单点说就是，电话车险以线下支付方式为主，网上车险以在线支付方式为主。

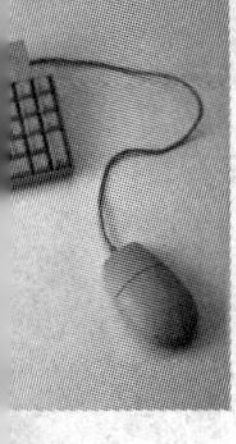

与电销渠道一样，网销渠道被赋予美好的发展前景，已然成为保险公司追求盈利的“香饽饽”。更具优势的是，网销车险业务能够降低保险公司对电话坐席人员的成本投入，将更多的自主权留给车主。不论是电话车险或网上车险在投保价格方面都要比传统渠道便宜15%。

【思考题】

根据案例，首先分析网络保险的优势，其次分析购买网络保险时应注意的问题，最后谈谈，如果你是消费者，购买保险时会如何选择。

第七章 移动支付

盘点2014:移动支付成主流

2014年,移动互联网渐渐深入生活,移动终端尤其是手机"接管"我们的生活:人们习惯在手机上看新闻;习惯在手机淘宝上下单网购;习惯用APP买电影票;习惯用移动钱包去还信用卡、缴纳水电费;习惯用"嘀嘀打车"叫车;习惯用微博来拜年;习惯用微信去发红包……作为现代生活的标志,手机深深地影响着人们的生活方式。手机报今天推出《手机生活》盘点专版,关注手机改变生活。

这一年来,我们越来越离不开"移动钱包"。相关调研数据显示,只有1.12%受访用户从不使用移动方式进行支付,而其中购物、打车、航旅、数字娱乐等行业移动支付渗透率极高。支付宝发布的数据显示,2014年,广西网上购物使用的移动支付笔数占了网购人数的50%。这意味着,有一半广西人正在使用移动钱包。其中,南宁市排名广西首位,第二、三位分别为北海、柳州。去年第一季度,南宁有近1万人次使用支付宝钱包进行水电煤缴费,超七成南宁人信用卡还款用手机实现。

(资料来源:广西新闻网(南宁).2015-02-16.)

图7-1 移动支付

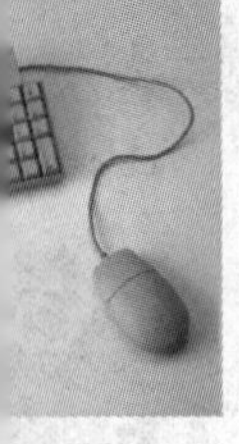

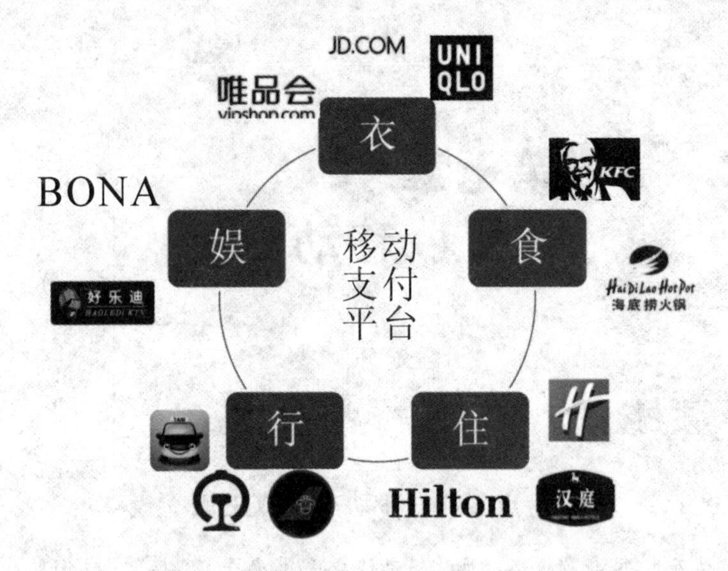

图 7-2　移动支付平台举例

第一节　移动支付概述

一、移动支付的概念

移动支付(mobile payment),也称为手机支付,允许用户使用其移动终端(通常是手机)对所消费的商品或服务进行账务支付的一种结算服务方式。各种国际组织和相关文献对于移动支付的定义繁多,暂时没有一个广泛统一的定义,被认可的定义归结起来有如下几种:

(1)强调移动支付业务的信用性和数据性,认为移动支付是指为了交易商品,进行交易的双方以一定信用额度或存款,通过手机从移动支付业务服务商处兑换得到代表相同金额的数据,以手机终端为媒介将该数据转移给商家,从而清偿消费费用进行商业交易的支付方式。

(2)强调移动支付业务的跨行业性,认为移动支付业务是虚拟货币与移动通信业务相结合的产物,它将移动网络与金融网络系统相结合,利用移动通信网络来实现一系列金融服务。移动支付业务既是银行服务业务也是移动运营商提高 ARPU 值的一种增值业务。

(3)强调移动支付业务的清偿性,认为移动支付是资金债权债务清偿中任何一方通过移动的方式介入进行清偿行为的一种支付手段,是支付方为了购买实物或非实物形式的产品、缴纳费用或接受服务,以手机等移动终端为工具,通过移动通信网络,实现资金的债权债务的清偿过程。移动支付可以在移动设备、自动售货机、POS 机等多种移动或固定终端上操作。

二、移动支付的分类

(一)三种分类

移动支付可以按以下三种方式分类:按传输方式分类、按交易金额分类和按接入方式分类。

1. 按传输方式分为远程支付与现场支付

移动支付根据支付者和受付者在支付过程中是否处于同一地理位置可以分为远程支付和近距离支付。远程支付不受地理位置的限制，通过移动通信网络或者移动互联网进行传输信息来支付，典型的场景是用户上网购物。近距离非接触移动支付是指通过安全的近距离通信技术如NFC、红外线或蓝牙技术实现移动终端在近距离交换信息，实现货币支付或资金转移的支付方式。

2. 按交易金额分为微支付与宏支付

微支付是相对于宏支付提出来的，通常是指电子商务交易中金额很小的支付。在微支付系统中，商家可以以比较低的价格出售商品，通过便捷的渠道，以低成本迅速完成大量交易。根据移动支付论坛的定义，微支付主要是指交易金额低于100元的支付行为，通常发生在购买移动内容业务，例如游戏、视频的下载。宏支付是指交易金额较大的支付行为，从数量上来说是要大于100元，例如在商场购物或进行银行转账。二者除了在金额上有区别，还对安全要求的级别不同。微支付一般仅需要消费者、商家、银行这三个参与方，不需要认证中心，但是宏支付一般至少需要消费者、商家、银行、认证中心四方均参与交易。出于对大额资金使用的审慎性和交易参与方的多样性，宏支付对安全级别的要求较微支付更高，除了参与微支付的三个参与者外，还需要通过可靠的金融机构进行鉴定才能确保交易安全，而微支付只要使用移动通信网络的SIM卡进行鉴定即可。

3. 按接入方式分为移动运营商代收费与银行卡绑定收费

依据手机等移动设备是否与银行卡进行绑定，可以将移动支付分为运营商代收费和银行卡绑定收费。运营商代收方式是指移动运营商为客户提供移动支付服务，客户通过手机移动支付账户进行商品的购买，金额由移动运营商从其手机账户中扣除，再同银行进行结算。这种支付方式的优点是，对消费者很便利，只需发送短信授权即可完成交易，而且这种支付方式的媒介门槛很低，那些没有银行卡或信用卡的用户也可以享受这项服务。但是目前在中国仅限于小额支付，因为在运营商计费方式中，运营商控制了整个价值链，通常都会抽取移动支付利润的大部分，有的时候比例会高达15%到50%。虽然移动运营商为用户提供了信用，但是由于我国金融政策的严格管制，这种代收费的方式使得电信运营商有超范围经营金融业务之嫌，并没有扩大其业务范围。

银行卡绑定类型将用户的银行卡账号同信用卡号与手机号连接起来，费用从用户的银行账户（即借记账户或信用卡账户）中扣除。这种支付方式下，用户能够通过高科技的移动读卡器，配合智能手机的使用，可以在任何有移动通讯网络的地方，通过应用程序的密码匹配进行消费，它使得商家和消费者能够在任何满足交易条件的地方进行收款和付款，同时也保存了相应的消费信息，这样大大地降低了移动支付的技术门槛和硬件需求。这种方式需要移动运营商和金融机构的协调合作，是移动支付未来最有前景的一种方式。美国Square公司是发展移动支付业务研究的先驱者，中国可以借鉴这个方式来推行和发展移动支付产业。

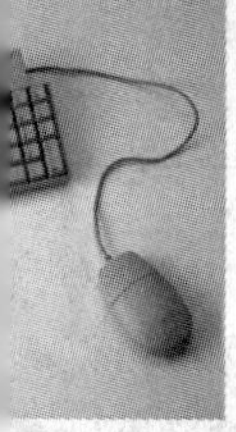

（二）移动支付业务模式分析

由于不同国家的移动支付产业主导者不同，出现了三种发展模式，分别是运营商主导模式、商业银行主导模式和第三方支付服务商主导模式。我国在发展移动支付业务前需要对各个国家的发展模式进行对比分析，对本国现有的经济基础和技术设备作分析。

1. 运营商主导模式

在移动支付业务中，掌控移动网络的运营商的参与是必不可少的，它拥有坚实的基础来发展移动支付业务。以该模式取得成功经验的地区主要为日本和非洲。这两者的经济发达程度相差较大，发展移动支付业务的形式也有所不同。在日本，移动运营商利用在产业链中的优势地位，整合终端厂商和设备提供厂商的资源，结合银行提供移动银行业务，从而牵头组织起整个移动支付产业链。如运营商 NTT DoCoMo 首先收购日本金融信用卡部门进入信用卡市场；然后又收购了瑞穗银行信用卡业务，从而展开手机钱包业务；最后购买日本第二大便利连锁商店的股份，推出移动信用卡，正式进驻移动消费信贷领域。这一系列的收购举动把移动支付产业链的相关环节紧紧地掌控住，推动了移动支付的发展。而在经济较落后的非洲，移动支付成功取代了银行卡和银行的功能，实现了资金的收储、支付、转移和兑现，成为真正意义上的手机银行。如肯尼亚某公司推出了 M. Pesa 业务，能够满足客户随时随地向运营商存入、消费或提取资金的需求，而且在各地的代理店或商店都能提供支付结算服务，甚至可以申请手机储蓄账户服务，获取存款利息，并能得到信贷和保险产品，实现了从单纯转账到虚拟银行的转变。

移动支付主要的盈利收入需要在发卡银行、银联、POS 机服务商和收单行之间进行二次分配，额度分别为：发卡银行占 70%、银联占 10%、POS 机服务公司占 15%、收单行占 5%。但是它有三种参与方式，分别能导致不一样的盈利形式。首先，从产业链收益分配的角度：第一种是运营商只参与移动支付的收单环节，仅仅起到移动通道角色，运营商获得 5%的佣金收入。而第二种方式是，运营商通过其自有 POS 机增加业务参与程度，获得 20%左右的佣金收入。第三种是在第二种方式的基础上，运营商还具有独立发卡的能力，构建完整的移动支付产业链，从而获得业务 90%以上的佣金收益。其次，从资金占用时间和成本角度，在第二和第三种模式中，移动运营商需扩大其自有 POS 机布放密度，而这需要较长的建设周期和较高的前期投入成本。结合模式收益分配方式，可以看出从运营商成本收益的角度考量，第二、第三种模式并不符合其发展诉求。虽然运营商的前期投入很大并且短期时间得不到回报，但是从外国运营商移动支付运营的经验来看，移动支付产品能够为运营商带来可观的间接收入，捆绑用户和提升数据业务。因为用户使用移动支付产品，他们的离网率仅为其他移动用户的三分之一，并且在使用移动支付业务过程中会产生浏览、查询、下载等数据流量。综上所述，从运营商成本收益的角度，结合我国现有移动支付产业基础设施环境，第二、第三种模式并不适合我国移动支付产业的发展。

2. 商业银行主导模式

商业银行作为国家主要金融机构，支付结算业务一直是其传统业务，在移动支付过程中占据重要的位置。以该模式取得较好发展的代表地区是韩国。在韩国，形成了颇具规模的商业银行与运营商、银行等多方合作的移动支付运营模式，其中，商业银行和移动运营商建立了良好和谐的合作关系，各自发挥其核心竞争优势，形成一种战略联盟关系，合作整合产业链条。韩国模式取得成功的关键是韩国银行业对移动支付业务的高度重视，同时电子技术、电子货币的普及以及人们的消费观念都为移动支付的发展打下了坚实的基础。

对比我国的情况，商业银行作为金融机构，可以提供发卡业务和 POS 机服务，就这两点就能够获得移动支付佣金收入的 85%，另外还能够以收单服务的名义再获得 5%的佣金收入。同样以 2012 年 1159.6 亿元的移动支付佣金收入为例，对比现状，商业银行、银联的收益能得到较为明显的提升。从成本投入来说，商业银行与银联本身就已经拥有了完善的全国统一平台，也有遍布全国的 POS 机，同时人民银行将移动支付技术标准规定为银联标准，发展移动支付业务几乎不需要投入成本。边际成本低，移动支付业务带来的佣金收入可被计为新增利润。商业银行移动支付业务的发展能带动商业银行实体经济的发展，从而带来更多的潜在收益。

3. 第三方支付服务商主导模式

随着互联网购物的兴起，第三方支付平台如支付宝、阿里巴巴等越来越受到人们的信赖，它在人们购物支付中起着很好的信用中介作用。该模式发展较好的地区是信息技术比较发达的美国。在美国，由于金融发达的信用卡业务发展成熟，银行并没有重点关注移动支付产业，但是第三方支付服务商抓住了机会，大力发展以远程支付为主的移动支付业务，近年来，银行、运营商和第三方支付服务商围绕使用信用卡直接或间接的合作，美国的移动支付出现了不少创新发展的趋势，移动支付业务也变得多样化。

第三方支付服务商的移动支付模式主要是服务商开发了手机支付应用软件。目前在我国，支付宝、财付通和快钱等均已推出了移动客户端软件，借助手机的移动上网功能实现随时随地无线支付，相当于将原本在电脑上操作的网上支付程序变成了手机移动支付程序。这样一来，客户进入实物店进行购买消费，只需要用手机登录该店的网上虚拟店铺在第三方支付平台上进行转账支付即可。这种方法的安全性能较高，但是其支付交易流程较为繁琐，仍需要第三方制度服务商从技术和流程的角度对支付模式进行优化。

4. 我国移动支付业务模式选择

纵观世界，移动支付的发展模式可从表 7 - 1 中得出：无论是金融发达或不发达地区，只要有移动通讯设备的地区都开始发展移动支付业务，根据各个地区的自有的金融环境和产业链环境发掘有利于本地发展的移动支付模式。例如日本的运营商抢占先机，开发新技术发展移动增值业务，避开了银行的中间程序；而非洲等欠发达地区可以考虑通过发展移动支付，跳过银行卡普及阶段，可节省设立大量网点的费用；欧美地区由于金融发达、银行卡普及，要改变人们的消费习惯需要一定的时日，但是通过科技创新，一些提供小额现场支付的手机刷卡产品越来越受到人们的青睐。综上所述，要发展移动支付业务，需要从满足某一个用户群体的特定需求入手，找准自己的特色方向，形成基础稳固的产业链合作模式，并以以点带面的方式逐步实现产品的规模突破。

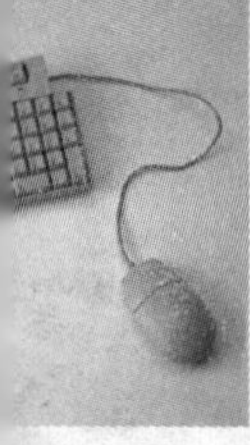
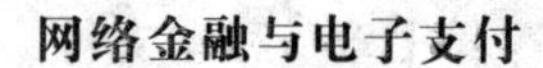

表 7-1　各国移动支付发展模式对比表

发展模式	代表地区	特点
运营商主导模式	日本	移动增值业务发展氛围成熟,运营商地位强势
	非洲	金融业务欠发达,移动支付取代部分银行卡功能,实现资金的收付、转移和兑现
商业银行主导模式	韩国	银行重视移动支付发展,培养消费者新型消费观念;与相关部门合作控制产业链
第三方支付服务商主导模式	美国	金融业务发达,取代部分银行卡功能的进程缓慢;远程支付业务较发达

第二节　移动支付的发展现状

一、发达国家移动支付发展现状

发达经济体的消费者和商家已拥有完善的电子支付系统,而对于那些在发展中经济体中备受欢迎的移动支付系统需求度不高。例如,澳大利亚罗伊摩根研究公司一项名为消费者支付的研究表明,约10%的消费者认为他们已经使用了他们概念中的移动支付,但是这类消费主要购买手机铃声、游戏以及手机应用,而不是购买商品和服务。手机钱包尚未在发达经济体中产生令人瞩目的影响,并不表示移动支付的推广没有意义。未来其他形式的移动支付普及率可能会上升,尤其是移动互联网和非接触式(NCF)交易。这两种形式都依赖于技术支撑,比如智能手机、支持NFC的手机和零售终端。

移动互联网让金融机构的手机银行应用得到普及。一些银行表示,有越来越多的用户使用移动设备连接银行系统。这些手机银行应用提供了丰富的账户管理服务,特别是付款服务,但目前主要着眼于传统支付方式,在某些情况下也提供简化的个人对个人账户间转账的支付方式,包括在同一金融系统中用户间的实时转账。

移动互联网还能够支持资金由非金融机构的第三方代为持有的预存资金系统,但此类交易通常直接通过金融机构完成。尽管如此,仍有一些非传统支付系统,如Pay-Pal,通过移动支付应用在市场占有一席之地。非接触式支付可以通过NFC芯片实现,这让使用手机在零售终端付款成为可能。在这种情况下,手机本身成为非接触式终端支付的读卡器,而非传统的银行卡。例如:在澳大利亚,尽管支持移动非接触式支付的手机技术有些滞后,但非接触式读卡器很常见。

目前,澳大利亚各家银行力图通过推广一种特殊手机套来推进非接触式付款的发展,是手机内置NFC付款能力测试的试点项目。另一种支付模式并不依赖于NFC,它所使用的是移动互联网和地理定位系统的结合从而实现交易(用户通过在附近的商户自动签到,通过用户资料识别完成支付)。移动NFC是个能促进多种类型交易的界面,但是它的初始应用程序仍然采用传统基于账户的产品,通过银行卡系统得以实现。表7-2列出了在发达国家中使用的移动支付系统的实例。

表 7-2　发达经济体移动支付系统实例

产品名称	产品说明
手机银行应用（澳大利亚）	大多数拥有手机银行应用的银行都允许客户使用典型的网上银行交易，比如支付账单、网上转账、查询余额，这些功能使手机功能最大化。此外，有些银行实现了通过手机号码、电子邮箱以及 Facebook 进行个人账户间转账。部分银行还通过特殊定制的手机套来实现非接触式手机支付。
Paypal（美国、澳大利亚）	客户能够绑定银行账户、信用卡、借记卡或者使用 Paypal 账户资金在实体店或者网上购物，并可在合作商家实现自动签到式的移动支付，即当 Paypal 客户走进商店时，支付系统上呈现出其照片和资料，结算时商家通过对比照片和资料识别客户，用户确认订单后交易自动通过 Paypal 账户完成。客户还可以通过收款人的邮箱或手机号码进行个人账户间转账。
谷歌钱包（美国）	通过 NFC 技术完成各类借记卡和信用卡在互联网和实体店的消费，合约商户实现在合作商家结账、团购折扣以及购物积分的“一站式零售服务”。
Square wallet（美国）	客户将借记卡或信用卡与他们的 Square 账户绑定。客户可以在移动设备上打开浏览器，查看附近的加入 Square 支付系统的零售商店，在购物结算时，顾客的姓名和照片就会出现在合约商户的结账终端上，客户通过确认信息完成付款。Square 也支持顾客在零售商店扫描二维码轻松购物。
Osaifu-Keita（日本）	一种使用 NFC 技术的电子钱包，具有多种功能，包括：预付费交易、活动和交通订票、会员和奖励体系。它还支持手机 ID 信用卡支付服务，这种支付方式允许用户将还款推迟至未来的某一时间（与信用卡类似）。

二、发展中经济体移动支付发展现状

在全球范围内，第一波发展起来的移动支付系统主要建立在“手机钱包”模式基础之上——以移动终端为交易工具，通过 SMS 或 USSD 方式对绑定资金账户进行操作。这种支付模式其实只是现有预付费服务的简单扩展，因为移动终端客户已预存了资金。这类支付模式在已拥有成熟支付系统的经济体中应用并不广泛，但在许多发展中经济体却广受消费者欢迎，得到迅速发展。

然而，移动支付产品的普及率却参差不齐。在肯尼亚，发展得最好的是 M-Pesa 系统，2011 年的绝大多数移动交易都通过该系统完成，肯尼亚 73%的人使用移动钱包，23%的人移动钱包使用频率达到每天至少一次。在其他发展中国家发展较好的移动支付系统有菲律宾的 SMART MONEY 系统（约拥有 1000 万用户）、坦桑尼亚的 M-Pesa 系统（约拥有 440 万用户）。

表 7-3 列举了在发展中经济体发展较好的移动支付系统。在发展中国家，由于大部分人没有金融系统账户，或者由于金融基础设施极不发达，导致人们无法得到便捷实惠的金融服务。而移动支付系统的迅速普及，为这些国家的人们带来不少好处。例如，在某些人口少且位置偏远的地区，金融机构无法设立网点和自动取款机，而移动支付因能提供一种相对便

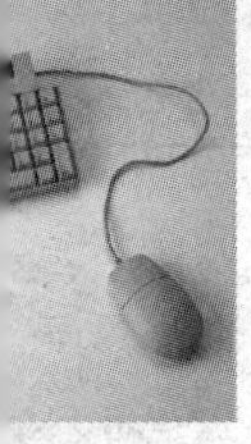
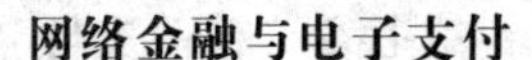

捷且快速的电子支付系统，从而体现出优势。尽管这些地区金融基础设施欠发展，但这之所以可能实现，是因为近年来手机普及率大幅度提升。

表7－3 发展中国家移动支付系统实例

产品名称	产品说明
M-Pesa/Safaricom（肯尼亚）	客户可实现个人账户间的转账、自动取款机取款、支付账单、零售店购物以及话费充值。它与西联国际汇款公司合作使M-Pesa客户能够收接国际汇款
Wizzit/南非雅典银行分部（南非）	wizzit提供广泛的服务包括：个人转账、手机话费充值、购电等。客户同时持有Maestron借记卡并能登录网上银行
Digiccl Mobilc Monney/加勒比电讯运营商（萨摩亚、斐济、汤加）	客户可进行个人银行账户间付款、话费充值、支付手机账单以及接收国际汇款。对澳大利亚和新西兰的国际汇款人通过信用卡或银行转账收取附加费，收款人在款项到账时会收到通知短信
Smart Money/Smart公司（菲律宾）	客户可以进行个人账户间转账、支付账单、手机话费充值、接收国际汇款。客户还持有一张绑定的万事达信用卡，此卡能在自动取款机上取出预存金额，还能在零售商店直接付款
MiCash/Nationalwide Microbank（巴布亚新几内亚）	客户可为手机账户充值、查询余额以及个人账户间转账。在代理网点进行存取款业务

在撒哈拉沙漠以南的非洲，尽管手机普及率仍相对较低，但在2011年，每百人拥有手机数量达到53部（2006年每百人中只有18位手机注册用户）。移动运营商网点的扩大以极具特色的方式支撑着该地区手机持有量的增长，同时也促进了移动支付的普及，因为资金可以通过代理商用现金的方式支付，收款人也可以以相同的方式取款。

许多发展中国家的移动支付系统依赖用户向移动运营商预存资金，一些系统使用相同的SMS/USSD界面实行金融系统账户间的支付，这让银行系统能覆盖大量银行网点无法覆盖的地区。

在发展中国家，移动支付系统主要用于转账，其中超过80%的交易属于个人账户间交易（person-to-person）。这突出了移动支付在国内汇款中日渐重要的作用（例如从城市到边远地区），也让国际汇款能以更加经济有效的方式进行。

此外，在发展中国家，一些移动支付系统促进了零售店购物和消费者对企业的移动终端远程支付。移动设备让边远地区的人们不用现金即可进行交易，减少了持有大量现金的风险。另外，移动设备还能用于购买必需品（比如电），这样人们就不需要长途跋涉购买必需品或者通过第三方平台进行支付。

移动支付系统对发展中国家的潜在影响已经从金融行业上升到更广阔的经济领域。一个更为简单、有效且经济的金融系统，有助于降低交易成本、促进经济发展。这些潜在的优势已经让包括亚洲发展银行、联合国及世界银行等在内的国际组织通过制定章程及法律法规，参与促进移动支付系统的发展。

三、我国移动支付发展现状及特点

移动支付给人们提供简单、快捷的支付方式，这是符合中国消费者需求的一种支付模式。由于其优势和特点，移动支付正赢得越来越多智能手机用户的青睐。国内智能手机的广泛使用、手机网民数量的高速增长，对于移动支付起到了催化作用，从而撬开了巨大商机。

目前，我国已初步形成银行机构、银行卡组织、通信运营商和支付机构等共同参与、分工协作的移动支付服务市场格局。移动通信设备是移动支付业务开展的重要载体，移动通信设备用户数量在很大程度上影响着移动支付业务的发展速度和覆盖范围。根据中国人民银行发布的 2014 年支付体系运行总体情况中的数据显示：2014 年，全国共发生移动支付业务 45.24 亿笔，总金额 22.59 万亿元，同比增长 170.25％和 134.30％。趋势科技发布的《2015 年暨未来网络安全预测报告》显示，2017 年全球移动支付市场规模将高达 900 亿美元。从数据上看，虽然全球的移动支付市场呈现增长态势，但各个国家的发展程度并不相同，我国与其他国家移动支付的发展都存在不同的现状。

虽然我国移动支付产业属于新兴产业，但是发展非常迅速，主要呈现如下特点：从支付的额度来看，目前我国的手机支付大多是一些数额较小的支付交易，这类交易的安全级别要求较低，所以发展非常迅速；从业务的推广来看，主要还是依托通信运营商的客户群；目前的支付业务多数以短信验证的方式接入，安全性较低。此外，业务的推出呈现地区割据状态，地区差异较大。

四、移动支付的发展趋势

（一）移动理财

支付清算是金融的最根本功能。只要解决了支付，各种资金配置活动就能展开。比如在互联网金融时代，以支付宝为代表的第三方支付服务的出现，就带来了阿里小贷、余额宝、P2P 网络借贷和众筹融资等新兴金融组织或产品的兴起。现在，这一进化链，会在移动世界中发生。移动支付的兴起，又会催生出其他移动金融服务，包括移动理财。可以预见，不久的将来，在手机上理财，会像在电脑上理财一样普遍。

已有雏形的移动理财模式，大致可分为几类：一是投资者通过移动支付企业购买传统金融产品。目前主要表现为互联网货币市场基金。这种模式在降低投资门槛、带来投资回报的同时，还融入了消费支付功能。比如腾讯微信与华夏基金合作的“理财通”。二是传统金融机构自己设立的电子平台，进一步向移动端拓展。利用移动支付方式对接其理财产品、保险产品，比如平安集团的“壹钱包”。三是 P2P 网络借贷、众筹融资等互联网金融模式在移动场景中的应用。四是一些不规范的、处于灰色地带的投融资行为。这四种模式风险各不相同。前两者相对规范，但在公众大量涌入后，需要特别注意风险提示，避免在收益率等信息上误导投资者，因为即使是货币市场基金也不是无风险的。第三种模式的风险在于整个行业良莠不齐，缺乏有效监管，可能出现“劣币驱逐良币”的现象。最后一类模式，则是地下民间金融的又一变种，其风险不言而喻。对收益率的过分强调，也很可能会影响移动理财这一新兴金融模式的可持续性。随着利率市场化的推进和竞争激烈化，高收益将难以长期持

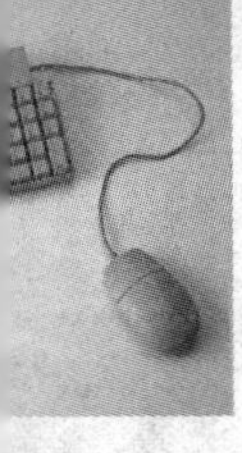

续。各类互联网、移动金融创新，应该学会在收益率之外的用户功能上多做文章。

(二)商场POS终端

微信红包、支付宝是广泛的网络支付，打车软件是高频的O2O本地生活服务支付，可以说都是C端(customer)。移动支付下一步将是争夺商场POS终端(即B端)，因为B端(business)的移动支付，对费率更有承受力，只要拥有足够的客源，商家愿意接受移动支付的形式交易，即使承担一定的费率。同时，对于用户而言，移动支付可以大大节约交易时间。这也是为什么许多C端(customer)的移动支付，阿里巴巴和腾讯即使是贴钱，也要抢客户，要侵袭线下POS。都是想变着法儿形成用户习惯，因为人类习惯一旦养成，就很难逆袭。

2014年以来，阿里巴巴、腾讯均明显加大了其移动支付工具向商场POS进军的力度。双方正在大手笔出击，到处谈移动支付，出钱、出资源抢占线下客户。商场POS机的交易数据，蕴含着极大的商业价值，在征得用户同意的情况下，可以进行深度挖掘和分析，产生新的服务和价值。此外，商场POS机的客单价、稳定性都很高。

第三节　我国目前应用的主要移动支付平台

一、阿里巴巴——支付宝钱包

支付宝钱包是国内领先的移动支付平台，内置风靡全国的平民理财神器余额宝，另外，还信用卡、转账、充话费、缴水电气等全部免费，有了钱包还能便宜打车、去便利店购物、售货机买饮料，更有众多精品公众账号为您提供贴心服务。

支付宝钱包在2015年2月9日宣布从2月11日到2月19日，与品牌商户一起向用户发放约6亿元的红包。其中，现金超过1.56亿元，购物消费红包约4.3亿元。

(一)支付宝钱包的发展

2008年开始支付宝开始介入手机支付业务，2009年推出首个独立移动支付客户端，2013年初更名为“支付宝钱包”，并于2013年10月成为与“支付宝”并行的独立品牌；用户下载安装“支付宝钱包”，使用支付宝账号登录就能使用。

自2013年第二季度开始，支付宝手机支付的用户数、支付笔数均超过PayPal成为全球最大平台，这一优势仍在不断得到强化；从2014年3月份以来，每天支付宝的手机支付笔数已经达到2500万笔以上。2014年12月9日，支付宝钱包开通了苹果手机的指纹支付功能，使用iPhone5S及以上手机型号，操作系统在IOS8以上的用户在App Store中升级支付宝钱包至最新版后即可开通指纹支付功能。

(二)支付宝钱包的功能

1.声波支付功能

支付永远是最基础的功能，支付宝这次给出的新技术是声波支付。使用这个功能的时候，打开收款人的个人名片(通过点击自己头像打开)，付款人点击“付钱”，发出声音自动获得收款人的账号，随后就跳转到了支付页面。接下去的流程与其他支付方式一致。

2. 个人名片功能

旧款支付宝客户端就是一个简单的支付工具，但新版不一样了。在个人名片那就可见一斑。这里起码隐藏着两大功能：一是个人账户的二维码，二是声波支付时收款页面。

3. 手势登录功能

安全与便捷是一种矛盾的综合体，在手机支付上也是。这次支付宝钱包使用了手势解锁的机制，在第一次使用时设置好，随后的登录或者在App之间的切换便只需要使用手势。好处显而易见，这样就不必每次切换到界面就输一轮密码（支付宝密码不可谓不长）。当然，如果长时间不登录或者输错手势多次后，客户端还是会强制要求输入原始密码的。

4. 卡券管理功能

当前支付宝归集的卡券主要是优惠券，其生产方主要是团购网站等，还不包括登机牌等。这从支付角度出发容易理解：支付宝一定会优先归集与支付相关的卡券，或者说它理解的卡券是支付的延伸。值得关注的是支付宝除了优惠券核销之外还具有支付功能，特别方便"优惠券＋支付"的场景。我们可以预期，下一版本中能够进入到支付宝钱包的卡券种类会更多，毕竟有本地化优势。

5. 超级转账功能

超级转账可谓将支付宝用户的转账服务搞透了。除了给有支付宝账号的用户转账之外，也能给没有支付宝账号的用户转，这真神奇。当对方不是支付宝用户时，会收到一条短信，按照短信内容回复即可。一般是回复自己的储蓄卡账号就好，超便捷，还免手续费。

二、腾讯——微信支付与QQ支付

（一）微信支付

微信支付是由腾讯公司知名移动社交通讯软件微信及第三方支付平台财付通联合推出的移动支付创新产品，旨在为广大微信用户及商户提供更优质的支付服务，微信的支付和安全系统由腾讯财付通提供支持。财付通是持有互联网支付牌照并具备完备的安全体系的第三方支付平台。

1. 微信支付的发展

微信用户在2013年底已经突破了6亿，越来越多的企业在微信中创建了公众账号，利用公众账号为用户提供资讯、服务、商品，更多电子商务企业进入微信平台，腾讯趁势推出微信支付以满足企业和消费者在微信平台内交易的支付需求。微信支付除了可以满足消费者在微信平台上的支付需求，还可以满足用户在其他平台的支付需求。微信支付推出之后已经有不少电子商务企业接入了微信支付，如易迅网、当当网等电子商务大企业都相继接入微信支付，微信支付的支付领域也越来越广泛。

2014年9月26日，腾讯公司发布的腾讯手机管家5.1版本为微信支付打造了"手机管家软件锁"，在安全入口上独创了"微信支付加密"功能，大大提高了微信支付的安全性。用户只需在微信中关联一张银行卡，并完成身份认证，即可将装有微信app的智能手机变成一个全能钱包，之后即可购买合作商户的商品及服务，用户在支付时只需在自己的智能手机上

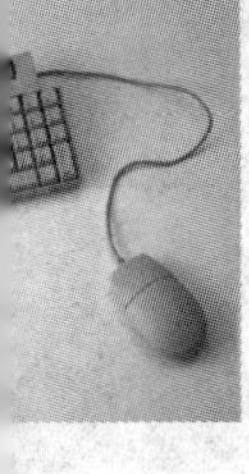

输入密码，无需任何刷卡步骤即可完成支付，整个过程简便流畅。

微信支付支持以下银行发卡的贷记卡：深圳发展银行、宁波银行。此外，微信支付还支持以下银行的借记卡及信用卡：招商银行、建设银行、光大银行、中信银行、农业银行、广发银行、平安银行、兴业银行、民生银行。

2. 微信支付的支付方式

微信支付推出之后主要有三种支付方式，分别是公众账号支付、扫二维码支付、App支付。

(1)公众账号支付。

用户在微信中关注商家的公众账号，在商家的公众号中选择自己喜爱的商品，提交订单，在商家的公众账号内完成支付，如关注小米手机的公众账号就能在上面购买小米手机。

(2)扫二维码支付。

扫二维码支付分为线下扫码支付和线上扫码支付，线下扫码支付是指用户在线下选中某些商品之后，会有生成一个支付的二维码，用户只需要扫描二维码，在手机终端确认支付，就可以完成整个支付的过程，如上品折扣百货。线上扫码支付是指接入微信支付的商家在用户支付时，在PC端上生成一个二维码，用户只需要扫描PC端的二维码就可以跳转至微信支付的交易页面，完成交易流程。扫二维码支付方式的出现大大简化了移动支付的操作，但同时也遭到了央行对其安全性提出的质疑，并且勒令所有支付平台暂时停止使用二维码支付。

(3)App支付。

App支付即第三方应用商城支付，电商平台只需接入微信支付，用户在其平台进行网络交易可以调用微信支付来完成交易，用户在第三方应用中选择商品和服务，选择微信支付完成支付的过程。

3. 微信支付的安全性分析

而对于消费者而言，这种基于微信支付的O2O模式意味着未来一种全新的生活方式。通过移动互联网，寻找消费的具体渠道和场所，通过移动支付，彻底结束和钱包、找零、排队有关的消费方式。而所有这些，需要一个重要的前提，即移动支付和信息的安全性。

在移动支付目前存在的一些问题中，成本问题的解决相对容易，主要问题在于支付安全管理方面。事实上，“移动支付安全性低于传统支付”也许只是一个错觉。有调查显示：用户丢失钱包的反应时间为约30分钟，丢失银行卡则可能要1小时以上；但丢失手机的平均反应时间是6分钟。丢失手机的反应时间如此之短，原因就在于信息时代用户是离不开手机的。以中国电信“翼支付”为例，由于打通了支付系统与各省营业厅系统的信息渠道，用户丢失手机后只需前往营业厅注销或挂失手机，即可马上锁定账户，等找回手机之后才可以解挂，用户也可以拨打电信或翼支付的客服电话挂失。

安全方面的问题相信也会随着技术的发展和相关企业的投入逐渐得到解决。从目前来看，最难解决的仍是支付技术和平台的整合问题，如果将目标设定为全面推行移动支付，则最终由政府出面协调的可能性较大。而对政府部门来说，为促进移动支付的健康发展，应加强对其监管，央行新的《银行卡收单业务管理办法》虽然将线上支付纳入了监管体系，但未明确提及移动支付；同时应加紧制定完善相关法律法规，防范和打击潜在的违法犯罪行为；另外，还要出面对移动支付产业链上各方利益进行协调，促进相关商业模式的形成。

（二）QQ 支付

腾讯发布手机 QQ4.6.2 版本，该版本新增支持 IOS 系统的 QQ 钱包。这意味着安卓和 IOS 手机的用户现在均可以使用手机 QQ 钱包，体验移动支付生活。这也是手机 QQ 正式发力移动支付领域的开端。

用户不仅可以使用 Q 币和财付通账号的钱，更是可以通过绑定银行卡、信用卡来进行移动支付。为了让用户更好地去管理自己的 QQ 钱包，QQ 钱包使用卡包的形式，方便用户管理自己的 Q 币、财付通账号、银行卡；同时沿用财付通体系的支付密码，并可以用于财付通支付和银行卡支付的密码使用，让用户可以选择最便捷的方式进行移动支付。

手机 QQ 钱包沿用原有电脑端 QQ 钱包的账号体系，很好地满足 QQ 用户多场景、多终端的沟通社交和支付需求，让移动端的用户使用起来更为方便熟悉，减少用户教育成本同时，也让很多原先从电脑端衍化而来的在移动端的消费模式可以很好地被使用。目前，用户可以通过 QQ 钱包为手机进行充值、购物、购买电影票，以及购买 QQ 会员、QQ 阅读、游戏等。

手机 QQ 钱包账号体系的引入，让手机 QQ 主打的“生活服务”有了更大的想象空间，让手机 QQ 除了可以继续为用户提供腾讯体系内优质的生活服务内容之外，可以引入更多合作伙伴来一起打造基于本地化、社交化的生活服务商业模式。如大众点评与腾讯进行战略合作之后，在手机 QQ 上推出生活优惠入口，用户通过该入口进去后，便可以挑选大众点评提供的精品生活优惠内容，并通过 QQ 钱包进行购买，形成 O2O 闭环。又如 QQ 群已经开通了群支付功能，结合 QQ 钱包，让基于社交群体和兴趣点出发的商业模式成为可能。就像已经在尝试的 QQ 群在线教育，用户以后可以通过手机 QQ 钱包进行支付，随时随地地进行在线学习而不受束缚。那么以后，例如像基于一个住宅小区的 QQ 群，可以专门为该小区的居民提供配套的服务，通过 QQ 群发起支付，用户通过 QQ 钱包购买服务，这样就很好地搭建起特定社交群体内的商业生活服务。

对于手握手机 QQ 和微信两大移动端用户流量入口的腾讯而言，在手机 QQ 钱包上线拥有移动支付能力后，将结合手机 QQ 和微信两者的优势以及在社交关系链的互补，全面布局移动支付领域。

手机 QQ 的用户很大一部分是从电脑端的 QQ 用户延伸过来的，这部分用户既有着移动浪潮下对 O2O 和移动社交生活场景的需求，又有着对原本电脑端消费生活体验延续的需要。所以手机 QQ 移动支付能力的上线，就是将基于 QQ 社交网络下的本地生活服务和社交群体带来的商业需求，能够真正做到多终端、线上线下齐打通。微信则是天生的移动互联网的产品，用户习惯于在移动端进行社交、消费等。所以微信通过搭建公众平台，更多地将能力开放给合作伙伴，与合作伙伴共同形成一个不断完善和丰富的移动生活场景。用户通过公众平台找到自己想要的产品和服务，通过微信支付形成商业闭环。

腾讯在移动支付的布局，将充分发挥手机 QQ 和微信二者的优势，对于相同的需求，则是资源共同给到这两个移动端，例如最近大众点评和京东的战略合作，这两者在移动端的入口和推送均会在手机 QQ 和微信上线；同时又利用二者的差异性，覆盖不同人群的不同需

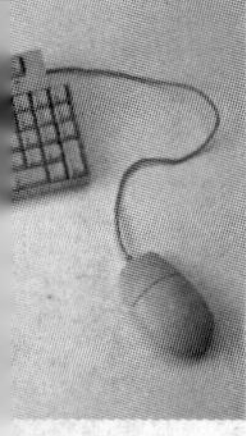

求，充分抢占移动支付市场。

一、简答题

1.根据案例，谈一谈"移动支付"的优势，它给我们的生活带来了哪些便捷？

2.为什么各家要争夺移动支付的领导权？

3.移动支付目前的发展现状如何？

4.请结合你自己的现状，谈一谈你对移动支付的理解和实施。

5.移动支付的发展前景如何？

6.我国目前移动支付有哪几种模式？

7.移动理财模式可以分为哪几类？

二、案例分析题

80亿"红包大战"微信、支付宝争移动支付领导权

2015年，微信红包活动在过年的短短几天就形成了火热的局面。2015年春节尚未来临，微信与支付宝的"红包大战"已然打响，为争夺移动支付领导权，双方已过招多个回合。

（一）一场由"红包"引发的战争

2015年2月2日12时左右，支付宝钱包内的红包功能，增加了微信、朋友圈、QQ和QQ空间的分享入口，以"退一步"的方式登陆了微信。

2月2日晚间，微信就屏蔽了支付宝红包分享链接，在用户尝试将支付宝红包分享至微信时出现"由于分享内容存在安全隐患，无法分享至WeChat"的信息。随后，微信以其涉嫌恶意营销为由进行了声明，并首次强硬放话："等什么时候阿里接入了微信支付再来谈"。与此同时，众多商户通过微信公众平台开设的店铺也无法使用支付宝收付款。

2月3日，支付宝开通口令红包绕过微信链接限制，即用户将红包分享到微信或QQ时，支付宝红包会自动生成一张带有数字口令的图片，用户可以直接在微信、朋友圈、QQ分享这张带有口令的图片。打开支付宝钱包输入口令，用户就可以抢红包了。

随之而来的，是阿里旗下的虾米音乐和天天动听遭遇"封杀"，连网易云音乐也随之"躺枪"，其音乐内容无法通过移动客户端被微信用户分享到朋友圈。

2月5日晚间，微信发文将彻底清理平台上违规发红包的行为。

2月9日，据支付宝人士透露，支付宝官方微信分享到朋友圈的内容已经被屏蔽，只有自己可见。对此，微信相关人士回应称，这种偶然事件有可能是中了朋友圈保护机制，微信没有专门屏蔽支付宝官方微信号。

（二）各方争执，舆论场同样热闹

2月9日，微信宣布将联合各类商家推出春节"摇红包"活动，送出金额超过5亿元的现金红包以及超过30亿元卡券红包。

支付宝相关人士表示，针对微信的屏蔽行为，支付宝及时开通了口令红包。虽然步骤上麻烦一点，但是因为该方式用户会觉得新鲜，也比较乐于尝试，因此对有关业务影响不是很大。再谈到接下来的活动时，支付宝方面表示，2月9日，他们已经在微博和公众号等平台发布消息，宣布从小年夜（2月11日）到正月初一（2月19日），与品牌商户一起向用户发放约6亿元的红包。其中，现金超过1.56亿元，购物消费红包约4.3亿元。但是截至目前，微信公众平台开设的店铺仍然不能使用支付宝进行收付款。

媒体报道表示，网易云音乐声称不怪微信封杀："我们没什么缘由好抱怨的，毕竟那是他们的地盘。他们有自己的音乐应用，他们也不想失去市场份额，他们还要靠微信来弥补遗失的社交基因，他们有自己的理由。"

上海大邦律师事务所合伙人律师游云庭认为，腾讯的自由应当是在不违反法律规定前提条件下的，但腾讯在微信里屏蔽了支付宝、虾米、网易云音乐实际违反了多部法律法规，影响到了数以亿计的个人和企业的合法权益。表现如下：其一，上亿用户的消费者权益被侵害。其二，对被屏蔽的软件构成不正当竞争。其三，屏蔽竞争对手软件涉嫌垄断，滥用市场支配地位。

（三）烧钱大战实为争夺移动支付领导权

腾讯系和阿里系旗下的其他应用也纷纷加入红包大战中。其中手机QQ将从2月11日起发放30亿元红包，微博有约10亿元红包。这意味着在2015年春节期间，至少有80亿元红包资源来袭。

业内人士分析认为，如同滴滴打车与快的打车的烧钱大战一样，此前微信也封杀过快的打车的红包分享，保留滴滴打车的红包，如今的红包大战如同之前打车大战的重演。但是无论微信与支付宝如何烧钱发红包，归根结底都是腾讯和阿里对其社交移动支付领域的布局。春节红包目前是融合支付属性与社交属性的最佳渠道。支付宝社交弱，支付能力强，发红包可提高用户粘性，口令红包有助于提高支付宝钱包的打开率。对于微信而言，社交强支付弱，发红包则有利于用社交优势弥补支付短板，增加支付用户数量。

但也有分析人士并不看好这种方式，滴滴打车与快的打车的市场份额并没有因为之前的烧钱而决出胜负，如果红包活动继续使用烧钱方式进行，可能会陷入胶着，并不一定有助于双方进行未来的战略性布局。

（资料来源：中国经济网.2015-02-11.）

【思考题】

根据案例，谈一谈红包大战的根源。你在2015年春节抢到红包了吗？红包大战的最终目的是什么？

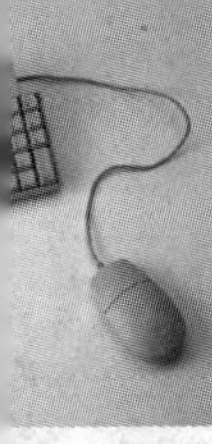

第八章 互联网金融

李克强敲下键盘完成首家互联网银行第一笔贷款

2015年1月4日，李克强总理在电脑键盘上按了一下回车键后，见证了深圳前海微众银行的第一笔放贷业务：远在家中的货车司机徐军足不出户，就获得了3.5万元的贷款。“这是微众银行的一小步，却是金融改革的一大步！”李克强说。

一、互联网民营银行发放首笔贷款

新年假期后的第一天，李克强来到深圳微众银行考察。作为2014年7月银监会正式批复筹建的5家民营银行之一，微众银行是国内第一家开业的互联网民营银行。相比于传统银行，微众银行没有柜台、没有信用审核，更不需要抵押贷款，而是“以信用作担保，用数据防风险”。

“我们今天刚好准备放出第一笔贷款，不知道能不能请总理作一个见证？”银行负责人问道。总理笑着接受了邀请。他在电脑键盘上敲击了一下回车键，很快，终端机吐出了一张小小的“借据”，一笔3.5万元的贷款发放完成。

“我作了见证，可不代表政府对这笔贷款担保啊！”李克强笑着说。

“我们的软件都有安全控制，银行也会自己注意防控风险！”负责人立刻回答。

李克强强调，互联网金融一定要适度发展。“政府要为互联网金融企业创造良好的发展环境，让你们有‘舒适度’，不再被绑住手脚。同时，你们也要有一道防控风险的‘防火墙’。”

二、利率7.5%，总理鼓励努力降低

考察中，银行负责人向总理模拟了一位个体创业者的在线放款流程。他拿起手机，把摄像头对准自己，很快，软件系统识别出他的身份，并与公安部身份数据匹配成功。而在“刷脸”认证的同时，通过社交媒体等大数据分析，软件将他的信用评定为83分，同意授予贷款3.5万元。

“我们的大数据系统，汇集了40万亿条数据信息，因此我们不需要调查信用、上门担保，整个服务完全依托于互联网，省下的人力成本又全部返还给企业。”这位负责人说。

“你们的利率是多少？”李克强问道。得知为7.5%后，李克强鼓励他们进一步努力降低利率，让大众创业的成本大幅度降低，让小微企业有更大的发展。“你们是第一家互联网金融银行，第一个吃螃蟹，同时，你们也是在倒逼传统金融行业的改革！”

三、“政府要为互联网金融提供温暖春天”

临行前，一位员工送给李克强一个企鹅玩偶，这既是银行的标志，也有“冰天雪地抱团取暖”的含义。李克强称赞，微众银行“服务小微企业和普罗大众”的理念非常可贵。他说，金融行业要致力于“普惠”，“要让普罗大众都念你们的好”！他强调，互联网金融不仅要倒逼传统金融改革，也要与传统金融“融为一体”，开展同业合作，共同实现“普惠金融”。总理握着手中的企鹅说：“企鹅的精神值得肯定，但作为政府，要为互联网金融提供便利的环境和温暖的春天！”

深圳前海微众银行发起股东共10家，三大主要股东为腾讯、百业源、立业集团，出资比例为30%、20%、20%。微众银行是一家定位于服务个人消费者和小微企业客户的民营银行。注册资本为30亿元人民币，经营范围包括吸收公众，主要是个人及小微企业存款；主要针对个人及小微企业发放短期、中期和长期贷款；办理国内外结算以及票据、债券、外汇、银行卡等业务。

李克强总理将前海微众银行作为新年调研的第一站，对中国民营银行、互联网金融业的发展都释放出非常积极的信号。政府方面对微众银行的重视，也体现出高层和监管层对新兴金融机构服务实体经济以及推动普惠金融发展的支持，可以说，互联网金融的春天即将来临。

微众银行是一家定位于服务个人消费者和小微企业客户的民营银行，总理希望微众银行“能闯出一条路来，为其他企业提供经验”，反映出政府对这家民营银行的希望：将互联网金融紧密结合实体经济，紧密结合具体行业环境，基于大数据了解小微企业的经营情况并挖掘他们的需求，提供小微企业需要的产品和服务，同时让互联网金融倒逼传统金融机构进行自我变革。

目前微众银行已引入了许多传统金融机构的人才，这从侧面说明互联网金融机构和传统金融机构之间并不是对立的关系，二者之间可以相互学习、互为补充。新兴的互联网金融机构可吸收传统金融机构在金融产品设计、风险控制和管理制度方面的经验，而传统金融机构应虚心学习新兴互联网金融机构对客户的理解、对数据的挖掘以及先进IT技术。

微众银行可以结合腾讯的其他产品，打造出与传统银行不一样的特色。例如可结合腾讯旗下的微信、QQ等社交产品进行推广，同时通过线上线下支付与微信、QQ上的企业、媒体、商家、硬件资源相结合，打造并维护“连接一切”的生态。

第一节　互联网金融的产生

一、互联网金融的定义及特点

（一）互联网金融的定义

互联网金融是指以互联网为服务平台进行的一切金融活动，如线上支付，线上资金筹集

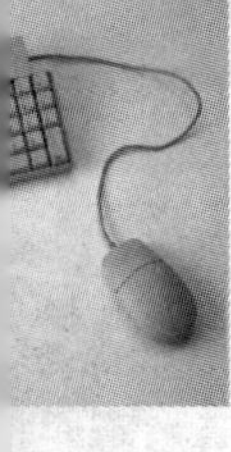

以及线上理财等金融服务。整个金融活动的开展、进行和完成均应以互联网为依托，有效突破了传统金融在时间、地域上的限制，解决信息不对称的问题，使资源配置更加方便、快捷、透明、有效。

（二）互联网金融的特点

1. 资源开放化

基于互联网技术本身带来的开放性社会资源共享精神，所有使用网络的人都能因此不受限制地获得互联网提供的资源，因此基于互联网技术发展起来的互联网金融，兼具互联网资源的开放性和共享性两个主要特点。资源开放化的互联网金融使用户获取资源信息的方式更加自由，同时拓展了互联网金融受众的有效边界。

2. 成本集约化

传统金融与互联网金融相比，最大的弱势在于严重的信息不对称，由于互联网的开放和共享性，互联网金融市场中的信息不对称程度被极大地削弱。资金供求双方可以通过网络平台完成信息甄别、匹配、定价及交易等流程，减少传统中介的介入，降低了交易过程中的成本。据证券时报网报道，阿里金融单笔小微信贷的操作成本为 2.3 元，而银行的单笔信贷操作成本在 2000 元左右。阿里金融实现低信贷成本的原因在于“互联网微贷技术”，即用户的申贷、支用、还贷均可在网上完成，这极大地降低了成本。

3. 选择市场化

互联网金融的产生不仅为传统金融市场的参与者提供了一个展示产品的平台，也提供了更多的金融产品可供选择，这些金融产品有更具竞争力的收益率，更低的进入门槛，金融市场的参与者可以在市场上自由选择合适的产品。优质金融产品的大量出现也加剧了金融机构间的竞争，金融市场由资源垄断型市场逐渐转换为自由选择型市场。

4. 渠道自主化

传统金融产品的销售渠道非常有限，大多集中在银行、券商等传统的大型金融机构。随着互联网金融的发展，电商平台、第三方门户网站、社交网络平台等都可以成为金融产品的销售渠道，因此金融机构在渠道的选择方面有了更多的自主性。

5. 用户行为价值化

随着大数据时代的到来，消费者的行为不再只是行为心理学家研究的对象。运用数据分析量化用户行为，了解用户群的特点，有效进行市场细分，可以定位用户的需求和偏好，进行精准营销，通过为企业节省巨额的营销和销售成本进而带来极其巨大的商业价值。

6. 行业风险扩大化

互联网金融的出现使得进入金融行业的门槛降低，一定程度上实现了普惠，但是这同时也加剧了该行业的风险。缺乏金融风险控制经验的非金融企业的大量涌入，加之互联网金融行业发展迅速，涉及客户数量多，一旦出现风控事故，极有可能产生多米诺骨牌效应，使得风险迅速蔓延以至于造成群体性事件，最终给互联网金融行业及关联经济体造成损失。

7. 营销网络化

互联网金融营销模式实现了线上—线下的互动式营销，金融产品多是虚拟产品，线上信息能帮助客户直观地了解产品讯息，所以这一低成本高效率的营销方式获得了较快的发展。

加之社会性网络服务的普及，微信、QQ、微博等社交网络对信息的病毒式传播，网络在金融营销中起着越来越突出的作用。

8. 模式多样化

互联网金融是互联网与金融的结合，在结合的过程中创新了许多商业模式，比如众筹模式、网上点对点贷款的 P2P 模式、与电子商务企业合作的货币基金销售模式，当然也有传统金融机构向互联网金融转型的模式。多样化的模式为互联网金融行业带来了活力与创新，但同时也给监管带来了困难。

表 8－1　互联网金融业态模式列表

类型	包含内容	行业特点	举例
资金筹集	众筹	创意类项目的发起者通过在线平台向投资者筹集资金	大家投
	P2P 网贷	个人或个体商户基于互联网平台进行贷款	人人贷
	电商小贷	电商企业利用平台积累的企业数据完成小额贷款需求的信用审核并放贷	阿里小贷
资金融通	银行业互联网化	利用互联网平台发展银行理财业务	招商银行
	证券业互联网化	利用互联网平台发展证券业务	国泰君安
	基金业互联网化	利用互联网平台发展基金业务	天弘基金
	保险业互联网化	利用互联网平台发展保险业务	众安在线
货币支付	第三方支付	独立于商户和银行的在线支付和结算平台	支付宝
货币发行	虚拟货币	通过计算机技术生成的非实体货币	比特币

二、互联网金融理论基础

(一)代表性互联网思想

从 1969 年 ARPA 建立 ARPANET 网开始，互联网已经有了近五十年的发展。今天，网络已经开始对整个经济体系产生影响。网络将像电话、汽车等的发明一样产生深刻影响，并比他们的影响更深远。

“天下大势，浩浩荡荡；顺之者昌，逆之者亡”。摆在我们每个企业和每个人面前的，已经不是要不要利用互联网的问题，而是如何应用的问题了。

1. 开放精神

互联网的特质决定着它既没有时间界限也没有地域限制。通过互联网，它无时无刻、无处不在，不停地帮你把你的信息进行传播；帮你的企业进行宣传；24 小时不停地帮电子商务公司和网游公司赚钱；成就了百度、腾讯、阿里巴巴等令国人骄傲的互联网品牌；也创造了陈

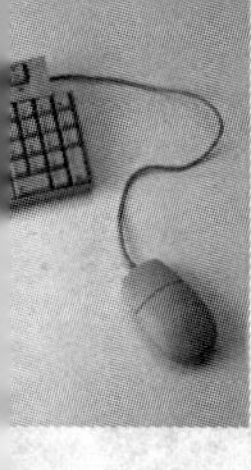

天桥、史玉柱等网络新贵的财富传奇。

同时,互联网的开放精神不仅仅体现在物理时空的开放,更体现在人们的思维空间的开放上。不同行业和生活经历、不同地方的人可以共同就某一话题展开交流和讨论,思想火花的碰撞将极大地拓宽人们思维的边界,丰富人们的知识,引领潮流,加快推进人类文明的进程。

2. 平等精神

互联网的水平存在方式决定了网络是一个平等的世界。在网上,人们的交流、交往和交易,剥去了权力、财富、身份、地位、容貌标签,在网络组织中成员之间彼此平等相待,同时网络使我们的世界更加透明和精彩。互联网的平等是“网络面前人人平等”,相互间即便互不相识、远隔万里,但在互联网的世界里都是网友,不管你有什么需要,不管你遇到什么困难,在这里都会找到属于你自己的一片空间。

比尔盖茨曾经说过一句话:“在网络里没人知道你是一条狗!”当然,相对的另一句话:“你也不知道在网络对面坐的是不是一只猪!”这两句略带讽刺和玩笑的话,最能让大家在网络面前放弃自己现实中的属性和标签,以平等的精神融入互联网的世界。

3. 协作精神

你既是信息的接收者,也是信息的传播者。每个人都是互联网中的一个神经元,互联网世界就是一个兴趣激发,协作互动的世界。长期以来,广播电视是由权力中心控制的“大喇叭”单向传播方式;电报电话网虽然有了双向互动功能,但仍然是由汇接中心控制的“树状网络”结构。互联网的实时互动和异步传输技术结构彻底改变了信息的传播者和接受者的关系。任何网络用户既是信息的接收者,同时也可以成为信息的传播者,并可以实现在线信息交流的实时互动和协作。

互联网的协作精神决定了一方面我们要共同维护好我们共同的网络家园,另一方面我们只有相互间友好协同,才能共同编制起这张网。这一属性也决定了,在网络世界中的自由开放、平等是相对的而不是绝对的。网络的江湖,虚拟的世界,永远也逃避不了每个协作者的现实社会属性。

4. 分享精神

互联网的分享精神是互联网发展的原动力。技术虽然是互联网发展的重要推动力,却不是关键,关键是应用。翻开互联网发展的历史,我们可以发现,开放、分享的精神才是互联网能发展到今天的根本原因。很多人都知道,互联网产生的早期主要是为了方便美国研究机构和高校的科学家们分享研究资料。刚开始互联网只对科学家开放,后来对商业机构开放。

互联网历史上的重大创新事件,几乎没有一个是正规研究互联网技术的人推动的。比如美国的几个学生希望用 Email 分享照片,结果因为邮件太大屡次发送不了,于是才决定要建立一个视频分享网站的,这就有了今天的 Youtube。而 Yahoo 当初创立的时候也不过是为了满足杨致远和他的朋友们看球赛的需要。

(二)长尾理论

所谓长尾理论是指,只要产品的存储和流通的渠道足够大,需求不旺或销量不佳的产品所共同占据的市场份额可以和那些少数热销产品所占据的市场份额相匹敌甚至更大，即众多小市场汇聚成可产生与主流相匹敌的市场能量。也就是说，企业的销售量不在于传统需求曲线上那个代表“畅销商品”的头部，而是那条代表“冷门商品”经常为人遗忘的长尾。举例来说，一家大型书店通常可摆放10万本书，但亚马逊网络书店的图书销售额中，有四分之一来自排名10万以后的书籍。这些“冷门”书籍的销售比例正以高速成长，预估未来可占整个书市的一半。这意味着消费者在面对无限的选择时，真正想要的东西和想要取得的渠道都出现了重大的变化，一套崭新的商业模式也跟着崛起。简而言之，长尾所涉及的冷门产品涵盖了几乎更多人的需求，当有了需求后，会有更多的人意识到这种需求，从而使冷门不再冷门。

1. 概念的发现

克里斯·安德森是美国《连线》杂志主编，他喜欢从数字中发现趋势。他系统研究了亚马逊、狂想曲公司、Blog、Google、eBay、Netflix等互联网零售商的销售数据，并与沃尔玛等传统零售商的销售数据进行了对比，观察到一种符合统计规律（大数定律）的现象。这种现象恰如以数量、品种二维坐标上的一条需求曲线，拖着长长的尾巴，向代表“品种”的横轴尽头延伸，长尾由此得名。

《长尾》(long tail)在2004年10月《连线》发表后，迅速成了这家杂志历史上被引用最多的一篇文章。特别是经过吸纳无边界智慧的博客平台，不断丰富着新的素材和案例。安德森沉浸其中不能自拔，终于打造出一本影响商业世界的畅销书《长尾理论》。

传统商业认为企业界80%的业绩来自20%的产品，但长尾理论认为，只要产品的存储和流通的渠道足够大，需求不旺的产品的市场份额可以和少数热销产品的市场份额相匹敌甚至更大，即众多小市场汇聚成可与主流相匹敌的市场。目前比较成功的互联网金融模式都可以用长尾理论去解释：它们的用户大多消费额度很小但数量很多，这也能为之提供巨大的收入。

长尾理论在现实中有两个必要条件：首先是足够低的成本，因为单个客户的贡献价值不大，只有当产品的成本更低时才有可能产生经济效益；其次是足够多的客户，如果无法形成规模效应，就不会形成商业模式产生利润。互联网则能比较好地解决这两个问题。

2. 长尾理论的相关案例

(1)长尾理论与Google。

Google是一个最典型的“长尾”公司，其成长历程就是把广告商和出版商的“长尾”商业化的过程。以占据了Google半壁江山的AdSense为例，它面向的客户是数以百万计的中小型网站和个人。对于普通的媒体和广告商而言，这个群体的价值微小得简直不值一提，但是Google通过为其提供个性化定制的广告服务，将这些数量众多的群体汇集起来，形成了非常可观的经济利润。据报道，Google的市值已超过2100亿美元，被认为是“最有价值的媒体公司”，远远超过了那些传统的老牌传媒。

(2)长尾理论与亚马逊。

亚马逊是又一个成功的“长尾”公司。亚马逊网上书店成千上万的商品书中，一小部分畅销书占据总销量的一半，而另外绝大部分的书虽说个别销量小，但凭借其种类积少成多，占据了总销量的另一半。一个前亚马逊公司员工精辟地概述了公司的“长尾”本质：现在我

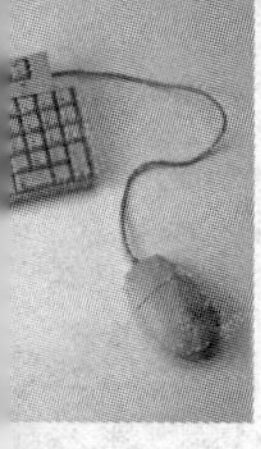

们所卖的那些过去根本卖不动的书比我们现在所卖的那些过去可以卖得动的书多得多。

长尾现象或者说长尾效应，提醒我们，世道变了。原来我们认为的20%的关键客户已经不能带给我们80%的销售收入，原来我们认为的20%的主流商品也已经不能再带给我们80%的销售收入。这里，并不是关键客户和主流商品的销售变少了，而是我们原来不在意的“长尾”变得更长了，有点“肥”了，原来“边缘化”的部分占到的份额在增加。如亚马逊副经理史蒂夫·凯塞尔所说：“如果我有10万种书，哪怕一次仅卖掉一本，10年后加起来它们的销售就会超过最新出版的《哈利·波特》。”

三、互联网金融产生的原因

（一）经济发展驱动传统金融的变革

从20世纪90年代开始，中国经济就一直处于高速发展状态，年均GDP增长速度达到10%以上。经济的高速发展使得居民收入持续稳定增长，城镇居民可支配收入从2000年的2689元快速增长到2013年的26955元，人均可支配收入增长为原来的10倍有余。城镇居民家庭恩格尔系数从2000年的39.6%下降到2012年的35%，说明家庭必需品支出在家庭总收入的比重在不断下降。

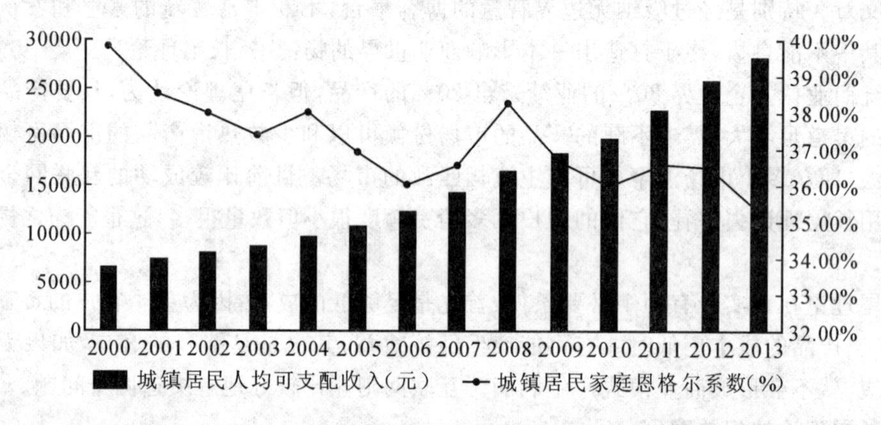

图8-1　2000—2013年城镇居民人均可支配收入和家庭恩格尔系数

可支配收入的增长和家庭恩格尔系数的下降都表明中国居民的生活水平有了实质性的提高，消费领域扩大，并开始由量向质的转变。消费水平的提高并没有降低中国居民的储蓄率，2000年中国居民储蓄率为63%，虽然这一比例逐年下降，但由于投资渠道狭窄及居民保守的消费、投资习惯，居民储蓄率依然处于高水平。然而随着物价持续上涨，较低的银行存款利率与较高的通货膨胀率之间的冲突使财富保值增值成为人民大众关心的首要问题。

同时，随着经济的发展，中小企业数量快速增长，达到全国企业总数量的98%以上，中小企业在国民经济发展中起着越来越重要的作用。加之企业间交易的愈加频繁，中小企业对资金融通的便捷性有着更急切的需求。

经济的发展促进了商品交易的繁荣，财产性与非财产性收入增长提高了人民收入水平，也为中小企业数量的不断扩大提供了基础，传统金融已无法满足居民及中小企业对高效、便捷金融服务的潜在需求。

(二)互联网技术普及奠定用户基础

中国互联网络信息中心发布的《第33次中国互联网发展状况统计报告》显示，截至2013年12月底，中国网民规模已经达到6.18亿，互联网普及率达到45.8%，较2012年底提升了3.7个百分点。同时，中国5亿的手机网民规模说明，随着移动网络的大范围覆盖及智能手机的价格持续下降，手机的使用极大地促进了互联网的普及，成为目前互联网用户增长的主要来源。截至2013年12月，全国开展在线销售的企业比例为23.5%，全国开展在线采购的企业比例为26.8%，利用互联网开展营销推广活动的企业比例为20.9%，说明越来越多的企业在通过互联网进行商业活动。互联网网民数量快速增长和互联网在企业商务活动中的广泛运用为互联网金融发展奠定了用户基础。

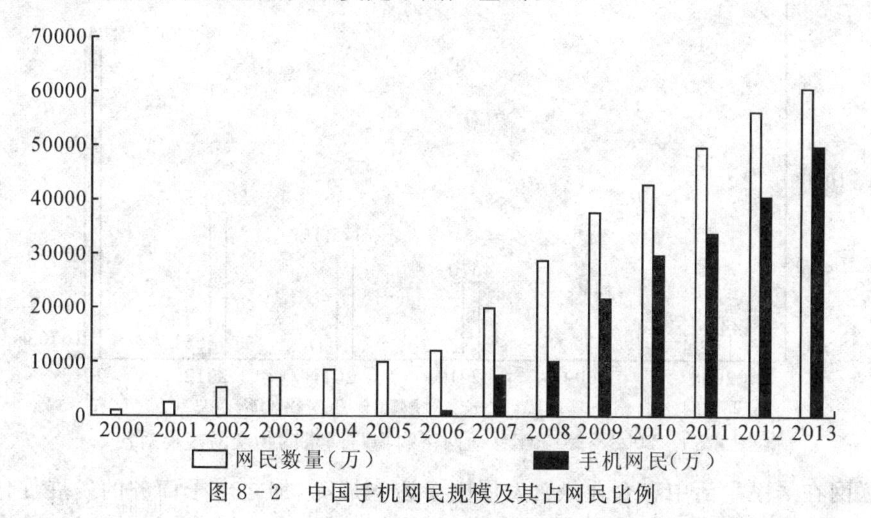

图8-2　中国手机网民规模及其占网民比例

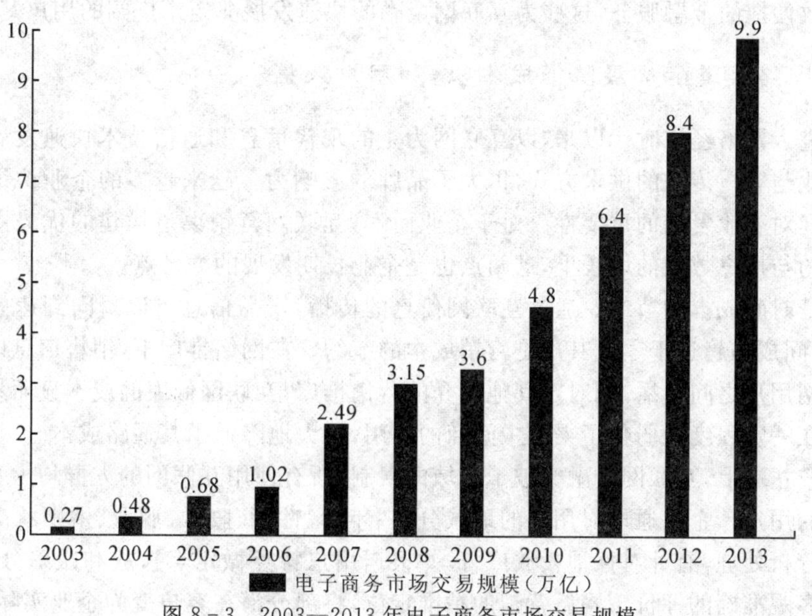

图8-3　2003—2013年电子商务市场交易规模

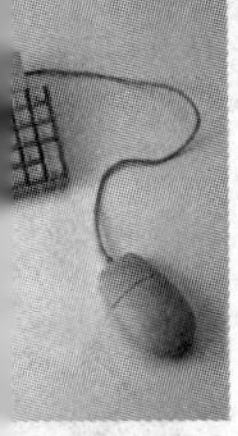

中国的电子商务从20世纪90年代初兴起，经过20年的迅速发展，2013年电子商务交易规模达到9.9万亿元。2013年GDP总量为56.9万亿元，电子商务交易规模占到GDP总量的17%，电子商务在国民经济发展中发挥着越来越重要的作用，这也为互联网金融的发展带来了契机。在电子商务体系中，互联网金融是必不可少的一环。传统的电子商务包括商务信息流、资金流和物流三个方面，其中资金流关系到企业的生存和发展，对企业至关重要。新型电子商务所涉及的交易摆脱了时间和空间上的限制，对资金流的控制则需要第三方支付和传统渠道外的资金支持。新型电子商务使得商品交易的时间大大缩短，这也对更加快捷的支付和资金融通提出了新的要求。因此，电子商务的快速发展使得更多的企业对快捷的资金服务需求进一步加大。

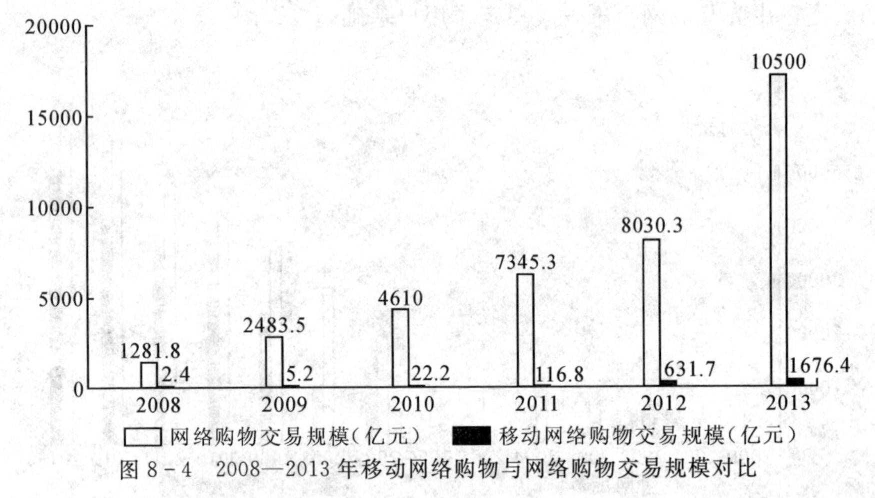

图8-4　2008—2013年移动网络购物与网络购物交易规模对比

互联网在居民生活中和企业经营发展中渗透率加深，加之电子商务的发展促使企业更加需要高效便捷的金融服务，这些为互联网金融的快速发展奠定了广阔的用户基础。

(三)网络渠道的拓展降低成本、增加用户数量

自从进入网络经济时代以来，以互联网为主的现代信息和通信技术快速发展。互联网改变了企业与客户传统的供求方式，扩大了品牌的影响力。越来越多的企业认识到互联网渠道的拓展对企业发展的重要性。对于企业而言，互联网营销渠道构建的优势主要体现在成本的节约与用户数量的增长上，这两点也是企业长期发展的立足点。

首先是时间成本的节约。通过互联网信息的传播，产品信息可以瞬间到达另一个互联网终端，时间成本趋近于零。其次是营销成本的节约。在网络推广下，销售信息以低廉的成本在互联网用户之间传播，相对于其他媒介的营销推广，互联网低廉的成本显而易见。互联网的应用在一定程度上弱化了渠道中间商的作用，极大地降低了其通路成本。

在用户拓展上，互联网金融突破了地域的限制，所有使用互联网的人群均为互联网金融企业潜在的用户。企业通过对用户的地域分布、年龄、性别、收入、职业、婚姻状况和爱好等基本资料分析处理，有针对性地投放广告，并根据用户特点做定点投放和跟踪分析，对广告效果做出客观准确的评价。网络营销的精准定位，将部分潜在客户变为企业实际用户，在一定程度上帮助企业拓展了用户群体。

(四)小微企业的融资需求刺激互联网金融的发展

小微企业不仅是国家财政收入的重要来源,还在促进国民经济增长、创新科技进步、缓解就业压力等方面发挥了举足轻重的作用。根据国家发改委发布的相关数据,中国小微企业纳税额度占国家税收总额的50%,创造的产品和服务价值占GDP总额的60%。国家知识产权局统计数据显示,小微企业完成了65%的发明专利和80%以上的新产品开发。据宜信发布的《三十六城市小微企业经营与融资调研报告》显示,中国小微企业吸纳就业人数超过2亿,接近总就业人数的25%。

由此可见,小微企业在中国国民经济的发展中起到了不可替代的作用。

然而,小微企业的规模小、固定资产比重低、财务信息透明度低等经营特征使其面临融资障碍。信息不对称所带来的高融资成本更使小微企业外部融资难上加难。因此,从融资渠道来看,目前中国小微企业仍旧偏向于内源融资的方式获得资金,从银行贷款的小微企业仅有少部分。宜信公司在对36个城市共3231家小微企业的调查中发现,曾申请银行贷款的企业仅占30%。小微企业贷款困难,主要因为银行对申请材料和资质要求严格,而小微企业的资金流动性大、存货及资金周转时间短等经营特点又无法满足这些要求,从而决定了其从商业银行获得贷款具有很大的难度。小微企业在经营活动中对流动比率及速动比率要求较高,调查显示大部分企业要求贷款审批时效不超过10个工作日。然而由于大部分小微企业在办理贷款时无法提供大量规范的申请资料,使得其申请比传统金融贷款的时间长、手续复杂,从而降低了小微企业的贷款意愿。

另外,传统金融资金借贷过程中普遍存在信息不对称的问题。处于信息劣势方的商业银行为了能够准确有效地找到优质客户,保证贷款本息的安全回收,必然会有信息成本的产生。由于小微企业缺乏完善的信用记录,信息很少披露,银行需要花费很高的成本去识别企业的真实情况。而且,为了保证贷款本息的安全回收,银行需要加强对小微企业的监督和约束,如监控小微企业经营状况的变化。在采用这些监督手段的过程中所产生的代理成本也随监管力度的加强而增长。为了补偿商业银行给小微企业贷款所产生的成本,小微企业除了要支付较高的利率,还要支付评估费、担保费、公证费、审计费等多项费用。因此,这种信息不对称带来的高额融资成本也成为小微企业融资困境的原因。

互联网金融依托计算机网络、大数据处理,大幅扩宽金融生态领域的边界,而免于实体网点建设。24小时营业、准入门槛低的特点使互联网金融平台提高了金融服务的覆盖面。与电子商务紧密合作降低了互联网金融平台获取小微企业信息的成本,促进交易达成。利用计算机系统,任何互联网金融平台都能对订单进行批量处理,从而提高了效率。这些特点均为小微企业融资提供了便利条件,逐步解决了小微企业融资难的问题。央行在《2013年第二季度中国货币政策执行报告》中显示,截至2013年6月末,阿里小贷投入贷款总额已超过1000亿元。根据阿里巴巴平台调研数据,融资需求在50万以下的企业约占55.3%,200万以下的约占87.3%。由此可见,互联网金融为小微企业的融资提供了高效、便捷的途径,不断增长的小微企业融资需求促成了互联网金融的发展。

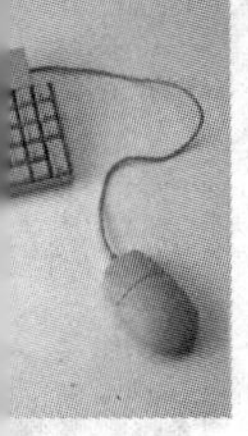

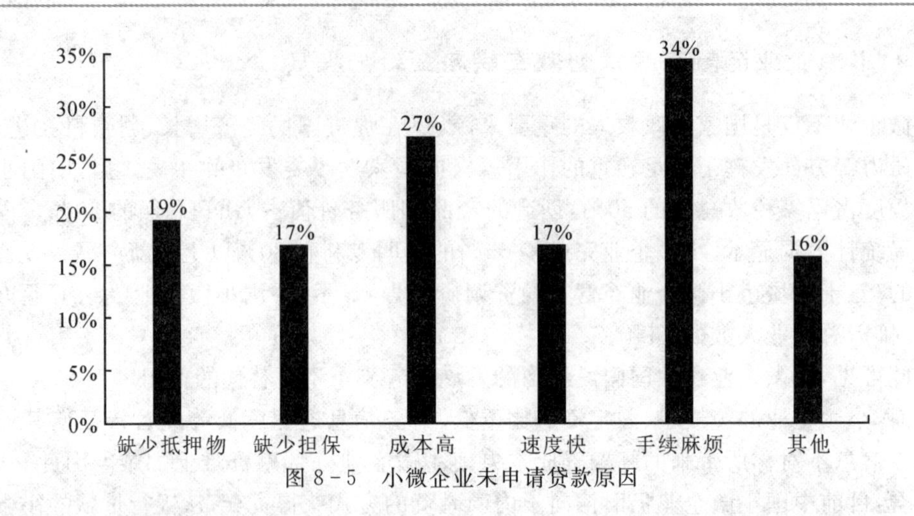

图 8-5 小微企业未申请贷款原因

(五)大数据和云计算的技术革命改变传统融资模式

金融的核心是跨时间、跨空间的价值交换。贷款的回收一般依靠银行对企业财务信息的分析和预测,并且一般要求抵押品或质押品来保证贷款本息的安全性。而对于财务信息不完整、企业规模小、抵押品不足的小微企业则无法从银行获得贷款。大数据与云计算技术的出现改变了这一传统模式。

阿里金融基于阿里巴巴 B2B、淘宝、天猫等电子商务平台上累积的客户交易等数据为小微企业、个人创业者提供小额信贷等业务。截至 2014 年 2 月,阿里金融服务的小微企业已经超过 70 万家。小微企业大量数据的运算即是依赖互联网的云计算技术。阿里小贷的微贷技术包含了大量数据模型,需要使用大规模集成计算,微贷技术过程中通过大量数据运算,确定买家和卖家之间的关联度风险概率的大小、交易集中度等。正是应用了大规模的云计算技术,使得阿里小贷有能力调用如此庞大的数据,以此来判断小微企业的信用。不仅保证其安全、高效,也降低阿里小贷的运营成本。

大数据或称巨量资料,指的是所涉及的资料量规模巨大到无法通过目前主流软件工具在合理时间内达到撷取、管理、处理并整理成为帮助企业经营决策的资讯。而云计算是大数据的技术基础,大数据与云计算的关系就像一枚硬币的正反面一样密不可分。大数据必然无法用单台的计算机进行处理,必须采用分布式计算架构。它的特色在于对海量数据的挖掘,但它必须依托于云计算的分布式处理、分布式数据库、云存储和虚拟化技术。阿里、京东等电子商务企业可以获得商户的日常交易信息、订单信息,通过交易信息数据处理分析可以得出商户基于该平台交易本身的实际资信水平,从而确定是否向商户发放贷款以及贷款额度。在整个过程中增加了可信融资者的范围,之前未被纳入的基于平台交易的小微企业群可以获得一定的融资。大数据的运用使得企业获得贷款的过程快捷、灵活。阿里小微金融集团在 2013 年 5 月 18 日当天,2 个小时内向 1.8 万家淘宝商户放出 3 亿元信用贷款,平均每个商户获得 1.6 万元人民币。所有的贷款均在线上完成,基本不涉及抵押担保,并且没有信贷人员、中介人员的介入。

(六)利率管制为互联网金融企业提供套利空间

中国人民银行划定的存款基准利率活期存款利率为0.35%(截止2015年6月28日),一年定期存款利率为3.00%,银行存款利率最高上浮10%。而余额宝—增利宝基金把所募集的客户资金投向银行协议存款,2013年末7天年化收益率一度高达6.76%。协议存款的利率浮动比例可与银行协商,而一般银行存款利率则有上限的规定。由于此前规定基金公司协议存款提前取款不罚息,在2013年市场资金面偏紧(7天期上海银行间同业拆放利率一度超过10%)的情况下,协议存款利率也水涨船高,互联网金融企业可以通过吸收客户大量一般存款而转存协议存款提高收益,并且保持较高的流动性,这极大地促进了余额宝等互联网金融产品的快速发展。

(七)融资来源及经营地域限制倒逼互联网金融的发展

民间借贷的发展是因为普通个人和小微企业无法从正常的金融渠道获得融资。小贷公司融资来源和地域的限制已成为制约其发展的瓶颈。

1. 融资来源限制

中国银行业监督管理委员会、中国人民银行《关于小额贷款公司试点的指导意见》中规定:小额贷款公司的主要资金来源为股东缴纳的资本金、捐赠资金,以及来自不超过两个银行业金融机构的融入资金;在法律、法规规定的范围内,小额贷款公司从银行业金融机构获得融入资金的余额,不得超过资本净额的50%。

2. 经营地域限制

各地方在成立小额贷款公司时大多规定其不得从事其他经营活动、不得对外投资、不得设立分支机构、不得跨县级行政区域发放贷款。在中国,小微企业数量较多,融资需求也极为旺盛,传统的民间借贷市场信息不对称现象严重,借贷利率有时甚至高达数倍,导致这些企业往往进入高利贷的恶性循环,最后无法还款,容易发生群体性事件。传统的民间借贷需要中间方,这推高了借贷利率。而P2P网贷平台的发展则为双方提供了一个直接对接的平台,突破了借款人、出借人的地域和时间限制,引导资金合理高效的配置资源。

第二节　互联网金融模式

一、第三方支付

第三方支付(third-party payment)狭义上是指具备一定实力和信誉保障的非银行机构,借助通信、计算机和信息安全技术,采用与各大银行签约的方式,在用户与银行支付结算系统间建立连接的电子支付模式。

根据央行2010年在《非金融机构支付服务管理办法》中给出的非金融机构支付服务的定义,从广义上讲第三方支付是指非金融机构作为收、付款人的支付中介所提供的网络支付、预付卡、银行卡收单以及中国人民银行确定的其他支付服务。

第三方支付已不仅仅局限于最初的互联网支付,而是成为线上线下全面覆盖、应用场景

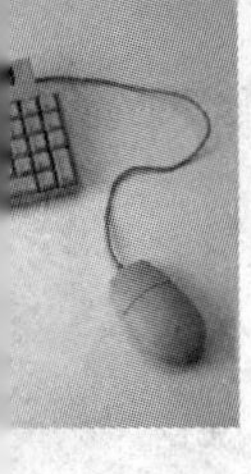

更为丰富的综合支付工具。

从发展路径与用户积累途径来看，目前市场上第三方支付公司的运营模式可以归为两大类：一类是独立的第三方支付模式，是指第三方支付平台完全独立于电子商务网站，不负有担保功能，仅仅为用户提供支付产品和支付系统解决方案，以快钱、易宝支付、汇付天下、拉卡拉等为典型代表。以易宝支付为例，其最初凭借网关模式立足，针对行业做垂直支付，而后以传统行业的信息化转型为契机，凭借自身对具体行业的深刻理解，量身定制全程电子支付解决方案。

另一类是以支付宝、财付通为首的依托于自有 B2C、C2C 电子商务网站提供担保功能的第三方支付模式。货款暂由平台托管并由平台通知卖家货款到达、进行发货。在此类支付模式中，买方在电商网站选购商品后，使用第三方平台提供的账户进行货款支付，待买方检验物品后进行确认后，就可以通知平台付款给卖家，这时第三方支付平台再将款项转至卖方账户。第三方支付公司主要有交易手续费、行业用户资金信贷利息及服务费收入和沉淀资金利息等收入来源。

比较而言，独立第三方支付立身于 B(企业)端，担保模式的第三方支付平台则立身于 C(个人消费者)端，前者通过服务于企业客户间接覆盖客户的用户群，后者则凭借用户资源的优势渗入行业。

第三方支付的兴起，不可避免地给银行在结算费率及相应的电子货币/虚拟货币领域给银行带来挑战。第三方支付平台与商业银行的关系由最初的完全合作逐步转向了竞争与合作并存。

随着第三方支付平台走向支付流程的前端，并逐步涉及基金、保险等个人理财的金融业务，银行的中间业务正在被其不断蚕食。另外，第三方支付公司利用其系统中积累的客户的采购、支付、结算等完整信息，可以以非常低的成本联合相关金融机构为其客户提供优质、便捷的信贷等金融服务。同时，支付公司也开始渗透到信用卡和消费信贷领域。

第三方支付机构与商业银行的业务重叠范围不断扩大，逐渐对商业银行形成了一定的竞争关系。未来，当第三方支付机构能够在金融监管进一步放开，其能拥有目前银行独特拥有的“账户”权益时，那么带给银行的就不仅仅是“余额宝”的试点式竞争，而是全方位的行业竞争。

2013 年 7 月央行又颁发了新一批支付牌照，持有支付牌照的企业已达到 250 家。在牌照监管下，第三方支付领域今后更多的是巨头们的竞争，一方面是类似支付宝、快钱、易宝支付等市场化形成的巨头，另一方面是依托自身巨大资源的新浪支付、电信运营商支付以及可能的中石化、中石油的支付平台。随着支付行业参与者不断增多，在银行渠道、网关产品以及市场服务等方面的差异性越来越小，支付公司的产品会趋于同质化，这意味着第三方支付企业需要不断寻找新的业绩增长点。

移动支付、细分行业的深度定制化服务、跨境支付、便民生活服务将成为新的竞争领域，拥有自己独特竞争力及特色渠道资源成为众多第三方支付企业生存及竞争的筹码。

二、P2P 网络贷款平台

P2P(Peer-to-Peer lending)，即点对点信贷。P2P 网络贷款是指通过第三方互联网平台进行资金借、贷双方的匹配，需要借贷的人群可以通过网站平台寻找到有出借能力并且愿意基于一定条件出借的人群，帮助贷款人通过和其他贷款人一起分担一笔借款额度来分散风险，也帮助借款人在充分比较的信息中选择有吸引力的利率条件。

P2P 平台的盈利主要是从借款人收取一次性费用以及向投资人收取评估和管理费用。贷款的利率确定或者是由放贷人竞标确定或者是由平台根据借款人的信誉情况和银行的利率水平提供参考利率。

由于无准入门槛、无行业标准、无机构监管，对 P2P 网贷还没有严格意义上的概念界定，其运营模式尚未完全定型。目前已经出现了以下几种运营模式：一是纯线上模式，此类模式典型的平台有拍拍贷、合力贷、人人贷(部分业务)等，其特点是资金借贷活动都通过线上进行，不结合线下的审核。通常这些企业采取的审核借款人资质的措施有通过视频认证、查看银行流水账单、身份认证等。第二种是线上线下结合的模式，此类模式以翼龙贷为代表。借款人在线上提交借款申请后，平台通过所在城市的代理商采取入户调查的方式审核借款人的资信、还款能力等情况。另外，以宜信为代表的债权转让模式现在还处于质疑之中，这种模式是公司作为中间人对借款人进行筛选，以个人名义进行借贷之后再将债权转让给理财投资者。

从 P2P 的特点来看，其在一定程度上降低了市场信息不对称程度，对利率市场化将起到一定的推动作用。由于其参与门槛低、渠道成本低，在一定程度上拓展了社会的融资渠道。但从目前来看，P2P 网贷暂时很难撼动银行在信贷领域的霸主地位，无法对银行造成根本性冲击。

P2P 针对的主要还是小微企业及普通个人用户，这些大都是被银行“抛弃”的客户，资信相对较差、贷款额度相对较低、抵押物不足，并且因为央行个人征信系统暂时没有对 P2P 企业开放等原因，造成 P2P 审贷效率低、客户单体贡献率小，以及批贷概率低等现状，并且很多异地的信用贷款，因为信贷审核及催收成本高的原因，不少 P2P 平台坏债率一直居高不下。

据网贷之家不完全统计，目前全国活跃的 P2P 网贷平台大约在 800 家左右。从目前整体 P2P 行业来看，先进入者因为有一定的知名度及投资者积累，相对大量的投资者来说，更多的是缺乏优质的信贷客户；而对于一些新上线的平台，因为缺少品牌知名度及投资者的信任，或者被迫选择一些虚拟的高利率的标的来吸引投资者，或者是依托线下合作的小贷、担保公司资源将一些规模标的进行资金规模或者时间段的分拆，以便尽快形成一定的交易量，争取形成良性循环。

P2P 网贷平台还处于培育期，用户认知程度不足、风控体系不健全，是 P2P 行业发展的主要障碍。少数平台跑路的信息也给行业带来了不好的影响，其大都是抱着捞一把就跑的心态，在平台上线不长的时间内依靠高回报率骗取投资人的资金，而很少是因为真正的经营不善而倒闭的。因此，不能因为少数害群之马的恶劣行为来彻底否定一个行业，而是要在逐步建立备案制以及相关资金监管的同时，加大对真正违法诈骗的行为进行严厉打击。

随着互联网金融的火爆，创业热情的高涨，众多的 P2P 网贷平台若想在竞争中取胜，一方面是要积累足够的借、贷群体，另一方面则要建立良好的信誉，保证客户的资金安全。随着对 P2P 平台的监管加强，平台资金交由银行托管，平台本身不参与资金的流动是必然趋

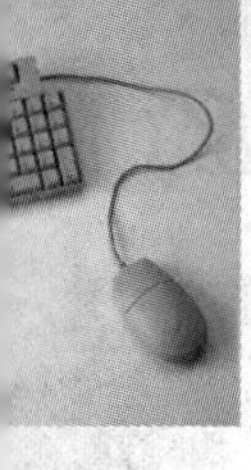

势。另外,与第三方支付平台和电商平台合作利用互联网积攒的大数据来识别风险,以及各家 P2P 网贷平台共享借贷人信息,建立一个全国性的借款记录及个人征信都将是 P2P 网贷的发展方向,并将进一步加快利率市场化的步伐。

三、大数据金融

大数据金融是指集合海量非结构化数据,通过对其进行实时分析,可以为互联网金融机构提供客户全方位信息,通过分析和挖掘客户的交易和消费信息掌握客户的消费习惯,并准确预测客户行为,使金融机构和金融服务平台在营销和风控方面有的放矢。基于大数据的金融服务平台主要指拥有海量数据的电子商务企业开展的金融服务。

大数据的关键是从大量数据中快速获取有用信息的能力,或者是从大数据资产中快速变现的能力,因此,大数据的信息处理往往以云计算为基础。目前,大数据服务平台的运营模式可以分为以阿里小额信贷为代表的平台模式和京东、苏宁为代表的供应链金融模式。

阿里小贷以“封闭流程+大数据”的方式开展金融服务,凭借电子化系统对贷款人的信用状况进行核定,发放无抵押的信用贷款及应收账款抵押贷款,单笔金额在 5 万元以内,与银行的信贷形成了非常好的互补。阿里金融目前只统计、使用自己的数据,并且会对数据进行真伪性识别、虚假信息判断。阿里金融通过其庞大的云计算能力及数十位优秀建模团队的多种模型,为阿里集团的商户、店主时时计算其信用额度及其应收账款数量,依托电商平台、支付宝和阿里云,实现客户、资金和信息的封闭运行,一方面有效降低了风险因素,同时真正地做到了一分钟放贷。

京东商城、苏宁的供应链金融模式是以电商作为核心企业,以未来收益的现金流作为担保,获得银行授信,为供货商提供贷款。大数据能够通过海量数据的核查和评定,增加风险的可控性和管理力度,及时发现并解决可能出现的风险点,对于风险发生的规律性有精准的把握,将推动金融机构对更深入和透彻数据进行分析的需求。虽然银行有很多支付流水数据,但是各部门不交叉,数据无法整合,大数据金融的模式促使银行开始对沉积的数据进行有效利用。大数据将推动金融机构创新品牌和服务,做到精细化服务,对客户进行个性定制,利用数据开发新的预测和分析模型,实现对客户消费模式的分析,以提高客户的转化率。

大数据金融模式广泛应用于电商平台,以对平台用户和供应商进行贷款融资,从中获得贷款利息以及流畅的供应链给企业带来收益。随着大数据金融的完善,企业将更加注重用户个人的体验,进行个性化金融产品的设计。未来,大数据金融企业之间的竞争将存在于对数据的采集范围、数据真伪性的鉴别以及数据分析和个性化服务等方面。

四、众筹

众筹大意为大众筹资或群众筹资,是指用“团购+预购”的形式,向网友募集项目资金的模式。

众筹本意是利用互联网和 SNS 传播的特性,让创业企业、艺术家或个人对公众展示他们的创意及项目,争取大家的关注和支持,进而获得所需要的资金援助。

众筹平台的运作模式大同小异——需要资金的个人或团队将项目策划交给众筹平台,经过相关审核后,便可以在平台的网站上建立属于自己的页面,用来向公众介绍项目情况。

众筹的规则有三个:一是每个项目必须设定筹资目标和筹资天数;二是在设定天数内,达到目标金额即成功,发起人即可获得资金;项目筹资失败则将已获资金全部退还支持者;三是众筹不是捐款,所有支持者一定要设有相应的回报。众筹平台会从募资成功的项目中抽取一定比例的服务费用。此前不断有人预测众筹模式将会成为企业融资的另一种渠道,对于国内目前IPO闸门紧闭,企业上市融资之路愈走愈难的现状会提供另一种解决方案,即通过众筹的模式进行筹资。但从目前国内实际众筹平台来看,因为股东人数限制及公开募资的规定,国内更多的是以"点名时间"为代表的创新产品的预售及市场宣传平台,还有以"淘梦网"、"追梦网"等为代表的人文、影视、音乐和出版等创造性项目的梦想实现平台,以及一些微公益募资平台。

互联网知识型社群试水者——罗振宇作为自媒体视频脱口秀《逻辑思维》主讲人,其2013年8月9日,5000个每人200元的两年有效期会员账号,在6小时内一售而空,也称得上众筹模式的成功案例之一,但很难具有一定的复制性。

自2013年中期以来,以创投圈、天使汇为代表的一批针对种子期、天使期的创业服务平台,以一种"众投"的模式进入人们的视野,并很好地承接了对众筹本意的理解,但是因为项目优劣评判的困难、回报率的极为不确定性,目前仅仅停留在少量天使投资人、投资机构及少数投资玩票的人当中,涉及金额也相对较小。

与热闹的P2P相对,众筹尚处于一个相对静悄悄的阶段。目前国内对公开募资的规定以及特别容易踩到非法集资的红线的现状。使得众筹的股权制在国内发展缓慢,很难在国内做大做强,短期内对金融业和企业融资的影响非常有限。从行业发展来看,目前众筹网站的发展要避免出现当年团购网站由于运营模式和内容上的千篇一律,呈现出一窝蜂地兴起,而又一大片地倒下的局面。这就要求众筹网站的运营体现出自身的差异化,凸显出自身的垂直化特征。

五、信息化金融机构

所谓信息化金融机构,是指通过采用信息技术,对传统运营流程进行改造或重构,实现经营、管理全面电子化的银行、证券和保险等金融机构。金融信息化是金融业发展趋势之一,而信息化金融机构则是金融创新的产物。从金融整个行业来看,银行的信息化建设一直处于业内领先水平,不仅具有国际领先的金融信息技术平台,建成了由自助银行、电话银行、手机银行和网上银行构成的电子银行立体服务体系,而且以信息化的大手笔——数据集中工程在业内独领风骚。

目前,一些银行都在自建电商平台,从银行的角度来说,电商的核心价值在于增加用户粘性,积累真实可信的用户数据,从而银行可以依靠自身数据去发掘用户的需求。建行推出"善融商务"、交行推出"交博汇"等金融服务平台都是银行信息化的有力体现。工行的电商平台也在2014年上线,作为没有互联网基因的银行一拥而上推广电商平台,目的何在?从经营模式上来说,传统的银行贷款是流程化、固定化,银行从节约成本和风险控制的角度更倾向于针对大型机构进行服务,通过信息技术,可以缓解甚至解决信息不对称的问题,为银行和中小企业直接的合作搭建了平台,增强了金融机构为实体经济服务的职能。但更为重要的是,银行通过建设电商平台,积极打通银行内各部门数据孤岛,形成一个"网银+金融超

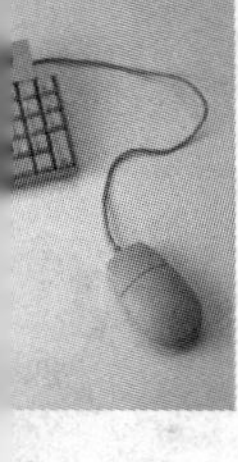

市＋电商”的三位一体的互联网平台，以应对互联网金融的浪潮及挑战。

信息化金融机构从另外一个非常直观的角度来理解，就是通过金融机构的信息化，使得汇款不用跑银行、炒股不用去营业厅、电话或上网可以买保险，虽然这是人们现在已经习以为常的生活了，但这些都是金融机构建立在互联网技术发展基础上，并进行信息化改造之后带来的便利。未来，传统的金融机构在互联网金融时代，更多的是如何更快、更好地充分利用互联网等信息化技术，并依托自身资金实力雄厚、品牌信任度高、人才聚焦、风控体系完善等优势，作为互联网金融模式的一类来应对非传统金融机构带来的冲击，尤其是思维上、速度上的冲击。

六、互联网金融门户

互联网金融门户是指利用互联网进行金融产品的销售以及为金融产品销售提供第三方服务的平台。它的核心就是“搜索＋比价”的模式，采用金融产品垂直比价的方式，将各家金融机构的产品放在平台上，用户通过对比挑选合适的金融产品。

互联网金融门户多元化创新发展，形成了提供高端理财投资服务和理财产品的第三方理财机构，提供保险产品咨询、比价、购买服务的保险门户网站等。这种模式不存在太多政策风险，因为其平台既不负责金融产品的实际销售，也不承担任何不良的风险，同时资金也完全不通过中间平台。目前在互联网金融门户领域针对信贷、理财、保险、P2P 等细分行业分布有融 360、91 金融超市、好贷网、银率网、格上理财、大童网、网贷之家等。互联网金融门户最大的价值就在于它的渠道价值。

互联网金融分流了银行业、信托业、保险业的客户，加剧了上述行业的竞争。随着利率市场化的逐步到来，随着互联网金融时代的来临，对于资金的需求方来说，只要能够在一定的时间内，在可接受的成本范围内，具体的钱是来自工行也好、建行也罢，还是 P2P 平台还是小贷公司，抑或是信托基金、私募债等，已经不是那么重要。融资方到了融 360、好贷网或软交所科技金融超市时，用户甚至无须像在京东买实物手机似的，需要逐一地浏览商品介绍及详细地比较参数、价格，而是更多地将其需求提出，反向进行搜索比较。因此，当融 360、好贷网、软交所科技金融超市这些互联网金融渠道发展到一定阶段、拥有一定的品牌以及积累了相当大的流量，成为了互联网金融界的“京东”和“携程”的时候，就成为了各大金融机构、小贷、信托、基金的重要渠道，掌握了互联网金融时代的互联网入口，引领着金融产品销售的风向标。

综述以上六大模式，由于互联网金融正处于快速发展期，目前的分类也仅仅是一个阶段的粗浅分类，即使在将电子货币、虚拟货币归入第三方支付这一模式之后，六大模式也无法包容诸如比特币等新兴互联网金融创新产物。整体来说，互联网金融的出现不仅弥补了以银行为代表的传统金融机构服务的空白，而且提高了社会资金的使用效率，更为关键的是将金融通过互联网而普及化、大众化，不仅大幅度降低了融资成本，而且以人文本，更加贴近百姓。它对金融业的影响不仅仅是将信息技术嫁接到金融服务上，推动金融业务格局和服务理念的变化，更重要的是完善了整个社会的金融功能。互联网金融的发展壮大给银行业带来了一定冲击，但也为基金公司、证券公司、保险公司、信托公司等带来了新机遇。

随着互联网金融沿上述六大模式的方向深入发展，其将进一步推动金融脱媒，挑战传统金融服务的方式方法，改变金融业内各方的地位和力量对比。互联网金融世界瞬息万变，正在进行的是一场金融革命，一切的一切还都是未知数，其具体形式也会不断地丰富和完善，但毫无疑问的是，互联网金融正在以摧枯拉朽之势改变传统的金融模式。

第三节 互联网金融发展趋势

一、从互联网金融发展到物联网金融

如今互联网金融还只是停留在结构化数据和非结构化数据的阶段，仅仅是由线下到线上的整合，缺乏用户体验。而物联网是互联网的延伸与扩展，且物联网发展的核心是用户体验，它包括互联网以及互联网上的所有资源，兼容互联网所有的应用，并且物联网中所有的元素都是根据用户需求实现物品的个性化和私有化的。借助于物联网在用户体验上的优势，由现在互联网金融以平台为主的模式向物联网金融转变或许是互联网金融的下一个发展阶段。

物联网金融实质上是对现在互联网金融的“去线下化”，建立一个纯线上模式的金融体系。比如现在互联网金融中的保险，目前线上保险只有车险和消费险等简单的险种，对于复杂的人寿保险要求投保人在投保前出具体检报告，这只能在线下完成，纯线上化几乎是不可能。但是物联网环境中一切物质均可以被量化。例如设计出一个盒子，用这个盒子采集人类唾液并分析基因就可以直接判断出这个人的发病概率。这一功能就可以直接应用到人寿险上，从而免去了线下投保人与保险人见面的过程。

在供应链金融领域，物联网技术可以使供应链实现透明化，对供应链上货物的生产流通等所有环节进行实时的监控、跟踪、定位和双向追溯。借助物联网技术和金融信息化技术开展供应链融资与信贷业务，可以开拓供应链融资业务新局面，全面提升金融业务监管水平，确保供应链融资安全。

另外，物联网在用户体验上的优势同样可以运用到互联网金融产品的设计上。物联网是人与物的结合，对于用户习惯的收集与量化可以帮助金融机构设计出适合用户特性的个性化金融产品。互联网金融在用户体验上和产品设计上的不足也会因此得到改善。

互联网金融是物联网金融的基础，物联网金融是互联网金融的延伸。物联网，既把互联网延伸到物理世界，同时又可以把互联网金融的服务广泛延伸到专业智能的物联网。

二、第三方支付公司由支付结算功能转变为多元化金融服务

随着我国电子支付产业近些年来的深入发展，支付企业呈现出两个方向的布局，例如以支付宝、财付通为代表的用户粘性平台的依靠电子商务网站的发展模式，以快钱为代表的开放式平台的独立于电子商务网站的发展模式。两大模式的企业都在不断丰富自身业务类型，探索与其他行业合作的方式。未来，随着平台上企业的不断壮大以及第三方支付公司资金、人才的积累，第三方支付公司必将参与到企业的现金管理、供应链管理和管理咨询等领域。

从业务模式转型看，第三方支付行业的发展将出现多元化发展的模式。第三方支付在

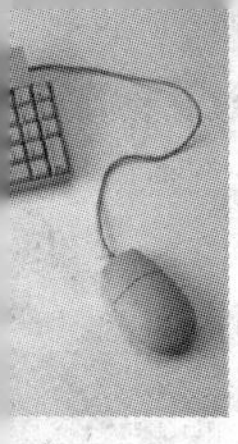

提供其支付和清算等基本服务的同时，在增值服务方面也呈现出多元化趋势。除了现有的行业定制化解决方案服务，第三方支付也在不断地拓展与企业合作的新模式。

首先，支付与金融相结合。具体来讲，随着支付牌照的陆续发放和第三方支付技术、运营及安全系统的不断完善，第三方支付企业围绕核心企业的资金现结、赊销和预付等常见支付形式，以其信誉作为担保为一些企业提供融资授信业务，开发供应链金融服务。同时在理财方面，余额宝的成功为第三方支付企业与基金理财产品的成功合作开辟了新途径。

其次，支付与财务管理相结合，支付公司通过与财务管理软件企业合作，把支付服务嵌入到财务管理服务中，为广大中小企业提供资金支付服务的同时，提升了财务管理水平和效率。

另外，支付与营销结合，第三方支付公司拥有庞大的客户信息，包括交易、支付、结算、现金流动等，依托企业集团资源和用户资源，在支付的基础上为客户提供营销增值服务，成为支付企业的又一创新。在服务行业方面，第三方支付未来将主要向基金、保险、教育等行业扩展，如今已有13家第三方支付企业获得了基金第三方支付结算牌照，这为第三方支付进入基金行业提供了准入证。随着保险业和教育等行业向互联网方向的发展，第三方支付也将针对这些行业特点制定相应的支付解决方案，充实其多元化的服务。发展多元化金融的模式有助于第三方支付公司获得协同效应，从而提高资金流转的效率，使得第三方支付公司获得更多的增值收入。

三、形成互联网金融门户网站的C2B模式

互联网金融门户网站的核心是客户，随着人们收入的提高，客户对金融产品的多元化需求越来越高。未来金融产品的多元化与专业化、满足客户体验的程度将是互联网金融门户网站的核心竞争力。

现有互联网金融门户网站的模式为B2C。未来依托于大数据、云计算等技术的进步发展，门户网站将会对客户行为、习惯、需求进行数据分析，从而使金融机构为客户量身设计金融产品。类似于Netflix创作《纸牌屋》的模式，运用大数据方式先确定客户需求再设计产品。从而形成互联网金融门户网站的C2B模式。

C2B模式强调消费者的主导性和以消费者为中心的特点。这种模式的核心是通过聚合对某一商品有相同需求的庞大的用户形成一个强大的采购集团，并凭借数量较大的采购规模，对商家提供的商品形成议价优势，使消费者享受到以大批发商的价格购买单件商品的利益。

然而，倘若互联网金融企业真正想根据用户需求设计个性化金融产品，服务成本与资金门槛便成了阻碍。这也是为何根据客户需求推出定制化金融服务的私人银行未能形成规模的原因。尽管私人银行客户带来的利润很高，但服务体系的成本也不容小觑。目前互联网金融的客户群体中极低净值人群很广。如果金融服务的成本提高，势必会过滤掉这部分人群。因此，怎样控制C2B模式的运营成本将成为互联网金融向C2B发展的重心。

另外，理财产品的发行仍然需要接受政策监管，互联网金融能否顺利发展到C2B为客

户提供定制化金融产品与服务也会受到政策监管的约束。而且，互联网创新理财产品又是一个新事物，没有经过大量实践的证明，因此，风险的不可预知性也将制约互联网金融向C2B发展的进程。

因此，形成互联网金融门户网站的C2B模式是互联网金融的发展趋势，但同时，互联网金融企业需要注意金融服务成本的控制、政策监管的约束及风险的管理。

四、P2P中期仍需保持线上线下结合模式

线上模式虽然能通过数据建模进行审核的方式节省人力成本，但是基于我国征信体系不健全的前提，对借款人的了解仅限于其提供的资料，因此纯线上信用审核的可靠性较低、风险控制模式不成熟。据中国电子商务研究中心数据表明，大部分纯线上模式的P2P平台业务逾期率高达10%，坏账率高于5%。业务的收益不能覆盖成本，纯线上模式的拍拍贷获得红杉资本的风险投资才能得以为继。同时，对于急需金融服务但被排除在银行覆盖之外的边远地区、弱势群体，往往也被互联网排除在外，他们大多数并不拥有电脑或者智能手机，这一部分人的贷款需求只能通过线下平台来解决。

另外，从投资者的习惯和风险偏好来说，中国金融市场相对于英美等国仍旧要偏向于保守。纯线上模式的信用审核方式不符合大多数投资者的理财习惯。这也是英美等国能够正常运作线上模式，而中国线上模式发展缓慢的原因。因此，尽管线上P2P发展迅速，但纯线上的P2P模式在中国发展得并不顺利，而在中国扎根已久的线下模式也不可能很快就被线上模式所替代。由此可以预测，在中国信用体系健全之前，纯线上模式可能会随市场的发展而消亡，而“线上＋线下”的模式将会成为市场主导。

五、货币虚拟化

货币虚拟化是指货币不再以纸币的形式存在，人们的交易将脱离纸币，虚拟货币逐渐取代现实生活中的纸币。如果虚拟货币形成了统一市场，各个公司之间可以互通互兑，那么从某种意义上来说虚拟货币就是通货。

近几年来，比特币的发展迅速，掀起了投资虚拟货币的热潮。比特币的发展可以看作未来虚拟货币的一个发展趋势，即虚拟货币逐渐向双向流通阶段过渡，并逐渐在现实和虚拟网络环境中替代纸币的作用。互联网金融不断演化发展是必然趋势，虚拟货币也将会成为在网络环境中的货币。就中国的各类虚拟货币而言，种类过于繁多，使得虚拟货币只能在某个特定的环境中使用。比如，Q币只能在腾讯公司体系内流通。百度的百度币也只可以在本公司使用。因此，中国虚拟货币在流通上存在着局限性，不方便用户在整个互联网环境内使用。在未来，现实社会中的金融体系有可能会出现在互联网金融行业内。不同种类的虚拟货币之间可以进行兑换，虚拟货币在整个互联网金融行业内实现通兑。当通兑出现后，虚拟货币的流通性会大大加强，互联网金融行业的运行效率同样会增强。在发行量上，央行等政府监管部门也会逐渐介入其中，虚拟货币同样会出现类似央行一样的监管部门。不同国家之间的虚拟货币兑换与汇率挂钩，虚拟货币也会像现在的比特币一样在全球范围内流通。

同时，虚拟货币在线下的支付作用也会得以实现。人们在现实生活中的支付会脱离现

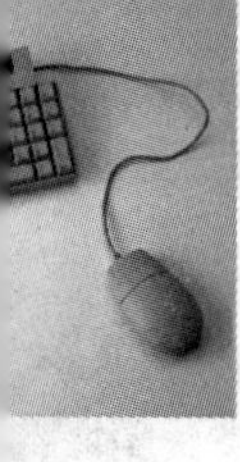

金,虚拟货币同样会具有购买的功能。

无论是过去互联网的发展,还是如今互联网金融的热潮,都是源于人们对效率以及便捷的追求。虚拟货币在互联网金融体系内的工具作用会伴随着互联网金融的发展而不断进化升级,成为互联网金融体系内不可或缺的一部分。

一、简答题

1.互联网金融的概念及其特点是什么?

2.互联网金融产生的理论基础是什么?

3.互联网金融的模式有哪些?

4.互联网金融发展过程中所面临的风险及相应风险防范措施有哪些?

5.互联网金融和物联网金融二者之间有什么关系?

6.中国线上模式发展缓慢的原因是什么?

7.就目前来讲,第三方支付只是具备支付结算功能吗?

二、案例分析题

互联网金融对商业银行的影响

如果把2013年定义为互联网金融的元年,那么2014年无疑是互联金融起承转合的关键年。进入2014年,互联网金融爆发出了强劲的成长力,在加速资本流动、改善配置效率的同时,也加剧了金融市场的竞争。如果说,加入WTO没有给商业银行带来大的外部冲击的话,那么,互联网金融则会从内部倒逼商业银行改革。正如马云所言,"如果银行不改变,我们就改变银行"。

可以说,互联网金融不仅在渠道上影响商业银行的产品和服务,而且变革着银行的融资渠道,给商业银行注入了新鲜血液。互联网与金融的高度融合,适应了当前信息技术发展的趋势,有利于促进金融改革和发展,对商业银行而言,其影响有冲击的一面,也有促进的一面。

(一)弱化商业银行的支付功能

互联网金融打破了时间和空间的限制,相当程度上影响商业银行的支付中介地位。目前,支付宝、财付通和快钱等能够为客户提供转账汇款、代购机票与火车票、信用卡还款、代缴燃气、水、电费与保险等结算和支付业务,并已经占有相当的份额,对商业银行形成了明显的替代效应。随着互联网和电子商务的发展,第三方支付平台交易量和流通量越来越大,涉及的用户越来越多,第三方支付俨然成为一个庞大的金融产业,商业银行的支付功能被进一步弱化。

(二)加速商业银行的金融脱媒

金融脱媒使资金供给绕开商业银行体系,直接输送给需求方和融资者,完成资金的体外循环。在传统金融业务往来中,主要由银行充当资金中介。在互联网金融模式下,互联网企业为资金供需双方提供了金融搜索平台,充当了资金信息中介的角色,这将加速金融脱媒,使商业银行的资金中介功能边缘化。

(三)互补商业银行的信贷业务

基于对企业审核要求的限定和规避风险等原因,小微企业往往难以获得商业银行的贷款支持。而互联网金融凭借数据信息的优势,可以直接向供应链、小微企业提供贷款支持。例如,专注于小微企业融资服务的阿里小贷,开发了订单贷款、信用贷款等微贷产品,客户从申请贷款到贷款审批、获贷、支用以及还贷,整个环节完全在线上完成,零人工参与。商户申请时间只要3分钟,贷款到账只要1秒钟。截至2014年10月,已累计为超过80万家的中小企业提供融资服务,贷款总额超过2000亿元。与此同时,受益于对消费者行为与偏好的精确把握,阿里小贷的不良率略低于商业银行的平均水平。互联网金融把排除在传统银行体系之外的客户串联了起来,对商业银行的信贷业务空白进行了覆盖,起到了拾遗补缺的作用,这无疑对商业银行的影响是积极的、有利的。

(四)促进商业银行的产业创新

互联网与金融的融合,带来了金融的民生化和个性化。商业银行更加致力于产业创新,以产品驱动的销售型向以客户需求为中心的资产配置、风险收益配比的服务型转变,从传统的代销角色向资产管理的集成转变。互联网金融利用互联网技术,将金融产品“关注用户体验”、“致力界面友好”等设计理念发挥得淋漓尽致。商业银行在产品不断推陈出新的过程中,更加注重客户体验,“以客户为中心”的理念不再是一句空洞的口号。商业银行应对“余额宝”纷纷推出银行系宝宝类余额理财产品;应对“P2P网贷”,商业银行也低调试水网络信贷,“小企业E家”、“开鑫贷”、“小马bank”等应运而生;应对第三方支付,商业银行更是推出银行系电商平台,依托自身强大的信用体系,融资金流、信息流和物流为一体,为客户提供信息发布、交易撮合,形成从支付、托管、担保到融资的全链条服务。正是互联网企业对商业银行的“搅局”,使得商业银行被迫“触网”,寻找自己在互联网金融形势下新的坐标,促进产业的升级和创新。

互联网金融不是互联网和金融业的简单结合,而是互联网的开放性与传统金融高度整合的产物。商业银行借鉴互联网“开放、平等、协作、分享”精神,不断拓展金融服务的广度和深度,从积极的角度看,互联网金融的“鲶鱼效应”促进了商业银行服务、产品、经营的加速创新。通过互联网工具,使得金融业务具备透明度更强、参与度更高、协作性更好、中间成本更低、操作上更便捷的特征。今天的互联网金融实际上是中国特色的金融体系创新,是一种金融业态,是未来我国金融体系不可或缺的组成部分。互联网金融正在以新的基因渗透到传统金融领域使其产生大的变革。互联网金融对商业银行的影响来说,不是颠覆,也不是补充,而是最典型的融合。

(资料来源:东北新闻网. 编选:中国电子商务研究中心. 2014-11-13.)

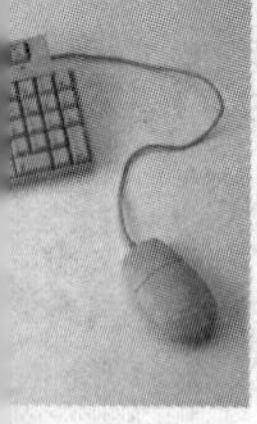

【思考题】

根据案例，谈一谈“互联网金融”主要包括哪些模式，这些模式对我国传统金融会带来哪些方面的影响？作为商业银行，面对互联网金融的挑战应如何进行创新？

安全篇

第九章 电子支付安全

便捷还是安全——电子支付的博弈将何去何从?

2014 年 3 月 13 日,反映中国经济发展晴雨表的金融行业爆出了一条新闻:央行发文暂停二维码支付业务和虚拟信用卡业务。这看似央行众多监管业务中的一个普通文件,但却是改革开放以来,国有银行第一次向来自市场上强劲对手的正面回击!

无独有偶,央行数日之后紧接再下一道文件,要求八家第三方支付机构从 4 月 1 日起,停止在全国范围内接入新商户,另有两家支付机构被要求限期自查。仿佛一夜间,百花齐放的电子支付行业被冻结了。顿时,众议纷纭。

以传统金融系统为主体的一方拍手叫好。因为他们认为,二维码在国际国内总体上有关技术、业务模式尚无统一的标准,必然会存在一定风险隐患。而虚拟信用卡发卡流程缺少面签审核环节,存在冒名办卡情况,对实名制度将产生较大冲击。发文暂停是对客户金融安全的高度负责。

以新兴产业企业为主体的一方则认为,互联网金融和移动支付以其便捷性和低成本,正成为国际国内发展趋势。央行利用行政职权扼杀金融创新,阻挡了合理的市场竞争和发展潮流。

安全和便捷之争

从业界分析员看,金融安全和便捷之争不仅仅是行业间普通的价值竞争,也是中国存留的计划经济与市场新经济的碰撞。

从发达国家的电子支付发展经验看,电子支付的诈骗并非中国独有。2001 年,美国因在线信用卡欺诈造成无法追回的货币损失达 7 亿美元。中国信用卡诈骗也以亿元为计算单位,数额不可小觑。加上洗钱等国家金融风险,安全问题是传统银行业务事实上的第一准则。

除了深层次的国家安全问题,银行间业务竞争也把便捷性摆到了重要地位。随着银行业中间业务以及创新支付模式的发展,便捷性让银行电子支付的交易规模和利润大幅增加,并反过来冲抵了一定的坏账风险。

对处于初步规模阶段的中国电子支付行业而言,目前在安全性和便捷性上谁更重要呢?

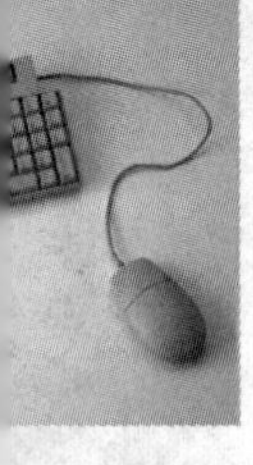

其取舍比较困难，矛盾也比较突出。业界分析人士直言：目前的双方角力，其实是各自根本利益的大冲撞，互联网金融等正抢食传统银行业存贷差业务高利润的大奶酪！

因此，央行的“禁、限、停”文件也可以看作是银行业自我利益的保护行为。更有评论指出，这仅仅是开始，互联网金融的发展必将倒逼中国银行业深化改革。

谁将主导电子支付的未来发展

业界普遍认为，互联网经济的扁平化模式将把火从传统制造业，逐步烧到其他利润率较高的行业，而银行业也不能幸免。但银行业作为中国经济发展的核心行业，就那么容易被新经济征服吗？

传统金融阵营具有强大的品牌信誉优势，其长期经营的营业网点和电子支付网点遍布全国。20多年来，在各大国有民营银行、联合管理组织（如银联）、上下游龙头企业（如联迪商用等）之间积累了大量安全、保密经验，服务链稳定。而基于新型支付方式的第三方支付企业及互联网金融阵营借助网络对客户的对接和覆盖面空前强大，并以其高效、快捷极大地降低了运营成本，具有极强的杀伤力。两大阵营各自优势非常明显，其竞争的核心就是资金的争夺。

谁将主导电子支付的未来发展呢？其深层驱动者是客户！

“哪里安全就把钱放到哪里，哪里挣得多就把钱放到哪里”，这就是客户的选择。

在银行同业之间，哪家银行快、利益高，客户就会把钱存到哪家；哪家第三方支付公司、互联网金融企业的支付手段更安全、合法，客户就会把钱存到哪家——这就是市场细分充分竞争的必然规律。这个规律也会驱动电子支付安全和便捷之间的互相融合，驱动传统金融和互联网金融业务之间的融合。

行业分析员认为：未来的出路不是非左即右，而是融合发展、循序渐进。

一方面，可以借鉴国外的思路，充分利用现有成熟的电子支付网点、设备、系统和安全的标准来发展第三方支付和互联网金融，特别是中国经历20年成熟发展的POS终端。以二维码应用为例，如将其与符合安全规范的POS终端整合，应有助于人行加快对于二维码安全应用的管控。另一方面，两大阵营应走到一起，互相合作，共同推动能实现共赢的发展模式。

（资料来源：思静. 赛迪网. 2014-04-22.）

第一节　电子支付安全概述

一、电子支付安全要求

目前电子商务工程正在全国迅速发展。实现电子商务的关键是要保证商务活动过程中系统的安全性，即应保证在基于因特网的电子交易转变的过程中与传统交易的方式一样安全可靠。从安全和信任的角度来看，传统的买卖双方是面对面的，因此较容易保证交易过程的安全性和建立起信任关系。但在电子商务过程中，买卖双方是通过网络来联系，由于距离的限制，因而建立交易双方的安全和信任关系相当困难。电子商务交易双方（销售者和消费者)都面临安全威胁。电子商务的电子支付安全主要体现在以下几方面。

(一)数据的保密性

因为网上交易双方的事,双方交易并不想让第三方知道他们之间的交易的具体情况,包括资金账号、客户密码、支付金额等网络支付信息。但由于交易是在因特网上进行的,在因特网上传送的信息是很容易被别人获取的,所以必须对传送的资金数据进行加密。传统的纸面贸易都是通过邮寄封装的信件或通过可靠的通信渠道发送商业报文来达到保守机密的目的。电子商务是建立在一个较为开放的网络环境上的,商业防泄密是电子商务全面推广应用的重要保障。

(二)数据的完整性

电子商务简化了贸易过程,减少了人为的干预,同时也带来维护商业信息的完整、统一的问题。由于数据输入时的意外差错或欺诈行为,可能导致贸易各方信息的差异。此外,数据传输过程中信息的丢失、信息重复或信息传送的次序差异也会导致贸易各方信息的不同。因此,电子商务系统应充分保证数据传输、存储及电子商务完整性检查的正确和可靠。

(三)信息数据的有效性、真实性

电子商务以电子形式取代了纸张,如何保证这种电子形式贸易信息的有效性和真实性则是开展电子商务的前提。电子商务作为贸易的一种形式,其信息的有效性和真实性将直接关系到个人、企业或国家的经济利益和声誉。

(四)信息数据的可靠性、鉴别性和不可否认性

可靠性要求即是能保证合法用户对信息和资源的使用不会被不正当地拒绝;不可否认要求即是能建立有效的责任机制,防止实体否认其行为;在网上进行交易的时候,必须先确定商店是否真实存在,付了钱能否拿到东西。商店和银行都要担心网上购物的是否是持卡人本人。

网上交易过程中,参加交易的各方,包括商户、持卡人和银行都必须能够认定对方身份。在网上交易中持卡人与商店通过网上传送电子信息来完成交易,也需要有使交易双方对每笔交易都认可的方法。参加交易的各方,包括商家、持卡人和银行必须采用措施能够对其支付行为的发生内容不可否认。在无纸化的电子商务方式下,通过手写签名和印章进行贸易方的鉴别已是不可能的。因此,要在交易信息的传输过程中为参与交易的个人、企业或国家提供可靠的标识。在因特网上每个人都是匿名的。原发送方在发送数据后不能抵赖;接收方在接收数据后也不能抵赖。

二、电子支付安全隐患

(一)来自银行合作单位的安全隐患

银行系统不断增加中间业务,增加服务功能,例如代收电话费、代收保险费、证券转账等

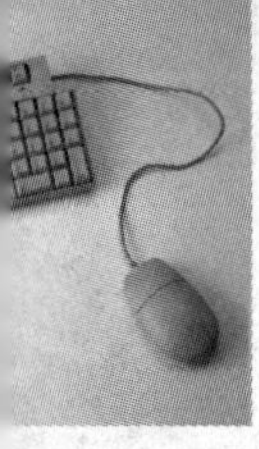

业务，因此就与电信局、保险公司、证券交易所等单位网络互联。由于银行与这些单位之间的信息系统业务不同，安全侧重点也有差异，使得银行网络系统存在着来自这些业务关联单位的安全威胁。

（二）来自不信任区域的安全隐患

大部分银行系统都发展到了全国联网。一个系统分布在全国各地，而且各级银行也都是独立核算单位，因此对每一个区域银行来说，其他区域银行都可以说是不信任的，同样存在安全隐患。

（三）来自互联网的安全隐患

电子支付系统可以通过互联网进行业务处理。银行系统网络与互联网相连，由于互联网自身的广泛性、自由性等特点，像银行这样的金融系统自然会被恶意的入侵者列入其攻击目标的前列。

（四）来自内部网的安全隐患

根据调查统计，在已经发生的安全事件中，70%的攻击是来自内部，因此内部的安全风险就更为严重。内部员工对网络结构、应用比较熟悉，自己攻击或者泄露重要信息、内外勾结，都可能成为导致系统受攻击的致命安全威胁。内部工作人员越权操作、违规操作或者其他不当操作，特别是系统管理员和安全管理员出现管理配置的操作失误，都可能会造成重大安全事件。

（五）管理安全的安全隐患

管理安全包括管理技术安全和管理制度安全两个基本方面。如果员工安全意识薄弱，单位安全管理体制不健全，就存在很大的管理安全风险。健全的安全管理体制是系统安全得以保障的关键因素。如果缺乏健全管理制度或者制度执行不力，会给员工违规和犯罪留下漏洞。

三、电子支付面临的安全风险

电子支付逐渐成为人们商务活动和经济生活的新模式，电子支付的方式逐渐被人们接受，因此电子支付的安全问题逐渐成为人们关注的焦点。基于开放性信息互联技术的电子支付系统具有一些漏洞，为非法获取、非法篡改、破坏服务提供了可能。IATF(information assurance technical framework)将利用漏洞非法获取、篡改和毁坏信息服务的行为称为威胁。这个威胁就是信息安全面临的问题域。IATF将威胁分类为：主动型、被动型、内部型、接触型和发布型。当然还有一个方面，即社会工程型，由于IATF是关注技术方面的，所以没有考虑，不过在其他的安全规范中对其有所提及。电子支付面临的安全风险主要有以下几方面。

(1)以非法手段窃取信息或者对信道信息进行破译分析，使机密的数据内容泄漏给未被授权的用户，例如口令猜测、窃听、侦听等。

(2)篡改、删除、插入数据或者数据传输中出现错误、丢失、乱序，都可能导致数据的完整性被破坏，例如对基础设施的损坏、破坏数据库、截取数据包等。

(3)伪造信息或者假冒合法用户的身份进行欺骗、伪造地址、进行非法连接、占有或者支配合法用户的资源，非法用户截获合法用户的信息，然后传送给接收者。

(4)抵赖交易行为，否认交易结果。

(5)延迟消息的传送或者重放消息。

(6)系统安全漏洞、网络故障、病毒、蠕虫等导致的系统破坏。

(7)阻断服务，非法用户阻止系统资源的合法管理和使用。

(8)社会工程也是一种攻击行为，是攻击者利用人际关系发出的攻击。通常攻击者如果没有办法通过物理入侵的办法直接取得所需要的资料时，就会通过电子邮件或者电话对所需要的资料进行骗取，再利用这些资料获取主机的权限以达到其攻击的目的。

(9)管理风险，电子支付作为一个软硬件集成的有机整体，除了采用一些安全技术手段来保护其安全外，还需要对其进行有效的安全管理，如果管理不当，再好的安全措施也形同虚设。

(10)其他风险，其他可能危及电子支付中信息和系统安全的风险，也是需要考虑的问题。

安全威胁可能引发的后果有：非法使用资源、恶意破坏数据、数据窃取、数据篡改等。种种后果对电子支付的各方，其损失都是不可估量的，必须将风险防患于未然。

第二节　电子支付安全技术概述

无论在计算机上存储、处理和应用，还是在通信网络上传输，信息都可能被非授权访问而导致泄密，被篡改破坏而导致不完整，被冒充替换而导致否认，也可能被阻塞拦截而导致无法存取。这些破坏可能是有意的，如黑客攻击、病毒感染，也可能是无意的，如操作失误、程序错误等。

计算机网络安全是电子支付安全的基础，一个完整的电子支付系统应建立在安全的网络基础设施之上。网络安全技术所涉及的方面比较多，如操作系统安全、防火墙技术、虚拟专用网(virtual private network, VPN)技术和入侵检测技术、漏洞检测技术、防病毒技术和加密技术等。为保证电子支付安全，需要采用各种加密技术和身份认证技术，从而创造一种值得信赖的电子支付环境。现实中，不同机构会采取不同的手段和方法来实现，这就要求有一种统一的标准来支持不同的方式，才能保证广泛的电子支付活动的顺利进行。

一、安全防范技术

电子支付系统的安全防护是一个立体的防护，需要采取多项安全措施，采用多种安全技术，这是一个长期的建设和维护过程。针对存在的各种威胁以及电子支付应用的需求，在保证计算机系统自身安全的前提下，利用防火墙保证电子支付系统内部网络的边界安全；通过虚拟专用网技术实现电子支付信息跨越公网的传输安全；建立入侵检测系统，将潜在的威胁扼杀在摇篮之中。

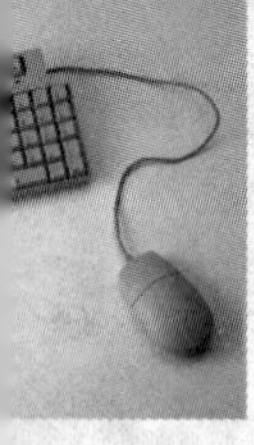

(一)防火墙技术

防火墙技术是通过对网络做拓扑结构和服务类型上的隔离来加强网络安全的手段，它的保护对象是网络中有明确闭合边界的一个网块，它的防范对象是来自被保护网块外部的威胁。所谓防火墙是综合采用适当技术在被保护网络周边建立的用于隔离被保护网络与外部网络的系统。防火墙技术适合在企业内部网中使用，特别是在企业内部网与公共网络互联时使用。

防火墙技术的实现是利用专用的安全软件、硬件以及系统的良好管理配置，对内外部网络之间往来的信息进行监督、控制和修改。防火墙事实上是一个访问控制系统，根据防御方式的不同，它可以分为三种：包过滤器、电路中继器、应用网关(或代理服务器)。

包过滤器通常在路由器上实现，工作在网络层，它按照一定的安全规则对进出的数据包进行分析以决定是否允许其通过。包过滤器的安全规则是静态的，因此系统的维护很麻烦，也使一些应用受到限制。另外，它工作在网络层，对高层信息无法理解，因而不能防范高层协议上的安全威胁。

电路中继器工作在传输层，它在内部连接和外部连接之间来回拷贝字节使连接似乎是起源于防火墙，从而隐藏了受保护网络的有关信息。电路中继器能保证用户安全使用基于TCP/IP通信协议上的应用软件，如WWW、Telnet等，而不需要传送协议层上的任何指令。它事实上是相关协议的代理，所有输入的连接在此结束，并被重新组成相对应的输出。它的缺陷是在使用它之前必须修改客户的应用软件。

应用网关工作在应用层，比电路中继器先进。它使两边的应用可以通过代理服务器互相通信，但它们不能穿过它进行通信，使得内部网络与外部网络之间不存在直接连接。它有更强的身份验证、日志及审计功能，大大提高了网络的安全性。代理服务器的缺点是需要为每个应用进行设计和编写软件，工作量较大。

网络对外部呈现的安全水平依赖于所用防火墙系统的体系结构。一般将防火墙系统的体系结构区分为以下几种：边界路由器，带有安全中间网络的边界路由器(筛选性子网、安全子网)，带信息包过滤器的双归宿防御主机，带电路中继器的双归宿防御主机，带应用网关的双归宿防御主机，带无防卫区域(DMZ)的双归宿防御主机和级联的双归宿防御主机。其中，简单的边界路由器提供最低保护，级联的双归宿防御主机提供最高保护。

防火墙技术有很多优点，但它不能防范网络内部的威胁，也不能保护网络免受病毒或其他一些方式(协议欺骗等)的攻击。因此，必须要结合其他技术和手段来提高网络的安全性。

(二)虚拟专用网技术

虚拟专用网指的是依靠ISP(Internet服务提供商)和其他NSP(网络服务提供商)，在公用网络中建立专用的数据通信网络的技术。在虚拟专用网中，任意两个节点之间的连接并没有传统专用网所需的端到端的物理链路，而是利用某种公众网的资源动态组成的。所谓虚拟，是指用户不再需要拥有实际的长途数据线路，而是使用Internet公众数据网络的长途数据线路。所谓专用网络，是指用户可以为自己制定一个最符合自己需求的网络。虚拟专用网是对企业内部网的扩展。

由于传输的是私有信息，因此，VPN 用户对数据的安全性非常关心，目前 VPN 主要采用四项技术来保证数据的安全传输：隧道技术（tunneling）、加解密技术（encryption & decryption）密钥管理技术（key management）、身份认证技术（authentication）。

加解密技术是数据通信中一项较成熟的技术，VPN 可直接利用的现有技术。密钥管理技术的主要任务是如何在公用数据网上安全地传递密钥而不被窃取。

身份认证技术最常用的是使用者名称与密码或卡片式认证等方式。

利用虚拟专用网的隧道技术、认证技术和加解密技术，能够在一种不可信、不安全的网络（如 Internet）上的两个单独实体之间建立一条安全的、私有的专用信道。虚拟专用网可以帮助远程用户、公司分支机构、商业伙伴及供应商同公司的内部网建立可靠的安全连接，并保证数据的安全传输。通过将数据流转移到低成本的公用网络上，一个企业的虚拟专用网解决方案将大幅度地减少用户花费在城域网和远程网络连接上的费用。同时，这将简化网络的设计和管理，加速连接新的用户和网站。另外，虚拟专用网还可以保护现有的网络投资。随着用户的商业服务不断发展，企业的虚拟专用网解决方案可以使用户将精力集中到自己的生意上，而不是网络上。

虚拟专用网的发展代表了互联网络今后的发展趋势，它综合了传统数据网络的安全和服务质量，以及共享数据网络结构的简单和低成本，建立安全的数据通道。虚拟专用网具有优异的性价比和网络部署的灵活性等特点，因此它是进行电子商务的一种十分理想的形式，而且它使用的隧道技术、加解密和认证技术可以大大提高电子商务的安全性。

（三）存取访问控制技术

在不同的计算机之间实现的资源共享带来了安全上的隐患。如果不实施一定的策略，所有的用户都可以对共享的资源进行任意的访问，这将对系统造成巨大的破坏。因此一个系统必须对用户访问其资源的权利（读、写、修改等）有所限制。防止访问者滥用系统中不属于其权利范围之内的资源而对其权利予以适当的规范，让访问者在适当的授权范围内可以任意地操作计算机的资源，这就是授权度，又称为存取访问控制。它是用来保护计算机资源免于被非法者故意删除、破坏或更改的一项重要措施。存取访问控制的本质就是对资源使用的限制。

为了有效地实现对资源的存取访问控制，需要制定一定的存取访问策略。存取访问策略是指一套规则，用以确定一个主体是否对客体拥有某种访问能力。存取访问控制策略有多种类型，大致可分为自主访问控制策略和强制访问控制策略两种。

自主访问控制策略是指由客体（如数据对象）自主地决定每个主体（如用户）对它的资源的访问权限。操作系统中的文件系统大都采用这种方式，因为自主访问控制策略比较适合操作系统的资源管理特性。但这种方式存在着一个缺点，它能够防止用户对资源的直接访问，但是却避免不了用户利用访问的传递性对资源的间接访问。例如用户 A 不能访问资源 R，但 A 可以访问 B，B 同时又能够访问资源 R，则 A 可以通过访问 B 来达到对 R 的访问目的。

强制访问控制策略是指通过主体（用户）和客体（数据对象）安全级匹配原则来确定该主体是否被允许存取该客体。强制访问控制策略支持授权机构。授权机构为主体和客体定义

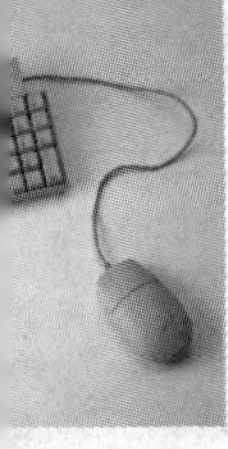

固定的访问属性，只有授权机构才能够修改这些访问权限。例如数据可以被划分为绝密、机密、秘密和一般等几种级别。用户的访问权限也类似的被划分。拥有一定级别的访问权限的用户只能访问级别低的数据。这样一来就不会产生访问传递的现象了。

常见的存取访问控制方式有：存取访问控制矩阵、存取访问控制表、口令方式等。访问控制矩阵的基本思想就是将所有的访问控制信息存储在一个矩阵中集中管理，使用关系数据库来表示控制矩阵。每个关系代表一个主体对每一个客体的访问权限。当主体发出访问某个客体的要求时，系统会在访问控制矩阵中查找主体行所对应的该客体列的值，以判断访问是否合法。访问控制表的基本思想是每个客体各自将能对自己访问的主体信息以列表的形式保存起来，当某个主体对客体进行访问时，根据该客体保存的信息来判断是否允许其访问及主体的访问权限。口令方式是指在主体访问客体时需要提供预先设置的口令。

在电子支付过程中，要采取适当的存取访问控制技术，以保证数据存取系统的安全，这是正常地进行电子支付的前提。

二、数据加密技术

加密技术是最基本的安全技术，是实现信息保密性的一种重要的手段，目的是为了防止合法接受者之外的人获取信息系统中的机密信息。所谓信息加密技术，就是采用数学方法对原始信息(即明文)进行再组织，使得加密后再在网络上公开传输的内容对于非法接收者来说称为无意义的文字(即密文)。而对于合法的接收者，因为其掌握正确的密钥，可以通过解密过程得到原始信息。

举一个最简单的加密例子——代换密码。代换密码就是将需要传输的数据信息使用另一种固定的数据进行代替。例如，将数字字符 0、1、2、3、4、5、6、7、8、9 分别使用 a、b、c、d、e、f、g、h、i、j 代替。如果要传输的明文信息为“2097”，则加密后在信道中传输的密文为“cajh”。

通常情况下，人们将可懂的文本称为明文，将明文变换成的形式不可懂的文本称为密文，把明文变换成密文的过程叫加密，其逆过程即把密文变换成明文的过程叫解密。密钥是用于加解密的一些特殊信息，它是控制明文与密文之间变换的关键，它可以是数字、词汇或语句。密钥分为加密密钥和解密密钥。完成加密和解密的算法称为密码体制。

目前，加密技术可以分为以下两类：对称加密(symmetric cryptography)与非对称加密(asymmetric cryptography)。在传统的密码系统中，加密用的密钥与解密用的密钥是相同的，密钥在保密通信中需要严密保护。在非对称加密系统中，加密用的密钥与解密用的密钥是不同的，加密用的密钥可以向大家公开，而解密用的密钥是需要保密的。

(一)对称加密技术

这种体系中加密密钥和解密密钥是相同的，或者加密密钥和解密密钥虽然不同，但可以从其中一个推导出另一个。如果进行通信的交易各方能够确保专用密钥在密钥交换阶段未曾发生泄露，则可以通过对称加密方法加密机密信息，并随报文发送报文摘要和报文散列值，来保证报文的机密性和完整性。

DES 采用传统的换位和置换的方法进行加密，在 56 比特密钥的控制下，将 64 比特明文块变换为 64 比特密文块，加密过程包括 16 轮的加密迭代，每轮都采用一种乘积密码方式

(代替和移位)。美国国家技术与标准委员会于 1977 年 7 月正式采用该算法作为美国数据加密标准。1980 年 12 月,美国国家技术与标准委员会正式采用整个算法作为美国的商用加密算法。

但是,随着计算机技术的发展和攻击者技术的提高,DES 已经变得不那么安全,攻击者在几个小时之内就可以解密由 DES 加密的文件。为此,美国国家技术与标准委员会于 1997 年开始向全世界征集新的数据加密标准。通过层层筛选,由比利时的两名密码学专家 Vinvent Rijmen 和 Joan Daemen 合作设计的 Rijindael 加密算法脱颖而出。美国国家技术与标准委员会于 2001 年 5 月正式宣布该算法为新的美国商用数据加密标准,并将其定名为 AES (Advanced Encryption Standard),以取代原来的 DES。AES 比 DES 的安全性要高很多,它的密钥长度分为 128bit、192bit 和 256bit 三种级别,他们分别被称为 AES-128、AES-192、WAES-256。即使是 AES-128,它可提供的密钥数也是 DES 可提供密钥数的 1021 倍。

对称加密技术具有加密速度快,保密度高等优点。但缺点同样明显:

(1)密钥是保密通信安全的关键,发信方必须安全、妥善地把密钥护送到收信方,不能泄漏其内容,如何才能把密钥安全地送到收信方,是对称密钥加密技术的突出问题。可见,此方法的密钥分发过程十分复杂,所花代价高。

(2)多人通信时密钥的组合数量会出现爆炸性的膨胀,使密钥分发更加复杂化,n 个人进行两两通信,总共需要的密钥数为 $n(n-1)/2$。

(3)通信双方必须持同一密钥,才能发送保密的信息。如果发信者与收信人是素不相识的,就无法向对方发送秘密信息了。

(二)非对称加密技术

非对称加密不同于对称加密,其密钥被分解为公开密钥和私有密钥。密钥对生成后,公开密钥以非保密方式对外公开,私有密钥则保存在密钥发布方手里。任何得到公开密钥的用户都可以使用该密钥加密信息发送给该公开密钥的发布者,而发布者得到加密信息后,使用与公开密钥相对应的私有密钥进行解密。

RSA 算法取自于它创始人的名字:Rivest、Shamirfi 和 Adleman,该算法于 1978 年最早提出,至今仍没有发现严重的安全漏洞。RSA 基于数学难题,即具有大素数因子的合数分解,数论经验表明,这个问题是难解的。RSA 使用两个密钥,一个是公钥,一个是私钥。在对称和非对称两类加密方法中,对称加密的突出特点是加密速度快(通常比非对称加密快 10 倍以上)、效率高,被广泛用于大宗数据的加密。但该方法的致命缺点是密钥的传输与交换也面临着安全问题,密钥易被截获,而且若和大量用户通信,难以安全管理大量的密钥,因此大范围应用存在一定问题。而非对称密钥则相反,很好地解决了对称加密中密钥数量过多、难管理及费用高的不足,也无需担心传输中私有密钥的泄露,保密性能优于对称加密技术。但非对称加密算法复杂,加密速度不很理想。目前,电子商务实际运用中常常是两者结合使用。

三、身份认证技术

身份认证是信息认证技术中十分重要的内容,它一般涉及两个方面的内容,一个是识

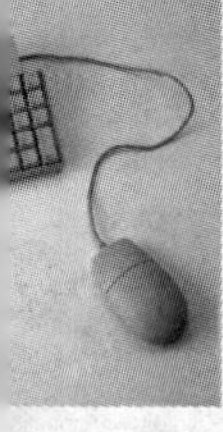

别，一个是验证。所谓识别，就是指要明确用户是谁。这就要求对每个合法的用户都要有识别能力。要保证识别的有效性，就需要保证任意两个不同的用户都具有不同的识别符。

所谓验证，就是指在用户声称自己的身份后，认证方还要对它所声称的身份进行验证，以防假冒。一般来说，用户身份认证可通过以下 3 种基本方式或其组织方式来实现。

（一）基于口令的身份认证

传统的认证技术主要采用基于口令的认证方法。系统为每一个合法用户建立一个用户名/口令对。当被认证对象要求访问提供服务的系统或使用某项功能时，提供服务的认证方要求被认证对象提交该对象的用户名和口令。认证方收到口令后，将其与系统中存储的用户口令进行比较，以确认被认证对象是否为合法的访问者。

然而，基于口令的认证方法存在下面几点不足：

(1)用户每次访问系统时都要以明文方式输入口令，这时很容易泄密。

(2)口令在传输过程中可能被截获。

(3)系统中所有用户的口令以文件形式存储在认证方，攻击者可以利用系统中存在的漏洞获取系统的口令文件。

(4)用户在访问多个不同安全级别的系统时，都要求用户提供口令，用户为了记忆的方便，往往采用相同的口令。而低安全级别系统的口令更容易被攻击者获得，从而用来对高安全级别系统进行攻击。

(5)只能进行单向认证，即系统可以认证用户，而用户无法对系统进行认证。攻击者可能伪装成系统骗取用户的口令。

对于第 2 点，系统可以对口令进行加密传输。对于第 3 点，系统可以对口令文件进行不可逆加密。尽管如此，攻击者还是可以利用一些工具很容易地将口令和口令文件解密。

使用这种方法进行身份认证简单、方便，但安全性极差。如果安全性仅仅基于用户口令的保密性，一旦约定的口令、密码泄露或被截取，那么任何非授权人都可以冒充。通常用户使用的口令较短且容易猜测，因此这种方案不能抵御口令猜测攻击。

目前在大多数计算机系统中，为了加强口令的安全性，一般都将用户的口令采用单向函数运算存储。在这种情况下，攻击者不可能利用口令的密文形式恢复出明文形式。

（二）基于物理证件的身份认证

基于物理证件的身份认证是一种利用授权用户所拥有的某种东西来进行访问控制的认证方法。物理证件是一种个人持有物，其作用类似于钥匙，用于启动信息系统。使用得比较多的是一种嵌有磁条的塑料卡，磁条上记录有用于机器识别的个人信息。这类卡通常和个人识别号(PIN)一起使用。但由于这类卡易于制造，而且磁条上记录的数据也易于转录，因而安全性不高。为了提高卡片的安全性，现在普遍使用 IC 卡来代替传统的磁卡。

IC 卡又称为智能卡，是通过在一块塑料基片中嵌入集成电路而制成的卡片。它的外形与覆盖磁条的磁卡相似。根据卡中所嵌入集成电路的不同，可以将 IC 卡分成存储器卡、逻辑加密卡和 CPU 卡三类。

(三)基于人体生物学特征的身份认证

基于人体生物学特征的身份认证,主要是指根据指纹、视网膜、面型、声音等人体组织特征的识别,进行身份认证。由于大部分人体组织特征具有信息量大、因人而异、特征稳定甚至终身不变等特点,因此它们也被称为一种不需记忆且随身携带的活口令。但从技术上说,上述几种组织特征都还存在一些缺陷:或者误识率过高,或者使用不便,或者价格昂贵,或者难以防伪。

什么样的生物识别系统比较适合用来进行身份认证呢?首先,不易模仿、特征稳定是第一个要求。例如,声音识别对使用者来讲虽然非常便利,但它很容易因感冒或外在音源干扰,以致无法辨认。然后,准确性高、易于使用是第二个重要条件。目前出现的生物识别技术主要有指纹识别、脸部识别、眼球虹膜识别等。

四、数字认证技术

数字认证证书是以数字证书为核心的加密技术,可以对网络上传输的信息进行加密和解密、数字签名和签名验证,确保网上传递信息的安全性、完整性。使用了数字证书,即使您发送的信息在网上被他人截获,甚至您丢失了个人的账户、密码等信息,仍可以保证您的账户、资金安全。简单来说就是保障你在网上交易的安全。其主要包括以下内容。

(一)数字摘要

数字摘要亦称为消息摘要或安全 Hash 编码或 MD5,它由 RemRivest 设计。交易双方在传送消息时,不仅要对数据进行加密,而且还要知道数据在传输过程中是否被改变,也就是要保证数据的完整性和有效性。数字摘要技术是采用单向 Hash 函数读取明文文件中若干重要元素进行某种运算得到固定长度的摘要码,也就是数字指纹(fingerprint),算法在数学上保证:只要改动报文的任何一位,重新计算出的报文摘要就会与原先值不符,这样保证了报文的不可更改。在传输信息时将摘要码加入文件一起发送给接收方,接收方收到文件后,用相同的方法进行变换计算,若得出的结果与发送来的摘要码相同,则断定文件未被篡改。

(二)数字签名

日常生活中,对某文档进行签名来保证文档的真实有效性,并把文档与签名同时发送以作为日后查证的依据。签名可对签字方进行约束,防止抵赖。在网络环境下,可用电子签名作为模拟,从而为电子金融交易与商务活动提供不可否认的服务。

数字签名就是只有信息的发送者才能产生的,而别人无法伪造的一段数字串,这段数字串同时也是对发送者发送信息的真实性的一个有效凭证。它一般选用 RSA 算法作为数字签名的公开密钥密码算法。

在网络上传输数据前,将报文按双方约定的 Hash 算法计算得到报文的数字摘要值;然后把该报文的数字摘要值用发送者的私有密钥加密,最后将该密文同原报文一起发送给接收者,所产生的报文即称为数字签名。接收方收到数字签名后,用同样的 Hash 算法对报文

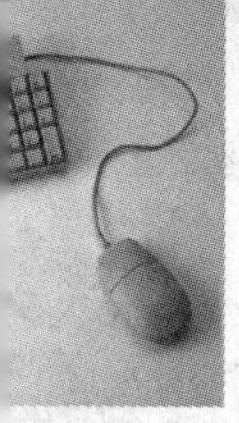

计算摘要值，然后与用发送者的公开密钥进行解密后的报文摘要值相比较。如相等则说明报文确实来自发送者，因为只有用发送者的签名私钥加密的信息才能用发送者的公钥解开，从而保证了数据的真实性。同时，只要拥有发送方的公开密钥的人都能够验证数字签名的正确性，而只有真正的发送方才能发送这一数字签名，从而完成对发送方身份的鉴别。这符合了签名的唯一性、不可仿冒性和不可否认性三大特征。数字签名的工作原理如图9-1所示。

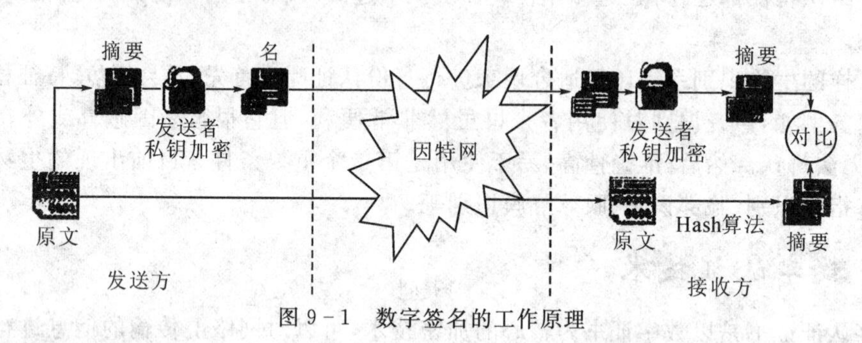

图9-1　数字签名的工作原理

（三）数字信封

数字信封是为了解决传送更换密钥问题而产生的技术，它结合了对称加密和非对称加密技术的各自优点。基本原理是：发送者使用随机产生的对称密钥加密数据，然后将生成的密文和密钥本身一起用接收者的公开密钥加密，加密的对称密钥称为数字信封，将密文及加密后的密钥发送给接收者；接收者先用自己的私钥解密数字信封，得到对称密钥，然后使用对称密钥解密数据。

数字信封是用消息接收方的公开密钥加密的，只能用接收方的私人密钥才能解密，别人无法得到信封中的对称密钥，因而确保了消息的安全。数字信封的好处是提高了加密速度，避免了对称密钥的分发。

（四）数字时间戳

数字时间戳(DTS)技术是数字签名技术的一种变种应用。同传统商务一样日期和时间是商务文件中的重要内容之一，需要加以确认与保护。同样，在电子商务中，也需对交易文件的日期和时间消息采取安全措施防止被伪造和篡改。数字时间戳服务专用于提供电子文件发表时间的安全保护，由专门机构提供。

如果在签名时加上一个时间标记，即是有数字时间戳的数字签名。时间戳是一个经加密后形成的凭证文档，共包括三个部分：需要加盖时间戳的文件的摘要 DIS、收到文件的日期和时间、DTS 的数字签名。

时间戳产生的过程为：用户首先将需要加时间戳的文件用 Hash 算法加密形成摘要，然后将该摘要发送到 DTS，DTS 在加入了收到文件摘要的日期和时间消息后再对该文件加密（数字签名），然后送回用户。

书面签署文件的时间是由签署人自己写上的，而数字时间戳则不然，它是由认证单位 DTS 来加入的，以 DTS 收到文件的时间为依据。

（五）数字证书

数字证书是用电子手段来证实一个用户的身份和对网络资源访问的权限，是一个经证书授权中心数字签名的、包含证书申请者个人消息及其公开密钥的文件。在网上的电子交易中，可以通过交换的数字证书确认双方各自的身份，并且得到对方的公开密钥，由于公开密钥是包含在数字证书中的，所以可以确信收到的公开密钥肯定是对方的，从而保证消息传送中的加解密工作。数字证书的原理是利用一对互相匹配的密钥进行加密、解密。每个用户自己设定一把特定的仅为本人所知的私有密钥，用它进行解密和签名；同时设定一把公共密钥并由本人公开，为一组用户所共享，用于加密和验证签名。当发送一份保密文件时，发送方使用接收方的公钥对数据加密，而接收方则使用自己的私钥解密。

数字证书的内部格式是由 CCTITX. 509 国际标准所规定的，包含以下内容：数字证书拥有者的姓名、数字证书拥有者的公共密钥、公共密钥的有效期、颁发数字证书的单位、数字证书的序列号。

目前，数字证书有三种类型：

(1)个人证书(personal digital ID)：仅仅为某单个用户提供证书，用以帮助其个人在网上进行安全交易操作。个人身份的数字证书通常是安装在客户端的浏览器内的，并通过安全的电子邮件(S/MIME)来进行交易操作。

(2)企业(服务器)证书(server ID)：通常为网上的某个电子商务网站 Web 服务器提供证书，使其用来进行安全电子交易。拥有 Web 服务器的企业就可以用具有证书的万维站点来进行安全电子交易，有证书的 Web 服务器会自动地将其与客户端 Web 浏览器通信的消息加密。

(3)软件(开发者)证书(developer ID)：通常为 Internet 中被下载的软件提供证书，该证书用于和微软公司 AuthenUcode 技术(合法化软件)结合的软件，使用户在下载软件时能获得所需的消息。

上述三类证书中前两类是常用的证书，第三类则用于较特殊的场合。

（六）认证中心

在电子支付活动中，无论是数字时间戳还是数字证书的发放，都不是靠交易双方自己完成的，而是由一个大家都认可的可靠的第三方机构，即由一个认证中心(certification authority, CA)签发的。认证中心类似于现实中公证人的角色，它具有权威性和公正性，是一个普遍可信的第三方，负责证书的颁发和管理。当通信双方都信任同一 CA 时，两者就可以得到双方的公开密钥，从而进行秘密通信、签名和检验。

认证中心是一个可信的第三方实体，其主要职能是保证用户的真实性。它通过向电子商务各参与方发放数字证书，确认各方的身份，保证在 Internet 及内部网上传送数据的安全，及网上支付的安全性。本质上，认证中心的作用同政府机关的护照颁发机构类似。网络用户的电子身份(electronic identity)是由认证中心来发布的，即他是被认证中心所信任的，该电子身份成为数字证书。因此，所有信任认证中心的其他用户同样也信任该用户。一个认证中心系统也可看成由许多人组成的一个组织。它用于指定网络安全策略，并决定组织

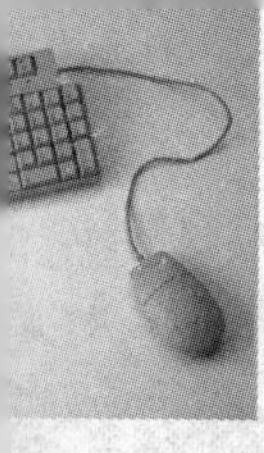

中哪些人可发给一个在网络上使用的电子身份。

认证中心承担网上安全电子交易认证服务，能签发数字证书，并确认用户身份的服务机构。认证中心通常是企业性的服务机构，主要任务是受理数字凭证的申请、签发以及对数字凭证的管理。

认证中心通过向电子商务各参与方发放数字证书，来确认各方的身份，保证网上支付的安全性。认证中心主要包括三个组成部分：注册服务器(RS)、注册管理机构(RA)和证书管理机构(CA)。注册管理机构(RA)负责证书申请的审批，是持卡人的发卡行或商户的收单行。因此，认证中心离不开银行的参与。

认证中心所颁发的数字证书主要有持卡人证书、商户证书和支付网关证书。持卡人证书中包括持卡人ID，这其中包含了有关该持卡人所使用的支付卡的数据和相应的账户信息。商户证书也同样包含了有关其账户的信息。支付网关一般为收单行或为收单行参加的银行卡组织。从这里的分析不难看出，注册管理机构的角色为什么必须由银行来担当。

当前，在国际上也已有一些CA建设方面的经验值得我们借鉴。VISA和Mastercard在1997年12月共同成立SETCO公司，被授权作为SET根CA；香港电子商务认证中心JETCO(银行卡联营组织)负责建设；新加坡电子商务认证中心由NETS负责运作和管理。银行卡组织由会员银行组成，作为认证中心有着固有的优势。

第三节 安全协议

在电子商务过程中，买卖双方是通过网络来联系的，因而建立交易双方的安全和信任关系是相当困难的。这样使得电子商务交易双方都面临不同的安全威胁。而电子商务的主要特征是在线支持，为了加强电子商务交易的安全性，需要采用数据加密和身份认证技术，以便营造一种可信赖的电子交易环境。目前有两种安全支付协议被采用，即安全套接层SSL协议和安全电子交易SET协议。

一、安全套接层协议

安全套接层协议SSL(secure sockets layer)是Netscape公司1995年推出的一种安全通信协议。SSL提供了两台计算机之间的安全连接，对计算机整个会话进行了加密，从而保证了信息传输的安全，实现浏览器与Web服务器之间的安全通信，在Internet上广泛应用于处理与金融有关的敏感信息。

SSL协议是一种保护Web通信的工业标准，能够对信用卡和个人信息、电子商务提供较强的加密保护。

(一)SSL协议提供安全连接的基本特点

(1)连接是保密的：对于每个连接都有一个唯一的会话密钥，采用对称密码体制(如DES、RC4等)来加密数据；

(2)连接是可靠的：消息的传输采用MAC算法(如MD5、SHA等)进行完整性检验；

(3)对端实体的鉴别采用非对称密码体制(如RSA、DSS等)进行认证。

（二）SSL 协议提供的服务

1. 数据和服务器的合法认证

使得用户和服务器能够确信数据将被发送到正确的客户机和服务器上。客户机和服务器都有各自的识别号，由公开密钥编排。为了验证用户，SSL 协议要求在握手交换数据中做数字认证，以此来确保用户的合法性。

2. 加密数据以便隐藏被传送的数据

SSL 协议采用的加密技术既有对称密钥也有公开密钥。具体来说，就是客户机与服务器交换数据之前，先交换 SSL 初始握手信息。在 SSL 握手信息中采用了各种加密技术，以保证数据的机密性，防止非法用户破译。

3. 维护数据的完整性

SSL 协议采用 Hash 函数和机密共享的方法，提供完整信息性的服务，来建立客户机与服务器之间的安全通道，使经过处理的业务在传输过程中能够完整、准确地到达目的地。

（三）SSL 协议的构成

SSL 协议分为两层：SSL 握手协议和 SSL 记录协议。

1. SSL 握手协议

SSL 握手协议用于在通信双方建立安全传输通道，是在客户机与服务器之间交换信息强化安全性的协议。具体实现以下功能：

（1）在客户端验证服务器，SSL 协议采用公钥方式进行身份认证；

（2）在服务器端验证客户（可选的）；

（3）客户端和服务器之间协商双方都支持的加密算法和压缩算法。

（4）产生对称加密算法的会话密钥；

（5）建立加密 SSL 连接。

SSL 握手协议最终使双方建立起合适的会话状态信息要素，包括对话标识、对等证书、压缩方法、加密说明、会话密钥等信息。

2. SSL 记录协议

SSL 记录协议提供通信、认证功能，从高层接收到数据后要经过分段、压缩和加密处理，最后由传输层发送出去。在 SSL 协议中所有的传输数据都被封装在记录中，SSL 记录协议规定了记录头和记录数据的格式。每个 SSL 记录包含内容类型、协议版本号、记录长度、数据有效载荷、MAC 等信息。

二、安全电子交易协议

安全电子交易协议 SET(secure electronic transaction)，是 1996 年由 VISA（维萨）与 MasterCard（万事达）两大国际信用卡公司联合制订的安全电子交易规范。它提供了消费者、商家和银行之间的认证，确保网上交易的保密性、数据完整性、交易的不可否认性和交易的身份认证，保证在开放网络环境下使用信用卡进行在线购物的安全。

目前，SET 协议由 SETCo 负责推广、发展和认证。SETCo 是由 VISA 和 MasterCard

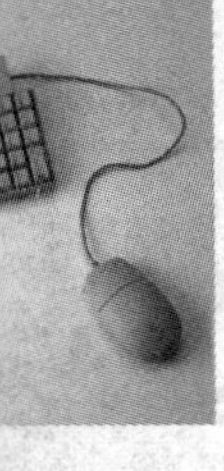

这两个公司为首组成的 SET 厂商集团，把 SET 标识授予成功通过 SET 兼容性试验的软件厂商。

(一)SET 协议中采用的数据加密过程的特点

(1)交易参与者的身份鉴别采用数字证书的方式来完成，数字证书的格式一般采用 X.509国际标准；

(2)交易的不可否认性用数字签名的方式来实现。由于数字签名是由发送方的私钥产生，而发送方的私钥只有他本人知道，所以发送方便不能对其发送过的交易数据进行抵赖；

(3)用报文摘要算法来保证数据的完整性；

(4)由于非对称加密算法的运算速度慢，所以要和对称加密算法联合使用，用对称加密算法来加密数据，用数字信封来交换对称密钥。

(二)SET 协议的数据交换过程

SET 协议的购物系统由持卡人、商家、支付网关、收单行和发卡行五个部分组成，这五大部分之间的数据交换过程如下：

(1)持卡人决定购买，向商家发出购买请求；

(2)商家返回商家证书等信息；

(3)持卡人验证商家身份，将定购信息和支付信息安全传送给商家，但支付信息对商家来说是不可见的(用银行公钥加密)；

(4)商家验证支付网关身份，把支付信息传给支付网关，要求验证持卡人的支付信息是否有效；

(5)支付网关验证商家身份，通过传统的银行网络到发卡行验证持卡人的支付信息是否有效，并把结果返回商家；

(6)商家返回信息给持卡人，按照订单信息送货；

(7)商家定期向支付网关发送要求支付信息，支付网关通知发卡行划账，并把结果返回商家，交易结束。

三、SSL 协议和 SET 协议的对比

SSL 协议和 SET 协议的差别主要表现在以下几个方面：

(一)用户接口

SSL 协议已被浏览器和 WEB 服务器内置，无需安装专门软件；而 SET 协议中客户端需安装专门的电子钱包软件，在商家服务器和银行网络上也需安装相应的软件。

(二)处理速度

SET 协议非常复杂、庞大，处理速度慢。一个典型的 SET 交易过程需验证电子证书 9 次、验证数字签名 6 次、传递证书 7 次、进行 5 次签名、4 次对称加密和 4 次非对称加密，整个交易过程可能需花费 1.5 至 2 分钟；而 SSL 协议则简单得多，处理速度比 SET 协议快。

(三)认证要求

早期的SSL协议并没有提供身份认证机制,虽然在SSL3.0中可以通过数字签名和数字证书实现浏览器和Web服务器之间的身份验证,但仍不能实现多方认证,而且SSL中只有商家服务器的认证是必需的,客户端认证则是可选的。相比之下,SET协议的认证要求较高,所有参与SET交易的成员都必须申请数字证书,并且解决了客户与银行、客户与商家、商家与银行之间的多方认证问题。

(四)安全性

安全性是网上交易中最关键的问题。SET协议由于采用了公钥加密、信息摘要和数字签名可以确保信息的保密性、可鉴别性、完整性和不可否认性,且SET协议采用了双重签名来保证参与交易活动的各方信息的相互隔离,使商家只能看到持卡人的订购数据,而银行只能取得持卡人的信用卡信息。SSL协议虽也采用了公钥加密、信息摘要和MAC检测,可以提供保密性、完整性和一定程度的身份鉴别功能,但缺乏一套完整的认证体系,不能提供完备的防抵赖功能。因此,SET的安全性远比SSL高。

(五)协议层次和功能

SSL属于传输层的安全技术规范,它不具备电子商务的商务性、协调性和集成性功能。而SET协议位于应用层,它不仅规范了整个商务活动的流程,而且制定了严格的加密和认证标准,具备商务性、协调性和集成性功能。

由于SSL协议的成本低、速度快、使用简单,对现有网络系统不需进行大的修改,因而目前在电子商务中取得了广泛的应用。但随着电子商务规模的扩大,网络欺诈的风险性也在提高,需要对参与交易的多方进行认证,在未来的电子商务中SET协议将会逐步占据主导地位。

第四节 CFCA的证书

1998年9月,首都电子商务工程领导小组会议决定,由中国人民银行牵头组织全国商业银行联合共建我国金融行业统一的第三方安全认证机构——中国金融认证中心(China Financial Certification Authority,简称CFCA)。

1999年,经金融信息化领导小组研究批准,中国金融认证中心项目于1999年2月正式启动。2000年6月29日,中国金融认证中心(CFCA)挂牌暨系统开通运行,正式挂牌成立。

CFCA作为国内重要的认证体系,提供适用于企业、个人Web站点、VPN、电子邮件、手机应用等在内的10多种数字证书服务。CFCA采用PKI技术为基础的数字证书技术,有效地解决了电子商务中交易安全问题。我国于2005年4月1日正式颁布实施《中华人民共和国电子签名法》,从法律上确认了电子签名的法律效力。因此,由CFCA颁发的CA证书,必要的时候可作为具有法律效力的证据。目前CFCA在各个行业领域有广泛的使用,下面就其应用进行介绍。

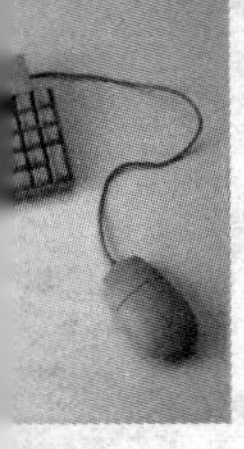

一、CFCA 个人证书

CFCA 个人证书符合 X.509 协议，它面向个人用户，在网上信息传递过程中提供身份验证、信息加密和数字签名等功能。CFCA 个人证书通常又可分为个人高级证书和个人普通证书。其中，个人高级证书适用于个人作金额较大的网上交易，安全级别较高，可用于数字签名和信息加密。个人普通证书适用于个人用户用于 SSL、S/MIME，以及建立在 SSL 之上的应用，它的安全级别较低，常用于小额的网上银行和网上购物。

根据 X.509 协议，CFCA 个人证书中包含了用户身份信息（如身份证号码）、公钥信息、证书有效期等。CFCA 个人证书支持多种存储方式，比如 U 盘、硬盘文件等。

个人证书的使用需要结合到具体的应用平台中。比如，在银行申请网上转账服务，需要在指定行先申请个人证书。网上银行的服务器端安装服务器证书，用户端安装一张个人证书。进行网上转账时，网银系统会对证书有效性进行检查，只有双方证书都有效，才能建立安全传输通道。

CFCA 为保证安全性，为个人证书设置了有效期，一般为两年。个人证书到期时，需重新进行申请。CFCA 也支持网上证书自动展期功能。

个人证书需要结合到具体的应用平台中，如在个人网银系统中。

二、CFCA 企业证书

CFCA 企业证书面向企业用户，在网上信息传递过程中提供身份验证、信息加密和数字签名等功能。CFCA 企业证书通常又可分为企业高级证书和企业普通证书。其中，企业高级证书适用于企业作金额较大的 B2B 网上交易，安全级别较高，可用于数字签名和信息加密。企业普通证书适用于企业用户用于 SSL、S/MIME 以及建立在 SSL 之上的应用，它的安全级别较低，常用于金额较小的网上交易。

CFCA 企业证书存储方式与个人证书一样，具有多种存储方式。与个人证书不同的是，企业证书中除了公钥信息、证书有效期外，还包含了企业的一些重要的信息，比如企业身份信息（如企业营业执照号）、企业法人、企业注册资金等。企业间的交易涉及大额的资金交割，为确保证书的安全，建议企业证书存放在 USB Key 里。相对于个人证书而言，CFCA 企业证书提供更高的安全性和更完善的支持服务。

企业证书的使用和验证方式同个人证书一样，都需要通过 CFCA 构建的验证体系，进行严格的认证过程。系统会对证书有效性进行检查。只有双方的证书都有效，才能建立安全传输通道。在安全传输通道中，使用企业证书中的密钥对交易数据进行加密传输，确保数据的完整性；对交易的关键数据进行数字签名，确保交易的不可否认。

为保证安全性，企业证书设置了有效期，一般为两年。企业证书到期时，需重新进行申请。CFCA 也支持网上证书自动展期功能。

三、CFCA Web 服务器证书

CFCA Web 服务器证书是为网站的 Web 服务器而设立，其目的是保证网站的 Web 服务器不被假冒，可在站点服务器提供金额较小的 B2C 网上交易时使用。若一个网站要提供

B2B 交易时，应申请 Direct Server 证书，并配合 Direct Server 软件来保证它的安全性。Direct Server 证书主要用于数字签名和信息加密。

服务器证书(以下称 Web Server 证书)是 Web Server 与浏览器用户建立安全连接时所必须具备的证书。Web Server 证书的密钥对由相应的 Web Server 自己产生和管理，申请证书时只需将 Web Server 产生的证书申请数据包提交给 CFCA 证书下载中心即可，密钥位长为 512 位(或 1024 位)。按照 CFCA 证书申请和下载的流程，CFCA 下载中心将返回证书应答，即可将证书装载到 Web Server 中。

目前，CFCA 能够签发 Netscape Web Server、Microsoft IIS Server、Apache Web Server 等 WWW 服务器的证书。

Web 服务器证书与个人证书和企业证书的使用目的和功能不同，因此其证书中涉及的信息也不相同。Web 服务器证书中包含了网站的服务器域名信息、公钥信息、证书效期等。通过服务证书，用户客户端能够通过该证书对网站的真实性进行检查。同时，利用服务器证书的加密机制将用户浏览器和服务器之间传输的信息进行加密。加密后的信息只有对应的服务器才能解密。

CFCA Web 服务器证书支持的 Web 服务器包括：IIS、iPlanet、Apache，IBM HTTP Server、BEA WeblogicN IBM WebSphere、Tomcat 等 WWW 服务器。

为保证安全性，Web 服务器证书设置了有效期，一般为两年。Web 服务器证书到期时，需重新进行申请。

四、CFCA 手机证书

随着 3G 网络的部署，互联网快速延伸到无线用户群体。现有 Web 资源的随时随地地接入，实现移动银行、移动证券、移动购物等各种形式的移动商务及服务。但无线模拟与数字信号传输仍是不安全的，无线数据通道可能受到攻击，需要解决其安全问题。

CFCA 手机证书支持无线 PKI 机制，提供基于 WAP 和短信息等方式的手机证书。由于手机终端采用的平台和技术具有较大的差异等原因，CFCA 手机证书支持多种应用模式，提出针对性解决方案。例如针对短信息模式的应用中，移动用户以短信息的形式将请求及指令发往移动运营商，移动运营商将信息转换，使用 TCP/IP 协议发往移动商务平台，由该平台转发对应的应用服务提供商，采用证书机制能够验证移动用户、移动设备的身份、认证经加密发往各服务器的信息。

五、CFCA 安全电子邮件证书

在互联网的应用中，电子邮件已经成为一个普遍而重要的通信工具。正是其广泛的应用，随之而来的种种安全隐患也日渐暴露。电子邮件在互联网上传递，其安全问题显而易见。首先，端到端的传输过程是明文，没有任何安全措施；其次，电子邮件系统具有开放性，用户邮件中的保密信息、个人隐私很容易被木马程序或者黑客所窥视及修改。再次，邮件的所有投递都要经过邮件服务器，邮件服务器的安全性更是值得关注的焦点。

针对电子邮件的安全性要求，CFCA 安全电子邮件证书为邮件体系中的各个环节建立了安全、认证和防护能力。CFCA 专门为邮件用户发放数字证书，邮件用户使用数字证书发

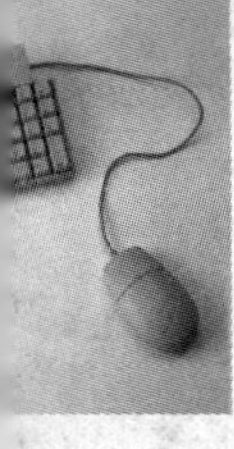

送加密和签名邮件，来保证用户邮件系统的安全。邮件用户使用数字证书对电子邮件进行数字签名并加密传输，以证明邮件发送者身份的真实性，保障邮件传输过程中不被他人阅读及篡改，并由邮件接收者进行验证，确保电子邮件内容的完整性。

CFCA 安全电子邮件证书遵循国际数字证书 X.509 V3 标准，采用对称密钥长度为 128 位，非对称密钥长度为 1024 位的密码机制，确保证书在进行邮件加密时的高安全性。

使用时，需要在 Outlook、Outlook Express、Foxmail 等邮件客户端软件上安装并设置申请号的 CFCA 电子邮件证书。

六、VPN 设备证书

VPN 是“virtual private network”即虚拟专用网的缩写。VPN 应用于多种不同的应用场景。

(1)远程接入：可以让远程用户在需要时接入企业网络资源。

(2)分支机构办公：在远距离的办公室间建立持久的 VPN 连接。

(3)广域网：在互联网上，让业务伙伴可以接入共同的资源。

VPN 模式与传统专线和电话网拨号连接模式相比，具有更高的经济性、灵活性、开放性。VPN 的接入需要专业的 VPN 设备，CFCA 对于 VPN 设备提供了设备证书。设备证书保证数据的安全合法，包括保证 VPN 设备的真实性，保证接入端的合法登录，保证信息传递的私密性。

CFCA VPN 设备证书增强了 VPN 机制的安全性。CFCA VPN 设备证书为 VPN 机制提供身份认证机制和数据加密能力。

七、CFCA 的功能

CFCA 是按国际通用标准开发建设的，它具有对用户证书的申请、审核、批准、签发证书及证书下载、证书注销、证书更新等证书管理功能。证书符合 ITU 的 X.509 国际标准，提供具有世界先进水平的 CA 认证中心的全部需求。CA 的核心功能就是发放和管理数字证书，归纳起来有以下几个方面。

(一)证书的申请

CFCA 授权的证书的注册审核机构(RA)(各商业银行、证券公司等机构)面向最终用户，负责接受各自的持卡人和商户的证书申请并进行资格审核，具体的证书审批方式和流程由各授权审核机构规定。

申请方式包括离线申请方式和在线申请方式。离线方式即面对面申请，用户方(包括个人用户及商户)到商业银行的受理点 LRA 及证书注册审批机构 RA 进行书面申请，填写按一定标准制定的表格，同时提供有关的证件，申请信息是手工录入的。申请银行支付网关证书，只能到 CFCA 的 RA 申请，不能面对面申请。在线申请方式即用户在互联网上，通过自己浏览器，连接到银行主服务器上，下载标准表格，按内容提示进行申请，也可以通过电子邮件和电话呼叫中心传递申请表格的有关信息，以便进行审核。

(二)证书的审批

当CFCA接到用户(包括下级CA和最终用户)的证书申请时,首先应将申请的内容存入数据库,并根据申请的内容验证用户的合法性,确定是否接受最终用户数字证书的申请。审批方式包括离线审核方式和在线审核方式。

经审批后,RA将审核通过的证书申请信息发送给CFCA,由CFCA签发证书。在Ncm-SET系统中,CFCA将同时产生的两个码(参考号、授权码)发送到RA系统。为安全起见,RA采用两种途径将以上两个码交到证书申请者手中:RA管理员将授权码打印在密码信封里当面交给证书申请者;将参考号发送到证书申请者的电子邮箱里。在SET系统中,由持卡人/商户到HA各网点直接领取专用密码信封。

(三)证书的发放

在CFCA的所有功能中,最为重要的是证书的发放。CA签发的证书格式符合X.509 V3标准。CA对其签发的数字证书的全部内容,包括证书用户姓名标识、公钥信息、颁发者标识、证书有效期、签名算法标识等信息,进行数字签名,从而权威地证明了证书持有者和公钥的唯一匹配关系。

证书在本地生成,证书由CFCA颁发,用户私钥由客户自己保管。证书发放方式包括离线方式发放和在线方式发放。在线方式中,在明确给用户颁发何种类型的证书(个人证书、企业证书、服务器证书或其他证书)后,CFCA用自己的私钥对证书进行签名,然后将证书数据写入数据库。为保证消息的完整性,返回给用户的所有应答信息都要使用CFCA的私钥进行签名。

具体的证书发放方式各个RA的规定有所不同。可以登录CFCA网站联机下载证书或者到银行领取。

(四)证书的归档

当证书过了有效期之后就将吊销,但是吊销的证书不能简单地丢弃,因为如果有时需要验证以前的某个通信过程中产生的数字签名,就需要查询吊销的证书。基于此种考虑,CFCA具备管理吊销证书和吊销私钥的功能,用于密钥和证书的恢复。

(五)证书的吊销

证书的吊销有两种情况:第一种情况是证书的有效期已到,CFCA自动将过期的证书吊销;第二种情况是由于用户的私钥泄密、丢失或是忘记保护私钥的口令等原因,造成用户证书的吊销。这时用户需要向CFCA提出证书吊销的请求,CFCA根据用户的请求确定是否将该证书吊销。CFCA通过定期发布证书吊销列表(CRL)接收最终用户数字证书的吊销请求。

(六)证书的更新

为提高系统的安全性,CFCA可定期更新所有用户的证书,或者根据用户的请求来更新

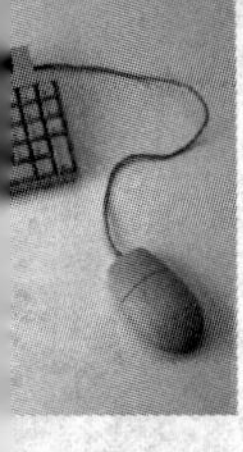

证书。这时CFCA重新生成新的密钥对并颁发新的证书，妥善处理作废的密钥和证书。其中，包括人工密钥更新和自动密钥更新。

（七）证书吊销列表的管理功能

产生和发布证书吊销列表（CRL）。其管理功能包括证书吊销原因的记录、CRL的产生及其发布、企业证书及CRL的在线服务功能。

（八）CA的管理

规定根证书、个人证书、企业证书、服务器证书的密钥长度、有效期、是否备份等策略。

（九）CA自身密钥的管理

CA自身密钥的管理，必须确保其具备高度的机密性，防止其被伪造而颠覆CA的权威性。在CFCA，根密钥被存放在安全的屏蔽机房，其访问受到了严格的管理。CA的密钥由通过国家认证的加密机产生，私钥一经产生则不能通过明文方式离开加密机。这些措施保证了CFCA根密钥的安全与CFCA的权威性。

八、CFCA的发展历史

（一）初创阶段（1998—2003年）

由于当时国内并没有成熟的CA软件提供商，经过严格的国际招标流程，CFCA选择采用Entrust公司提供的CA系统软件产品进行认证服务。在CFCA运营之初，Entrust CA软件由于其严谨的设计、强大丰富的功能，对CFCA业务发展起到了积极的推动作用。

但随着客户的增加，其弊端也不断地暴露出来。由于其本土化能力有限，产品支持是一个难题，困扰着CFCA的业务拓展。同时其高昂的收费策略也影响了CFCA的持续发展。

随着国内CA产品系统的日渐成熟，以及国家对于CA业务的重视程度不断提高，2002年，在科技部和中国人民银行的大力支持下，CFCA国产化改造被列入国家863计划，得到了中国人民银行、国家科技部、国家密码管理局和中国银联的高度重视和支持。

（二）市场化阶段（2004—2008年）

经过各方努力，2004年年底，CFCA国产化CA项目宣告完成，正式对外提供服务。2005年5月，该系统正式通过科技部863项目验收，并开始大规模应用。专家评价，CFCA国产化PKI/CA系统是我国银行业信息安全基础设施的一项重大技术成果，完全可以满足未来我国金融行业大容量用户和快速发展的业务需求，对于提升我国金融信息安全保障能力具有重要意义。2005年11月29日，由CFCA承担建设的“中国金融IC卡借记/贷记应用根CA系统”顺利通过中国人民银行项目验收，为各商业银行金融IC卡借记/贷记应用提供服务。2006年7月，CFCA数字证书发放突破100万张。2007年，CFCA成功完成某银行网银系统评估及全行IT系统审计项目，CFCA正式开始为银行业金融机构提供信息安全系统评估、测评服务。截至2013年中旬，CFCA检测信息系统超过230个，服务机构超过50家。

(三)业务转型与全面发展阶段(2009 年至今)

不断提升运营服务能力。2009 年 8 月,CFCA 运行机房顺利搬迁,运行管理、机房安全、风险防控达到国内领先水平。2011 年,CFCA 电子认证服务系统通过国际权威的 WebTrust 认证。2012 年,CFCA 获得北京市《高新技术企业证书》。同年,CFCA 电子认证服务系统(V2.0)和密钥管理系统(V2.0)通过国家密码管理局的安全性审查和互联互通测试,获同意正式运行,在金融领域率先完成安全基础设施国产算法改造。2013 年,位于亦庄研发中心的运行机房建成并投入使用,CFCA 电子认证服务形成两地三中心的运行体系,不间断服务能力在全球范围内居领先地位。2013 年底,CFCA 数字证书发放突破 5000 万张,在全国被纳入"统一的金融安全认证体系"的 268 家银行中,使用 CFCA 数字证书的银行占比超过 97%。

2013 年,CFCA 全资子公司北京中金国信科技有限公司成立,承接 CFCA 另一全资子公司中金支付有限公司(原北京金科信安科技有限公司)部分业务,聚焦商用密码产品的研发,获得商用密码产品生产定点单位资质,当年即取得了 7 种产品的密码产品型号证书。CFCA 在信息安全领域已经拥有数十款软硬件产品,广泛应用于电子银行、电子政务、电子商务等领域,并申请了数十项专利。CFCA 旗下全资子公司的高性能签名验签服务器在业界领先,获得国家发改委专项资金支持,打造专业化信息安全服务队伍。

2014 年,"中国电子银行联合宣传年"已成功开展 10 年。宣传年活动以高度的责任感和使命感开展了大量电子银行公益活动,向大众普教电子银行安全等相关知识。目前支持单位已增至 6 个部门,分别为:人民银行支付结算司、人民银行科技司、公安部网络安全保卫局、银监会创新监管部、银监会科技监管部、工信部信息化推进司,学术支持单位为"清华大学五道口金融学院"。参加活动的成员行增至 50 余家,涵盖政策性银行、全国性商业银行、区域性商业银行、农村商业银行等。经过多年努力,活动影响力与覆盖面不断扩大。

本章习题

一、简答题

1. 电子支付安全要求是什么?
2. 电子支付安全隐患有哪些?
3. CFCA 的证书包括哪些内容?
4. 电子支付安全技术有哪些?
5. SSL 协议和 SET 协议的区别是什么?

二、案例分析题

网络安全刑事犯罪中 46.1% 为网络诈骗案

我国电子支付业务从兴起到今天的蓬勃发展,不过短短十数个年头。但就在这短短的数年中,我国互联网浪潮已席卷社会政治、经济、文化等各个领域,并带动电子支付业务从无到有,从萌芽到飞跃。根据近日发布的第 31 次中国互联网络发展状况报告中的统计数据显

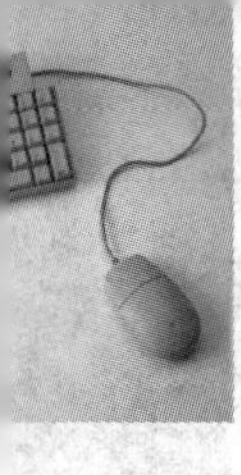

示，截至2012年12月，中国使用网络支付的用户规模已达到2.21亿人，在网民中的使用率达到39.1%，电子支付已经成为互联网经济中最为举足轻重的一环。但是在当前的形势下，我们也应清醒地认识到，电子支付在促进经济社会发展、方便公众生活的同时，也面临着各种网络犯罪活动的威胁。

首先，针对电子支付的违法犯罪案件时有发生，犯罪的手法不断翻新变化，这里我可以跟大家说一个数字，去年我们国家网络安全保卫部门大概刑事犯罪立案数是10万多起，其中有46.1%的是网络诈骗案。在电子支付总体环境越来越安全的同时，也有部分电子支付用户遭受过支付风险的案件，近年来通过钓鱼网站来诈骗为主要方式，绝大多数网民收到过诱骗信息。我们调查中发现犯罪分子会不断翻新作案手法，具备越来越高的欺骗性和技术性。这些情况应该引起各位从业者和监管机关的高度关注和警惕。

其次，利用电子支付方便快捷和跨国家、跨地区的特性从事诈骗等违法犯罪活动，或者为其他犯罪提供洗钱等帮助的行为日益严重，给这一正在蓬勃发展的业务带来了一定的负面影响，也向我们提出了新的挑战。近年来"尼日利亚诈骗"在全世界肆虐，目前，在我国已发现该类的案件中犯罪分子均为非洲籍人员，被害公司均为境外的外国企业，且都是在与中国的境内公司进行商务贸易的过程中支付给中国公司的货款被不明身份的人员诈骗，被骗金额从几千美元到几十万美元不等，使得很多中国公司的外方客户经济受损失，并且影响我们国家境外经济安全形象。

多年来，公安机关网安部门一直高度重视互联网的安全管理工作，严厉打击包括利用电子支付渠道非法获利等各种网上违法犯罪活动。比如去年，我们江苏、徐州网安部门成功破获了浮云木马网银盗窃案，成功打掉全国最大的网银盗窃团伙，抓获犯罪嫌疑人58人，涉案金额达到千余万元。可以说我们所面临的网络及电子支付安全形势将会越来越错综复杂，因此更需要银行金融机构，特别是非金融机构等电子支付从业者与公安机关通力合作，为用户营造更安全、更便捷的网络及支付环境。

保障支付安全用户的自我保护同样也是重要的一环，由于与网络支付的相关案件是以互联网为载体实施的案件，建议使用网络支付的企业和用户在进行日常支付操作时要提高警惕，注重自身所处网络环境的安全性，使用安全、正规的支付渠道，同时要着重鉴别真假网站和电子邮件，遇到需要转账、汇款等支付业务时，一定要通过多种不同渠道进行核实。特别值得注意的是，春运将至，最近不法分子又将视线集中到飞机票、火车票的购买渠道，以低价票为诱饵实施诈骗犯罪，网民在通过网络购票并支付票款时一定要特别注意核实客票的真伪，并注意支付的目标账户，发现可疑情况一定要及时与有关部门联系核实，谨防被骗。

我国网络事业和电子支付行业必将得到更快、更深层次的发展，在发展的同时也必将面临新的风险和挑战。公安机关网安部门愿意与银行特定机构等一道不断加快电子支付安全，不断促进电子支付事业健康、快速、持续发展，为建设安全的互联网支付环境做出更大的贡献。

（资料来源：新华网. 2013-02-08.）

【思考题】

通过案例谈一谈你对电子支付安全的认识，应该从哪几个方面入手确保电子支付的安全性。我们在日常电子支付中自己应该怎样做才能保证支付的安全？

第十章 互联网金融风险及防范措施

央行:互联网金融有三大风险

中国人民银行2014年6月11日公布的2013年年报指出,随着互联网金融的快速发展,其风险的隐蔽性、传染性、广泛性、突发性有所增加,实践中也出现了一些问题。央行牵头相关部委对互联网金融的发展与监管问题进行了深入研究,并将研究制定促进互联网金融行业健康发展的指导意见。

年报指出,互联网金融的风险主要体现在三个方面。

一是机构的法律定位不明确,业务边界模糊。主要表现为:P2P(个人对个人)借贷平台从事金融业务,但现有法律规则难以明确界定其金融属性并进行有效规范。互联网金融企业的业务活动经常突破现有的监管边界,进入法律上的灰色地带,甚至可能触及非法集资、非法经营等"底线"。

二是客户资金第三方存管制度缺失,资金存管存在安全隐患。尤其是P2P借贷平台会产生大量资金沉淀,容易发生挪用资金甚至卷款潜逃的风险。近两年来先后发生了"淘金贷""优易网"等一些P2P平台的卷款跑路和倒闭事件,给放贷人造成了资金损失,也影响了整个行业的形象。

三是风险控制不健全,可能引发经营风险。一些互联网金融企业片面追求业务拓展和盈利能力,采用了一些有争议、高风险的交易模式,也没有建立客户身份识别、交易记录保存和可疑交易分析报告机制,容易为不法分子利用平台进行洗钱等违法活动创造条件;还有一些互联网企业不注重内部管理,信息安全保护水平较低,存在客户个人隐私泄露风险。

年报还指出,2013年是互联网金融得到迅猛发展的一年。互联网支付业务规模继续保持高速增长势头。截至8月,在获得许可的250家第三方支付机构中,提供网络支付服务的有97家。支付机构全年共处理互联网支付业务153.38亿笔,金额总计达到9.22万亿元。

(资料来源:人民网—人民日报. 2014-06-12.)

第一节 互联网金融风险概述

一、互联网金融风险的多样化

互联网金融是借助于互联网技术实现资金融通、支付和信用中介等业务的金融模式。

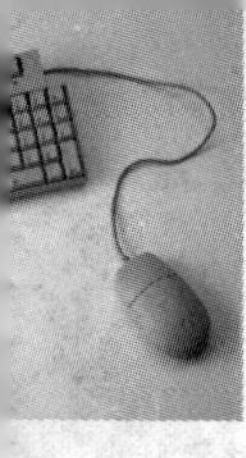

互联网金融风险主要是指现代网络技术中的金融风险，但与传统金融的银行挤兑、货币体系崩溃等金融恐慌在本质上是一样的，它同样会引发经济社会危机。在现实中，由于网络技术造成的互联网金融交易的损失，不时出现在局部区域或者一定时段内。尤其是近几年来互联网金融犯罪日趋猖獗，犯罪的规模和种类持续扩张，犯罪手段的智能化程度越来越高，犯罪的隐蔽性越来越强，严重影响和威胁着互联网金融的安全。

早在 2004 年，国家计算机网络应急技术处理协调中心就接到金融欺诈事件报告共 223 起。当年，公安部侦破的利用网络实施的金融诈骗案件多达 1350 起。2012 年，360 安全中心发布的《网络投资理财诈骗现状及防范措施报告》显示，该中心共截获新增金融投资类钓鱼网站 4.5 万个；2013 年截至三季度末，已截获的此类钓鱼网站就有 6.4 万个，较 2012 年增长 42%。据 360 网购先赔的统计数据显示，2013 年第二季度遭受投资理财欺诈的人均损失高达 3.1 万元。

传统金融领域的风险通常或大多数局限在金融机构，例如，资产和负债期限日的不匹配面临潜在的利率风险，不能完整地获得贷款或债券所承诺的现金流的信用风险，技术投资未能获得预期的成本降低的技术风险，利率和汇率等发生变化交易账户面临的市场风险等。

对于传统金融的交易活动，人们总是谨慎地权衡金融资产的收益性、流动性和安全性之间的关系，有时甚至被如何平衡三者之间的关系所困扰。而互联网金融风险的内涵发生了巨大变化，并且，互联网金融风险超出了金融机构的范围，延展至互联网金融的方方面面。例如，用户偶然疏忽的操作可能会导致一般性的交易错误，也可能会导致巨额的损失；隐藏在网络中的“魑魅魍魉”时刻窥视着互联网金融的交易活动，以达到它们不可告人的目的，使用盗号木马、网络监听、伪造假网站等是它们的主要手法。可见，互联网金融的首要问题是安全。如果互联网金融的交易是不安全的，人们的金融资产就可能在瞬间化为乌有。

二、互联网金融安全的基本特征

（一）互联网金融安全是一项经济品

首先，在传统金融领域“一项新的技术如果不能被用于传统意义下的支付，那么这项技术将不会被采用”，在互联网金融领域也是如此。互联网金融是信息技术的巨大进步引发金融服务创新的成果，只有在信息技术用于互联网金融的支付，并且是确保安全的支付，互联网金融才是有生命力的科技创新的产物。如同社会越富裕人们对自身的健康状况就越关注一样，财富越多，由于各种风险带来的损失可能更大，于是人们更加担心金融风险的存在与危害。可见，互联网金融安全扮演着互联网金融最核心的角色。尽管提供互联网安全的设施和技术是有成本的，但是安全环境中运行的互联网金融更有效率，也能更进一步促进互联网金融规模的扩展。与此同时，金融交易活动中的各种成本因素，随着金融交易规模的扩大而大幅降低，收益率也将因此而提高。

其次，在传统金融领域，金融机构通过贷款组合分散并降低信用风险，社会公众（个人和团体，下同）利用“不要把所有的鸡蛋放在一个篮子里”的规律，将财富分散在广泛的投资理财领域，可以降低投资风险从而获得更高收益。金融机构的贷款组合分散化，往往是一个动态的过程。由于互联网金融的设施和流程不同于传统，互联网金融的交易成本一般要低于传统金融的交易成本，例如，商业银行交易费中网上银行的汇款收费，只是传统汇款收费的50%。互联网金融较低的交易成本，使金融机构的投资收益与投资成本之间的差额高于传统金融的这一差额，从而获得更高的收益。而如果发现资产的风险较高而收益率较低，金融机构能够通过(互联网金融的)资产组合使投资变得更加安全。社会公众可以迅速查询各金融机构投资理财产品和收益率的历史和现状，这是传统金融难以做到的。互联网金融的交易方式消除了社会公众奔波于金融机构之间选择投资理财组合的"皮鞋成本"，能够随着不同资产收益率和风险水平的变化不断改变组合方式，实现尽可能提高收益率和降低或规避风险的目的。

(二)互联网金融安全是一种公共品

在互联网金融领域里，即使国内的互联网金融是安全的，但是来自境外的网络风险同样对国内的互联网金融构成威胁。因此，互联网金融安全应该也必须是一种"全球公共品"。

在互联网金融领域，金融机构业务向境外扩展的形态发生了革命性的变化。金融机构并不一定要在境外设立分行或附属机构，而是利用网络将国内业务延伸至世界范围内需要提供服务的所有领域。例如，中国银联的银行卡收单、互联网支付、预付卡受理等业务覆盖全国，并且已经延伸至亚洲、欧洲、美洲、大洋洲、非洲的140多个国家和地区。在对待全球公共品的立场和行动上，达成统一协议是困难的。例如减缓全球变暖，由于各国无法独享全球公共品投资的收益，以及各国都想搭便车，因此，为了解决全球变暖而达成有效的国际协议往往是困难的。例如，1997年联合国气候大会通过了人类第一部限制各国温室气体排放的《京都议定书》，但是在履行减少温室气体排放量承诺的时候，许多国家采取了抵触的立场，美国政府2001年甚至宣布退出《京都议定书》。作为全球公共品的互联网金融安全，需要国家间确保互联网金融安全国际协议的签订和履行，避免像有些国家在对待《京都议定书》问题上出现的争吵和推诿。因为防范互联网金融风险需要跨越国界的联合行动，绝对不能"个人只扫门前雪，莫管他人瓦上霜"，否则，很可能招致"城门失火殃及池鱼"的严重后果。

在传统金融领域，金融的国际化要求金融监管必须通过国际协调。国际清算银行是金融监管国际协调的主要机构，《巴塞尔协议》和《有效银行监管的核心原则》构成了金融监管国际协调的主要内容。诸多金融监管国际协调机构和一系列金融监管国际协调规则的建立，是监控和防范金融风险的保障。例如，《巴塞尔协议》防范金融风险的三大支柱是资本充足率、监管当局的监督检查和市场纪律。而在互联网金融领域，由于互联网的开放性和全球化，《巴塞尔协议》的规则不能全面监控和防范互联网金融风险。当前，互联网金融犯罪的跨国特性尤为突出，如何携手打击互联网金融犯罪，已经是各国执法部门应共同应对的问题。建立类似"互联网金融国际刑警"的专门组织或机构，是打击跨国互联网金融犯罪的重要协作机制。

三、互联网金融安全系统的结构

互联网金融安全网应该包括监管机构、网络安全公司、金融机构、社会公众四个子系统，是一个由制度安排、技术支持、金融服务供给者和需求者相互依存而构建的安全系统，该系统是一张防范互联网金融风险的安全网。

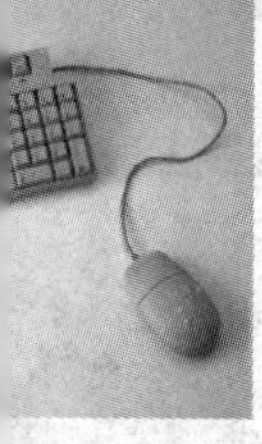

(一)第一个子系统:金融监管机构

金融监管机构包括中央银行和相关监管当局,以及依照法定职权和法定程序,运用法律处理金融案件的司法部门。监管机构在系统中的功能是统领全局,代表政府制定和实施确保互联网金融安全的政策措施,并对危害互联网金融安全的犯罪采取严厉管制和惩罚。

金融体系在世界各国都受到最严格的监管。防范传统金融领域中的风险已经有许多有效的工具和手段,传统金融的监管由于中央银行的"最后贷款人"职能,使中央银行处于金融监管的核心地位。在具体金融监管的过程中,主要依靠金融稽核手段对金融活动进行监督和检查。金融监管对金融机构的保护机制有四个层面:鼓励金融机构分散资产、规定资产与风险资产的比例、为金融机构提供担保基金、监督金融机构的行为。政府建立存款保险制度作为安全网为储户提供存款保护,其目的是为了有效地抑制传统金融领域的银行挤兑和银行恐慌现象。例如,美国在联邦存款保险公司成立之前的1930—1933年,银行破产的年均数量超过2000家,而从1934年联邦存款保险公司创建之后直至1981年,银行破产的年均数量都不超过15家。金融监管的法律法规包括金融行政管理法和刑事法两个法律体系。在金融监管的法律手段中,金融刑事法律体系对于传统金融的监管而言已经比较完善。早在1995年全国人大常委会通过了《关于惩治破坏金融秩序的犯罪的决定》,将集资诈骗、贷款诈骗、金融票据诈骗、信用证诈骗、信用卡诈骗、金融凭证诈骗等6种金融欺诈行为独立成罪。借助相关网络技术实施的互联网金融犯罪行为,与传统金融诈骗行为相比,在虚拟化交易中防范风险的难度更大,造成的损失可能是难以估量的。

因此,只有有效打击互联网金融犯罪,铲除互联网金融犯罪这个互联网时代的毒瘤,社会才能共享现代科技进步的成果。当前亟待解决的问题是,建立健全针对互联网金融的法律体系,使其在法律的轨道上创新,在法律的框架内运行。简言之,既要允许和鼓励金融创新,又要完善金融监管。否则,当余额宝这类互联网金融产品的规模短期内迅速膨胀之时,监管机构将面临着是否让其缴纳存款准备金,以及是否执行不超过基准利率10%的利率上限这样的尴尬。

(二)第二个子系统:互联网安全公司

所谓"皮之不存,毛将焉附",如果互联网安全得不到保证,那么,互联网金融也就不复存在。如果说互联网安全是互联网金融的"生命线",那么,互联网安全公司就是互联网金融的"守护神",是网络安全坚固屏障的构筑者。

传统金融中的道德风险、市场风险、信用风险、流动性风险、系统风险等在互联网金融中依然存在。因此,防范这类风险的手段在互联网金融领域并没有根本性的区别。例如,防范流动性风险的基本做法,仍然要依据中国银行业监督管理委员会的《商业银行流动性风险管理指引》(2009年)的要求,建立健全流动性风险管理体系,有效识别、计量、监测和控制流动性风险,维持充足的流动性水平以满足各种资金需求和应对不利的市场状况。

互联网金融的革命性在于支付方式的改变。支付体系的演变过程经历了商品货币、纸币、支票等不同的阶段,而每种支付方式都各有优点和缺陷。例如,纸币克服了商品货币(黄金或白银)由于沉重异地运输困难的缺陷,但主要缺点是容易被盗,并且在批量交易时数量过多的纸币会产生高昂的运输成本，于是代表一项支付指令的支票被创造出来。不过，以支票为基础的支付体系的缺陷是，支票的异地转移需要耗费一定的时间，而且纸质支票的处理成本很高。例如，美国每年处理已签发支票的费用超过了100亿美元。

互联网金融的电子支付或许克服了以往支付方式的所有缺陷，但是，互联网金融支付方式隐含着比传统金融更多更复杂的风险。利用黑客软件、病毒、木马程序等技术手段，盗取用户的银行账号、证券账号、密码信息等个人资料，攻击网上银行、证券信息系统和个人主机，改变数据盗取银行资金，操纵股票价格等，这些都是传统金融支付体系从未发生的。

在互联网金融支付体系中，支票清算和资金划拨是两个重要的支付服务。安全的互联网金融支付体系，能够实现金融资源的配置效率，使整个社会从中获益，而如果发生任何故障导致支付体系的停滞甚至瘫痪，给经济社会带来的损失将是难以想象的。

互联网安全公司最早和最有能力获知互联网中那些危及互联网金融的风险，应将防范这些风险的信息在第一时间传达给互联网金融安全网的其他系统，并且采取有效手段狙击与消除风险。与此同时，互联网技术的更新速度可谓迅雷不及掩耳，互联网安全公司必须保持自身技术的及时更新。

（三）第三个子系统：金融机构

金融机构是互联网金融服务供给者，包括与金融服务有关的所有金融中介。金融机构利用内部控制制度和行业自律制度防范传统金融风险。就内部控制制度而言，银行具备对借款者监督方面的专门技术，区分信用良好和信用拙劣的借款者，从而降低逆向选择和道德风险造成的损失；就行业自律制度而言，自我管理、自我规范和自我约束，都是有效的管理方式。

互联网金融在严格执行内部控制制度和行业自律制度的基础上，要利用技术手段建立防范外部风险的安全管理控制机制。运用密码技术保证数据信息在处理、储存和传输过程中的安全，防止数据信息被非法使用、修改和复制。这些已经在运用的技术手段需要互联网安全公司的技术支持，不断适时更新或升级。在互联网金融安全问题上永远不能存在所谓赌徒谬误——认为某一事件连续多次出现，就不可能再次出现的信念。只有对互联网安全丝毫不放松警惕，互联网金融才能实现安全稳健效率发展。作为互联网金融安全网子系统的金融机构，在审慎规避信贷风险的同时，之所以要时刻防范互联网金融风险，是因为“覆巢之下，焉有完卵”。例如2003年5—7月间，南非警察局共发现10起黑客袭击网上银行案件，涉及金额53万兰特，最大的一起为30万兰特，对刚刚兴起的南非网上银行业务造成了巨大打击，在客户中引起了连锁性的恐慌。

（四）第四个子系统：社会公众

作为互联网金融服务需求者的社会公众，在传统金融中主动地利用多种方式扩散风险和分摊风险。例如，在投机市场的扩散风险机制是，投机者利用价格的波动消除了价格在时间和空间上的差异，对资产与商品进行跨时空的调配；在投机市场利用套期保值分摊风险，通过对冲交易来规避价格波动的风险。

在互联网金融领域，一般地说社会公众处于最为被动的位置。因为在金融交易的过程

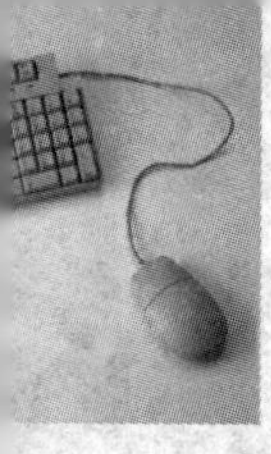

中，社会公众仅有密码的设定与使用、交易的数量等可以控制的要素。除此之外，在特定的互联网金融交易中是否安全的信息往往不得而知。作为社会公众的每个成员，既不可能掌握互联网金融是否安全的所有信息，又不能建立属于自己的互联网金融安全系统。因此，只能依赖金融机构和网络安全公司提供的网上交易环境。不过，在互联网金融安全问题上，社会公众在享受便捷的金融服务的同时，对交易环境和交易过程的安全性务必时刻保持警惕。

综上所述，互联网金融安全网是一个相互联系的安全系统。系统的结构是由系统所担负的功能决定，同时，系统的结构决定系统的功能。因此，互联网金融安全网应该是一个既职责分明又通力合作、相互联系与协同的系统。

第二节　互联网金融风险剖析及细分

一、法律风险

互联网金融行业中，不同的业态存在不同的法律方面问题。下面将对互联网金融的细分领域分别介绍其法律风险。

（一）第三方支付

现有的关于第三方支付的法律法规文件为：《非金融机构支付服务管理办法》、《非金融机构支付服务管理办法的实施细则》、《支付机构客户备付金存管办法》。据第一财经日报报道，央行向第三方支付企业下发了《支付机构网络支付业务管理办法》的征求意见稿，其中对个人支付账户的转账、消费额度设限。个人支付账户转账单笔不超过1000元，年累计不能超过1万元；个人单笔消费不得超过5000元，月累计不能超过1万元。若条款实施，对互联网支付业务将造成严重打击。

对于第三方支付会涉及信用卡套现的问题，最高人民法院、最高人民检察院2009年发布的《关于办理妨害信用卡管理刑事案件具体应用法律若干问题的解释》第七条规定：违反国家规定，通过使用销售点终端机具（POS机）等方法，以虚构交易、虚开价格、现金退货等方式向信用卡持卡人直接支付现金，情节严重的，应当依据刑法第二百二十五条的规定，以非法经营罪定罪处罚。持卡人以非法占有为目的，采用上述方式恶意透支，应当追究刑事责任的，依照刑法第一百九十六条的规定，以信用卡诈骗罪定罪处罚。而如今对于第三方支付企业，若出卡人通过第三方支付进行套现，将不会缴纳提现费用，因此如何防范信用卡套现是一个值得关注的问题。此外由于第三方支付用户信息具有一定的隐蔽性，也存在着譬如洗钱等一些违法犯罪风险。

（二）P2P网络贷款

P2P网络贷款存在的风险主要有以下几个方面。

1. 存在非法集资的风险

《最高人民法院关于审理非法集资刑事案件具体应用法律若干问题的解释》第一条：违反国家金融管理法律规定，向社会公众（包括单位和个人）吸收资金的行为，同时具备下列四个条件的，除刑法另有规定的以外，应当认定为刑法第一百七十六条规定的"非法吸收公众存款或者变相吸收公众存款"：未经有关部门依法批准或者借用合法经营的形式吸收资金；通过媒体、推介会、传单、手机短信等途径向社会公开宣传；承诺在一定期限内以货币、实物、股权等方式还本付息或者给付回报；向社会公众即社会不特定对象吸收资金。

2013年11月25日，由银监会牵头的九部委处置非法集资部际联席会议上，网络借贷与民间借贷、农业专业合作社、私募股权领域非法集资等一同被列为须高度关注的六大风险领域。会议指出，非法集资主要有以下三类情况：第一类为当前比较普遍的理财—资金池模式，即一些P2P网络借贷平台通过将借款需求设计成理财产品出售给放贷人，或者先归集资金、再寻找借款对象等方式，使放贷人资金进入平台的中间账户，产生资金池，此类模式下，平台涉嫌非法吸收公众存款。第二类为不合格借款人导致的非法集资风险，即一些P2P网络借贷平台经营者未尽到借款人身份真实性核查义务，未能及时发现甚至默许借款人在平台上以多个虚假借款人的名义发布大量虚假借款信息，向不特定多数人募集资金，用于投资房地产、股票、债券、期货等市场，有的直接将非法募集的资金高利贷出赚取利差，这些借款人的行为涉嫌非法吸收公众存款。第三类则是典型的庞氏骗局。即个别P2P网络借贷平台经营者，发布虚假的高利借款标募集资金，并采用在前期借新贷还旧贷的庞氏骗局模式，短期内募集大量资金后用于自己生产经营，有的经营者甚至卷款潜逃。此类模式涉嫌非法吸收公众存款和集资诈骗。

2. 存在公开发行证券的风险

《证券法》第十条规定：公开发行证券，必须符合法律、行政法规规定的条件，并依法报经国务院证券监督管理机构或者国务院授权的部门核准；未经依法核准，任何单位和个人不得公开发行证券。有下列情形之一的，为公开发行：向不特定对象发行证券的；向特定对象发行证券累计超过二百人的；法律、行政法规规定的其他发行行为。非公开发行证券，不得采用广告、公开劝诱和变相公开方式。P2P网贷企业有债权转让的模式，转让包括本金与利息，以电子形式转让债权的行为涉及向不特定社会公众发放证券的风险。

3. 存在非法经营的风险

可能涉嫌非法经营罪《刑法》第二百二十五条规定："违反国家规定，有下列非法经营行为之一，扰乱市场秩序，情节严重的，处五年以下有期徒刑或者拘役，并处或者单处违法所得一倍以上五倍以下罚金；情节特别严重的，处五年以上有期徒刑，并处违法所得一倍以上五倍以下罚金或者没收财产：

(1)未经许可经营法律、行政法规规定的专营、专卖物品或者其他限制买卖的物品的；

(2)买卖进出口许可证、进出口原产地证明以及其他法律、行政法规规定的经营许可证或者批准文件的；

(3)未经国家有关主管部门批准非法经营证券、期货、保险业务的，或者非法从事资金支付结算业务的；

(4)其他严重扰乱市场秩序的非法经营行为。

该条款中前3项都有明确的司法解释予以界定相关行为是否构成犯罪，第(4)项是一种不确定的概括规定，俗称"口袋罪"，即：只要法律、行政法规有关于某种经营活动的规定并且行为人违反了这个规定，且行为人无法构成其他具体犯罪的话，行为人就可能构成非法经营

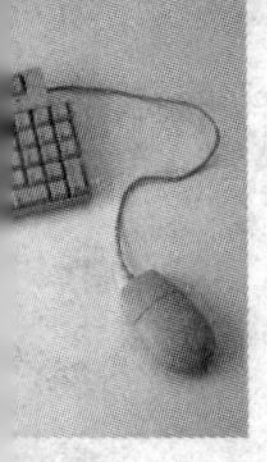

罪。故P2P平台或公司仅能在其营业执照核准的经营范围内合法经营，不能超出营业执照核准的经营范围或违反相关法律法规规定，否则随时可能被纳入非法经营罪这项“口袋罪”当中。

（三）大数据金融

大数据金融服务平台中，涉及数据的采集、处理以及应用，也涉及拥有大数据的企业跨界金融涉及金融监管的问题。从数据的采集、处理以及应用中，在互联网相关企业，尤其是电商企业在为客户提供金融服务的过程中，积累了大量的客户个人信息，而其中所隐含的商业价值逐渐被人们发现和利用。在利益驱使下，越来越多的机构或个人采取种种手段获取他人信息，加之部分企业保护意识和保护能力不强，导致近年来对个人信息的侵权行为时有发生，已引起社会广泛关注。造成此种侵权行为发生的一个重要原因是，目前我国尚无一部专门的法律对个人信息数据特别是个人金融信息的收集、使用、披露等行为进行规范，立法散乱，呈零星、分散状态，不成体系，目前主要通过宪法和相关法律法规对个人信息进行间接保护。

近年来我国加快了个人信息安全保护的立法和修法进程，如《刑法修正案（七）》、《侵权责任法》、《居民身份证法（修订）》等法律都相继出台，民事、行政和刑事责任三位一体的个人信息保护法律框架基本构筑。还有前面所提到的全国人大常委会于2012年12月28日通过的《关于加强网络信息保护的决定》进一步强化了以法律形式保护公民个人信息安全，但这些法律法规仍然过于原则化抽象化，导致缺乏实际操作性，并存在规制范围狭窄、公民举证困难等不足。此外，现行“谁主张、谁举证”的司法规则在大数据时代下存在着很大的局限性，由于现代信息技术环境下收集和滥用个人用户信息的主体众多、渠道隐蔽、方式先进，导致被侵害合法权益的个人用户举证难度极大，即使最后举证成功，在请求损害赔偿时也很难证明和评估个人的实际损失。

另一方面，大数据企业跨界金融，随着政府本着金融创新、加快金融改革的理念对此在态度上表示支持，但是金融监管机构尚无明确的法律法规以及规章制度出来给予规范。而且大数据企业和金融机构从基因上的不同，使得二者的商业规范、运营模式都存在差异，这就要求大数据企业必须在认真学习传统金融机构的监管政策的同时，也积极关注政府出台的新的监管措施，对业务进行调整，不踩法律红线，不打法律擦边球。

（四）众筹

众筹在公开发行证券与非法集资方面的法律风险与P2P网贷的风险类似，仅为股权与债权的差异。但是众筹还存在着知识产权、代持股的风险。部分股权式融资平台的众筹项目是设立有限责任公司，但根据《公司法》第二十四条规定“有限责任公司由五十个以下股东出资设立”。那么，众筹项目所吸收的公众股东人数不得超过五十人。超出部分的出资者不能被工商部门记录在股东名册中享受股东权利。因此许多众筹项目发起者为了能够募集足够资金成立有限责任公司，普遍采取对出资者采取代持股的方式来规避《公司法》关于股东人数的限制。但这种代持股的方式在显性股东与隐形股东出现利益冲突时，法律一般会倾向于对显名股东的权益保护，这就可能会导致部分出资者的权益受到侵害。

(五)网上金融机构

中国金融信息化的快速发展导致了金融法制建设的滞后。金融模式、产品的创新速度很快,而相关的法律法规及实施细则的更新速度却慢得多。我国缺乏关于客户信息披露及隐私保护的有关法律法规,在金融机构信息化的过程中,消费者信息容易遭到窃取,损失没有具体的衡量标准。电子货币由于具有匿名性,交易难以追踪,容易造成洗钱、逃税的行为,并且存在私人发行的情况,目前我国对于这方面的监管法律尚未明确。

二、信用风险

互联网金融的信用风险指网络金融交易者在合约到期日未能履行约定契约中的义务而造成经济损失的风险,交易对手即受信人不能履行还本付息的责任而使授信人的预期收益与实际收益发生偏离的可能性。传统金融企业在信用风险方面研究较多,已经形成了比较完善的信用评估体系。虽然互联网的开放性减少了网络中信息的不对称,但这更多的是在需求对接等资源配置上的效率提升,而在识别互联网金融参与双方信用水平上并没有太大作用。同时,由于互联网本身的特点,互联网金融领域的信用风险较传统金融行业更难控制。

(一)来自资金需求方的信用风险

由于互联网金融虚拟性的特点,交易双方互不见面,只是通过网络发生联系,这使对交易者的身份、交易的真实性验证的难度加大,增大了交易双方在身份确认、信用评价方面的信息不对称。而且互联网金融发展历程短、进入门槛低,大部分企业缺乏专业的风险管理人员,不具备充分的风险管理能力和资质,加上网络贷款多是无抵押、无质押贷款,从而增大了信用风险。

网络金融中的信用风险不仅来自交易方式的虚拟性,还存在社会信用体系的不完善而导致的违约可能性。由于我国的社会信用体系建设处于初级阶段,全国性的征信网络系统也还没有建立起来,加之互联网金融还未纳入央行征信系统,信用中介服务市场规模小,经营分散,而且行业整体水平不高,难以为互联网金融企业风险控制提供保障。基于上述原因造成的信息不对称,互联网金融中存在一定的道德风险。客户可以更多地利用金融机构与自身信息不对称的优势进行证明信息造假,骗取贷款,或者在多家贷款机构取得贷款。在经济中存在逆向选择问题,一般而言,有信用且优质的客户大多能从正规的金融机构获得低成本的资金,而那些资金需求难以满足的人群大多都成为了互联网金融的主要客户,这部分人或者企业可能存在以下情况:信用存在问题,没有可抵押担保的资产,收入水平低或不稳定。

客户利用其信息不对称优势,通过身份造假、伪造资产和收入证明,从互联网金融企业获取贷款资金,互联网金融平台之间没有实现数据信息的共享,一个客户可能在多个平台进行融资,最后到期无法偿还而产生信用风险,如果违约金额大,涉及的客户数量多则很可能引起公司倒闭,进而使其余投资者资金被套,无法追回。

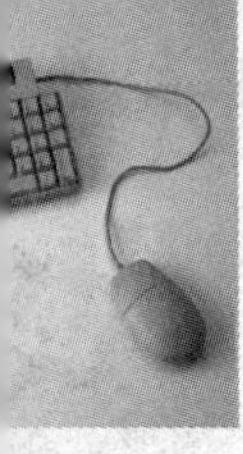

(二)来自互联网金融企业的信用风险

互联网金融平台经营者可能通过虚假增信和虚假债权等手段骗取投资人的资金,隐瞒资金用途,拆东墙补西墙,最后演变成庞氏骗局,使投资人利益受损。以众筹平台为例,其主要的信用风险就是资金托管,只有取得《支付业务许可证》的非金融机构才能从事支付业务,而众筹平台不具备这样的资格。但在实际操作过程中,投资者将钱拨付到众筹平台的账户中,由平台将资金转到成功募集的项目上,而这个过程没有独立的第三方账户对资金进行托管,一旦平台出现信用问题,投资者就难以追回出资。

另外,任何金融产品都是对信用的风险定价,互联网金融产品如果没有信用担保,该行为风险就可能转嫁到整个社会。互联网金融中,无论是网贷平台还是众筹平台,其发行产品的风险无法由发行主体提供信用担保。如今很多网贷平台都引入担保公司作担保,且不说担保公司的注册资本能支撑多高的担保金额,其担保模式是否合法就存在很大问题,这种形式上的担保并不能减弱互联网金融的信贷风险。

据不完全统计,自 2013 年 10 月份到 12 月底的短短两个月时间,国内已有近 40 家 P2P 网贷公司因为信用问题出现倒闭、挤兑、逾期提现、跑路事件。由此可见,互联网金融企业的信用风险是目前行业亟待解决的问题。

(三)信用信息风险

大数据最大的价值在商业服务领域,企业通过大数据透视了用户深层次的特征和无法显现的内在需求。互联网金融企业通过数据挖掘与数据分析,获得个人与企业的信用信息,并将其作为信用评级及产品设计、推广的主要依据,这一做法是否侵犯了隐私权及其在中国的合法性也不能确定。

互联网时代人们在网络上的一切行为都可以被服务方知晓,当用户浏览网页、发微博、逛社交网站、网络购物的时候,所有的一举一动实际上都被系统监测着。所有这些网络服务都会通过对用户信息的洞察获取商业利益,例如用户在电商网站上浏览了冰箱,相关的冰箱销售广告就会在未来一段时间内推荐给用户;用户在社交网络上提到某种产品或服务,这类型的产品或服务就能主动找到用户。所有这种商业行为本质上就是机构通过对用户隐私的洞察来获取商业收益。

三、运营风险

(一)高杠杆风险

2010 年 3 月,中央七部委联合制定的《融资性担保公司管理暂行办法》规定,融资性担保公司注册资本的最低限额不得低于人民币 500 万元。具体各省、自治区、直辖市成立融资性担保公司的最低注册资本由当地监管部门根据当地实际情况确定。但《办法》强调,任何地区设立融资性担保公司最低要求注册资本为 500 万元。然而,我国很多 P2P 小额信贷公司注册资金都不足 500 万。尽管大多数 P2P 网贷公司承诺“包赔本金”,却没有相应的资本约束和保证。据“小额信贷之家”数据显示,“人人贷”、“拍拍贷”、“中宝投资”的注册资金仅有100万元，而它们在2013年交易量均在8000万元以上，最多高达20多亿元（“中宝投资”成交额为23.9亿元）。如此高的杠杆率和规模与注册资本的极不相称可能引发的运营风险不容忽视。

而且，为了吸引投资人，不少P2P公司承诺本金保障，提取平台储备资金为投资人提供本金保障。倘若引发高杠杆利率风险，出现资金流动性问题，承诺的本金保障根本无法实现。另一方面，为取得借款人的信任，很多P2P平台会引入第三方担保机构。然而，很多担保公司不是平台的关联公司，就是一个纯子虚乌有的企业。一旦平台遇到困难倒闭或企业主携款潜逃，“担保函”就成了一纸空文，投资者的利益根本无法得到保证。并且，即便担保公司实至名归，如果P2P借款人发生偿债困难面临违约风险，只要担保公司担保的数额超过了担保公司的支付能力，就有可能引发大面积违约。

据第三方检测机构网贷之家数据统计，就2013年全年，倒闭、跑路的网贷平台就有75家，拖欠投资者投资款超过10亿元。2014年刚过7天就有3家P2P平台陷入兑付危机。1月2日，广融贷发布公告称，借款人逾期造成超过2000万元借款难以提现。1月5日，及时雨网贷公告称，该公司目前积压未提款金额缺口高达1053万元。1月7日，P2P网贷平台富豪创投发布公告称，由于股东内部分歧，目前平台遭遇筹措资金困难。并且，媒体方面，P2P网贷的负面新闻也不断被爆出，如“深圳旺旺贷失联，600多位投资者2000万元资金命悬一线”；“宜信8亿元坏账难以追回，局部坏账率攀高至15%”等。由此可见，大部分网贷公司自身担保能力有限，难以支撑如此高的杠杆。

（二）洗钱风险

与银行机构相比，互联网金融机构游离于监管之外。互联网金融机构一般只审核借款人的资金用途，不查投资人的资金来源。而且客户身份识别与验证也不够严格，对交易真实性的核实也缺少有效手段。很多网贷平台仅在网站首页声明要求借款人资金使用与借款申报所登记的用途保持一致，但实际操作中根本不会对每一笔贷款的使用情况进行实地考察与审核，因此对资金使用情况的监管形同虚设。正是由于互联网金融交易具有隐蔽、快捷的特性，为犯罪分子洗钱违法活动提供了广泛的空间。并且，在反洗钱实际操作中，金融机构需要报送超过规定额度的可疑资金交易，而中国人民银行要对这些大额可疑交易进行识别，对可疑资金活动进行检测分析，并根据每一笔交易详情，利用数据关联技术，判断交易活动是否具有可疑性。然而，互联网金融机构并没有进行客户身份的识别，也没有保存详细的交易记录，更没有履行报告可疑交易报告的责任。这使得原本按照法律规定的反洗钱工作无法有效落实，为洗钱犯罪行为提供了便利通道。

另外，网络环境的虚拟性滋生了洗钱行为。在网络交易中，买卖双方只需在平台上注册一个虚拟账户，交易虚拟商品，即可隐瞒、掩盖通过非法活动获得的收益，使其合法化。而且，我国第三方支付的业务范围已经扩及跨国交易的人民币和外币资金结算服务，这为黑钱、热钱跨境流动提供了可能性。

不仅如此，我国个别P2P网贷平台专门为非法分子的洗钱行为提供服务，成为洗钱活动的中转平台。据人民网报道，国内第三方支付机构“快钱”与境外赌博集团勾结，为网络赌博违法犯罪活动提供支付服务，协助其转移资金30余亿元，并从中获利1700余万元的好

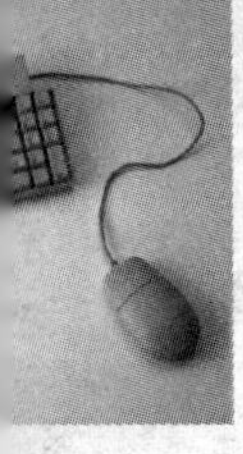

处。“快钱”的行为也证明了我国规范互联网金融行为的法律法规尚属空白，反洗钱监管体制不完善。如何有效防范网络洗钱风险值得进一步思考和研究。

(三)技术安全风险

互联网金融依托的是发达的计算机通讯系统，金融交易中的业务和风控需要由电脑程序和软件系统在互联网上完成，计算机网络技术的安全与否决定了互联网金融能否有序运行。因此，计算机网络系统的技术安全风险成为互联网金融的潜在风险。

首先，不完善的密钥管理及加密技术使黑客可以在客户机传送数据到服务器的过程中进行攻击，盗取交易资料，甚至攻击系统终端，进而损失了交易主体的权益，给互联网金融的资金安全和正常运作带来严重影响。比如，2013 年 9 月，网银变种木马病毒“弼马温”伪装在播放器中，通过自动更新配置获利账号，在用户毫无感知的情况下对网银支付或充值行为进行劫持。据统计，约 50 多万的网民感染病毒，部分网民的理财资金遭受损失。再比如，2013 年 4 月 8 日，丰达财富 P2P 网贷平台遭黑客持续攻击，网站瘫痪 5 分钟；7 月 6 日，“中财在线”自主开发的系统遭遇黑客攻击，导致用户数据泄漏。可见，网络泄密案件的不断发生为国家、企业和个人敲响技术安全的警钟。

其次，互联网金融技术安全风险还体现在 TCP/IP 协议的安全性上。目前互联网采用的传输协议是 TCP/IP 协议族，这种协议的设计是在网络规模不大、应用范围不广、计算机技术尚不发达的情况下完成的，安全性方面不够完善。由于其数据链路层的脆弱性、传输层的脆弱性、应用层的脆弱性，使网上信息的加密程度不高，在传输过程中数据包易被窃取。入侵者甚至可以通过更改 IP 或 MAC 地址，非法侵入，给互联网金融体系带来混乱。加之计算机病毒可通过网络快速扩散与传染，一个程序被病毒感染，整个交易网络都可能受到破坏，且杀伤力极大。这在传统金融行业中是不会出现的。传统金融的安全风险只会带来局部的损失，而互联网金融的技术安全风险影响范围更广、规模更大，所带来的损失更加巨大。2012 年赛门铁克发布的《揭露金融木马的世界》白皮书显示，2012 年全球范围有 600 多家金融机构遭受过网银木马的攻击，范围横跨亚洲、欧洲和北美洲，截至 2012 年 10 月，约 16.5 万台电脑被网络银行木马感染。可见，网络技术安全风险也是互联网金融发展迫切需要解决的问题。

(四)量化放贷风险

阿里金融的放贷模式是依据大数据建立起的自动化量化贷款发放模型。通过对自身网络内的客户交易数据，如交易量、评价度、口碑、货运等数据进行量化处理，同时引入外部数据，如海关、税务、电力、水力等数据加以匹配，进行有效的数据整合，建立起定量化的货款发放模型。同时建立中小企业贷款的数据库模型，进行数据库跟踪管理。此模型的好处是显著提高放贷效率、降低放贷成本，更关键的是让金融机构在其中的作用弱化，真正做到脱离金融机构的体系。据媒体报道，阿里巴巴在 2013 年第一季度完成了 110 万笔贷款，人均发放贷款 2750 笔，每天处理一万笔左右的贷款额。这样的规模是传统金融机构无法达到的。

然而，量化交易得以成功的基础是长期稳定的交易环境，比如贷款需求和意愿的稳定增长。在经济动荡或者衰退时，这些在良好经济发展条件下设置的量化参数便失去了意义。

本来信用度很好的客户，在经济形势大面积下滑时也会有无法还贷的可能性。所以，如果阿里巴巴无法建立起很好地系统性风险应对机制，出现大面积坏账是必然结果。长期资本管理公司(Long Term Capital Management)便是由于系统性风险带来量化交易失败而破产的典型案例。由于历史数据的统计忽略了一些小概率事件，基于历史数据建立起来的模型就无法对这部分小概率事件做出应对，所以当亚洲金融危机发生时，LTCM 的量化交易无法做到及时调整而导致其损失惨重。因此，量化放贷的系统性风险是不得不防范的。并且其参数设置是建立在很长时间的相关经济数据的系数研究基础上，这期间需要付出的代价极大。从金融发展历史来看，做这样量化标准放贷模型的尝试一直就有，但到目前为止，尚未找到特别成功的模型。

四、业务风险

(一)操作风险

巴塞尔银行监管委员会对操作风险的定义是：所有因内部作业、人员及系统的不完备或失效，或其他外部作业与相关事件造成损失的风险。互联网金融业务的操作风险可能来自互联网金融的安全系统及其产品的设计缺陷，也可能是因为交易主体的操作失误。

以远程支付为例，互联网交易面临的钓鱼、欺诈风险尚未彻底解决，应对网银欺诈的安全软件产品尚不成熟，第三方软件可能对存在的木马程序不能有效识别。因此，犯罪分子可以利用互联网金融这方面的缺陷，通过钓鱼 WIFI 站点或其他攻击手段，对客户交易信息进行拦截或篡改，造成客户资金损失。另一方面，手机移动支付因缺少 U 盾接口，普遍采用短信认证的方式进行身份确认。在这方面，由于客户的安全意识薄弱，且缺乏这方面的安全软件保护，也易被犯罪分子利用，存在安全隐患。再比如互联网金融业务所依赖的搜索引擎也具有操作性风险。2012 年 12 月之后，媒体相继报道了多起客户因使用搜索引擎而被引诱登陆假冒银行网站造成资金损失的案件。2013 年 3 月爆出的支付宝重大漏洞就是通过引擎搜索泄露了大量的支付宝转账交易信息及个人敏感信息，包括付款账户、邮箱、手机号等。2014 年 1 月 17 日，央视新闻频道《东方时空》栏目播出《支付宝找回密码功能有漏洞，账号安全受威胁》节目提到，因为 2013 年 3 月份的支付宝泄密事件导致的信息泄露，不法分子以此寻找受害人信息，通过找回密码来获得用户支付宝访问权限，从而将支付宝的钱款转走。可见，系统设计缺陷和安全隐患有可能引发互联网金融业务的操作风险。同时，互联网金融系统升级也可能出现故障，跨平台(互联网和移动互联网)、跨系统(Windows、IOS、Android 等)的系统适配也会有操作风险的隐患。另外，从交易主体操作失误来看，客户可能对互联网金融业务的操作规范和要求不太了解，造成交易中支付结算中断等问题，从而引发资金损失。因此，在互联网金融业务中，安全系统失效或交易过程中的操作失误都会带来操作风险。

(二)信誉风险

互联网金融的信誉风险指的是由于机构经营不善、金融业务监管不力、金融交易遭遇侵害或其他原因给客户带来经济损失，导致在公众舆论产生负面评价，失去良好的信誉，从而

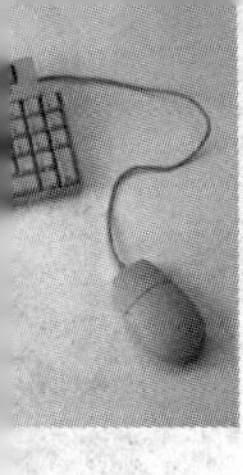

无法有序开展业务。如黑客对互联网金融机构恶意攻击盗取客户信息、系统故障导致客户无法使用机构网上账户进行交易等,都很容易引发互联网金融机构的信誉损失。一旦互联网金融机构提供的服务低于客户预期,给客户造成一定损失,就会影响服务提供者的信誉,进而损害与客户之间长期建立的友好关系,减少机构的资金来源。无论是传统金融还是互联网金融,信誉风险带来的消极影响都有长期持续的特点。其根源是我国互联网金融不完善的信用体系和不安全的技术环境。因此,建立完善的信用体系和提高互联网技术安全是互联网金融机构保持信誉的根本。

(三)期限错配风险

资产和负债的差额以及期限的不匹配将引起流动性风险。对于大量贷款到期,互联网金融企业由于贷款期限不匹配,出现资金断层,没有资金流入以偿还到期贷款而出现流动性问题。如余额宝、理财通、百度百发等理财产品为了吸引客户,在设计产品时允许随时赎回,而与该产品联系的基金其实很难做到低风险地实现这一功能。因此余额宝等设计随时赎回这一功能时是考虑了大量赎回的资金漏洞可以被大量购买进入的资金弥补,然而一旦市场出现行情波动引起大规模集中赎回却没有相应体量的产品购买,这类企业将面临严重的流动性危机。

一些 P2P 网贷平台为了提高交易量,可能将长期的标的分拆成短期标的来循环交易。例如一个 12 个月标的,P2P 公司就可以用自己的资金提前贷给借款人,然后再将这个标的拆成 1 个月期限的挂在网上,不停循环,增加交易次数和规模。交易规模排在前三的网贷企业,如温州贷,其标的短则几天,期限长的也就两个月左右,大量的短期标的使得温州贷的交易规模稳居第一。首先,该做法一定程度违背了 P2P 网贷平台交易的合法性,P2P 兴起的主要原因就是借款人和出借人点对点的对接,而拆标和假标的行为欺骗了出借人。其次,由于平台间的竞争压力,许多网贷平台为吸引投资者,推出了本金保障计划,一旦借款人出现违约,平台将用自有资金进行垫付,这增加了平台的风险,也加重了平台的流动性压力。长期的贷款和短期的理财产品标的资金结构不匹配,当这一压力随着违约率的上升而增加,企业就难以继续经营。

新兴互联网金融企业缺乏内部有效的流动性风险防范体系,外部没有类似于银行间的同业拆借市场,也得不到央行的紧急支持,因此在流动性风险控制方面没有优势和经验。

(四)自营风险

互联网金融行业进入门槛低,许多非金融企业不断进入该领域,但由于对金融行业的监管法律、经营方式、风险控制都缺乏经验,在经营过程中照搬其他平台经营模式,缺乏风险控制意识,管理混乱,最后导致企业经营困难。

在选择经营模式上,一些网贷公司选择了自融,这不仅可能违反法律,同时把企业自身与平台的经营风险挂钩,导致出现经营问题的几率大大增加,网赢天下就是其中典型的案例。成立四个月就倒闭的网赢天下与拟上市公司华润通存在关联关系,华润通通过设立网赢天下为自身筹集资金,导致贷款到期无法兑付,最终倒闭。

在管理方面,对风险控制的能力不足是经营互联网金融企业过程中最大的短板。网贷对借款人的资格审核和信用评级没有一套成熟的体系，众筹对项目的审核及后期监控也缺乏可用的风险防范机制。虽然互联网金融对于投资者的进入要求较低，分散投资也降低了每一个投资者的风险，但几乎所有的互联网金融企业都忽略了对投资者的风险承受能力进行测试，也没有相应的程序来对投资者普及基本的投资风险知识，缺少针对不同投资者的情况进行风险提示以降低违约事件造成的影响等措施。

(五)数据偏误风险

大数据意味着更多的信息，但同时也意味着更多虚假信息，这对数据的真实性提出了挑战。同时，由于大数据具有数据类型多样、价值大但密度低等特点，利用互联网获得的数据来分析客户的信用情况是否科学可信值得怀疑。根据统计学原理，如果用于统计的样本规模不够大或者数据不完全，存在选择性偏误或系统性偏误，那么统计出来的结果误差将非常大。

在现有的互联网金融企业中，除了电商平台拥有足够大的数据规模以外，其他平台如网贷、众筹等，本身体量不大，数据积累也不足以应用大数据的技术。

统计学家曾证明：采样分析的精确性随着采样随机性的增加而大幅提高，但与样本数量的增加关系不大。社会上分散、割裂的数据，如果不能很好地整合，就算数据量很大，也可能导致分析的不准确。大数据需要多维度，全面的数据才能具有有效性。由于全社会开放与共享数据还很难，这让数据质量大打折扣。大电商平台阿里巴巴从淘宝、支付宝等获得的数据维度单一，且由于卖家刷信用造成的数据失真严重。因此，在使用平台积累数据进行信用评价时，也可能会产生由数据统计偏差导致的信用风险。

五、货币风险

随着互联网金融的不断发展，是否将其纳入存款准备金体系一直颇受争议。存款准备金是金融机构为保证客户提取存款和资产清算需要而储备在中央银行的存款。目前，互联网企业没有存款准备金制度的要求。在存款准备金制度下，金融机构不能将其吸收的存款全部用于放贷，必须保留一定的资金即存款准备金，以备客户提款的需要。存款准备金也是重要的货币政策工具。当央行降低存款准备金率时，金融机构用于贷款的资金增加，社会的贷款总量和货币的供给量相应增加；反之，社会的贷款总量和货币的供应量相应减少。因此，相对于传统金融企业而言，互联网金融企业没有存款准备金的要求，会放大货币乘数，增加货币的供给量，影响国家的宏观调控政策。余额宝等“宝宝”类产品无形中放大了货币乘数，增加了央行对货币总量的管理难度。

余额宝类的理财产品本质上是货币市场基金，其绝大部分的资金都投向了银行协议存款，余额宝的银行协议存款比例达到了90%以上。按照现有的监管政策，这部分协议存款属于同业存款，不纳入存贷比，没有利率上限的制约，也不受存款准备金制度的约束。现在市场上类余额宝的互联网金融产品年化收益率在6%左右，是活期银行存款的15倍左右，而且与很多银行签署有提前支取不罚息的保护条款。这种高收益、低风险的产品实际上是在“打擦边球”。余额宝类的互联网金融产品实际上与银行存款一样面临流动性风险、涉及货币创造等问题。没有存款准备金的要求，理论上这部分来自类余额宝的产品可以无限派

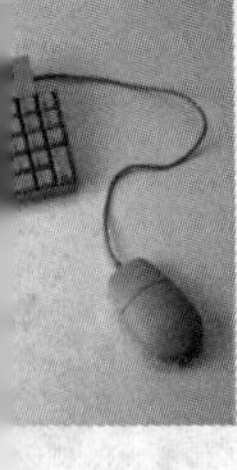

生、无限的创造货币的供给。这一方面影响到了央行货币政策的有效性,增加了通货膨胀的风险,影响物价的稳定性。另一方面,一旦出现用户大规模集体提现的情况,没有存款保证金的保障,很容易导致企业资金紧张甚至破产倒闭。

另外,像Q币和比特币这类的虚拟货币,本身存在于互联网的虚拟环境中,由于这类虚拟货币具有较高的流动性和现实中货币的可替代性,对现实生活中的金融体系的运行和传导机制都产生了一定的影响。虚拟货币现在并没有计入M2与社会融资总量的范围,现实货币的供应量被低估。比特币这类虚拟货币又可以与现实社会中流通的货币互相兑换,加速了货币的流动性。互联网金融企业也没有被列入存款准备金制度之内,削弱了央行货币政策对于货币市场的调控,央行对货币供应量的控制能力以及预测能力都相应减弱,加剧了货币乘数的不稳定性。

互联网金融本身具有虚拟性的特征,加之虚拟货币的使用在一定程度上替代了现实货币,监管制度的相对欠缺使互联网金融行业的货币风险逐渐暴露出来。

第三节　互联网金融风险的治理

互联网金融这一新生事物,具有利好和风险的双重性。一方面它能给民众带来经济利益和服务便利,同时也能出现风险,损害民众的利益。我们需要对互联网金融趋利避险,在支持鼓励其健康发展的同时,对其风险进行科学的防范、监管和治理。

一、全监管体制,提高风险保护

对互联网金融的风险控制,从监管方面来说包括两个方面:一是法律监管,二是监管机构监管。目前我国的金融法律如银行法、证券法、保险法都是基于传统金融而制定,面对互联网金融中出现的新型的法律纠纷等问题,原有的法律已经不适应互联网金融的发展。应当加快对互联网金融的立法,特别是在电子交易的合法性、电子商务的安全性以及禁止利用计算机犯罪等方面,明确数字签名、电子凭证的有效性,确定虚拟信用卡和二维码支付的合法性,明确互联网金融业务各交易主体的权利和义务。

针对互联网金融交易的业务范围不断扩大,业务种类日益多样化,其混业特征日益显现。而我国是典型的分业监管模式,无法对互联网金融的综合业务实施有效监管,因此建立适合互联网的综合监管模式至关重要。首先应该加紧对互联网信用中介、互联网理财服务、互联网金融信息平台的调研,将其纳入监管体系。

其次应该协调好各监管机构在监管中的作用,避免重复监管,金融监管应从“机构监管型”转向“功能监管型”。另外在监管中,应注意监管力度与鼓励金融创新之间的取舍。最后,应注意监管的重点由资产负债和流动性管理为主转向金融交易的安全性和客户信息的保护并重。在监管互联网金融的同时要注重对消费者权益的保护。互联网金融现有业务量虽然相对较少,但参与面相当广,互联网金融普惠理念扩展的消费者大多缺乏专业的金融知识,很多也没有权益保护和风险意识,因此要强化对此类的金融消费权益保护。进行风险提示,确保交易安全、信息安全和投诉渠道畅通,要进一步明确各金融消费权益保护管理机构的具体职责和权利,以便更好地保护金融消费权益,提高消费者风险识别能力。

二、完善征信体系，实现信息共享

1997年，人民银行开始筹建银行信贷登记咨询系统（企业征信系统的前身）。自2004年至2006年，人民银行组织金融机构建成全国集中统一的企业和个人征信系统。今天的征信系统，已经建设成为世界规模最大、收录人数最多、收集信息全面、使用和覆盖范围广泛的信用信息基础数据库，基本上为国内每一个有信用活动的企业和个人都建立了信用档案。截至2013年11月底，征信系统收录自然人8.3亿多，收录企业及其他组织近2000万户。征信系统全面收集企业和个人的信息，其中以银行信贷信息为核心，还包括社保、公积金、环保、欠税、民事裁决与执行等公共信息，接入了商业银行、农村信用社、信托公司、财务公司、汽车金融公司、小额贷款公司等各类放贷机构。征信系统的信息查询端口遍布全国各地的金融机构网点，信用信息服务网络覆盖全国。

若互联网金融企业的数据信息与央行的征信系统实现对接，在判断借款人的信用水平、还款能力时将会降低不少成本。另一方面，通过信息的对接，一旦借款人违约将会有更多的机构了解到他的信息，这样可以提高借款人的违约成本，从而降低违约率。第三方面，互联网金融公司的借款人多为缺少抵押品的小微企业和个人，这些群体在央行缺乏信用记录，所以在行业内建立一套信用记录体系就有很大的必要。通过将具有不良信用记录和违约的借款人信息放到行业内的信息记录系统，可以使同行业的企业更快速高效地审核借款人信息。

三、普及大数据分析，进行信用考核

电商企业利用大数据进行风控，比如阿里金融把阿里巴巴、淘宝、天猫、支付宝等平台积累的大量交易支付数据作为基础数据，再加上卖家自己提供的销售数据、银行流水、水电缴纳等辅助数据，所有信息汇总，输入网络行为评分模型，进行信用评级。通过获得大量数据，利用数学运算和统计学的模型进行分析，评估出借款者的信用等级。具有代表性的企业如美国的Zest Finance，这家企业的大部分员工是数据科学家，他们并不特别地依赖于信用担保行业，用大数据分析进行风险控制是Zest Finance的核心技术。处理数据的核心是根据他们开发的10个基于学习机器的分析模型，对每位信贷申请人超过1万条的原始信息数据进行分析，并得出超过7万个可对其行为做出测量的指标。

四、实现第三方资金托管

清算结算分离托管机构一般分为银行和第三方支付公司，而第三方支付公司的费用较低。在P2P网贷平台上进行交易时，交易资金应该交由第三方支付公司保管。清算指令由P2P平台发出，而结算则由第三方支付机构进行。这样可以使P2P平台的人员不直接接触客户资金，保障客户资金的安全及平台的独立性，经营的合法性，可以降低其从业人员的道德风险。

五、构建互联网安全体系，加强风险预防

中国的互联网金融软硬件系统应用大多来自国外，缺少具有高科技自主知识产权的互联网金融设备。互联网金融依托的是先进的计算机系统，计算机系统的缺陷构成互联网金

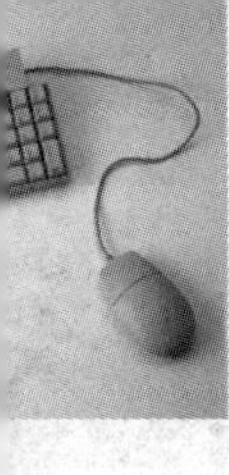

融的潜在风险，比如开放式的网络通讯系统、不完善的密钥管理及加密技术、安全性较差的TCP/IP协议，以及计算机病毒和电脑黑客高手的攻击，这些很容易导致客户的账号密码等信息丢失从而引起资金损失。因此应该在以下三个方面构建互联网金融安全体系。

（一）开发具有高科技自主知识产权的互联网金融相关技术

开发互联网加密技术、密钥管理技术及数字签名技术，提高计算机系统的技术水平和硬件设备的安全防御能力，如防火墙技术、数据加密技术和智能卡技术，从而降低使用国外技术可能导致的不稳定以及信息泄露风险，保护国家金融安全。

（二）增加在软硬件设施的投入水平

在硬件方面应该加大对计算机物理安全措施的投入，增强计算机系统的防攻击、防病毒能力，保证互联网金融正常运行所依赖的硬件环境的安全。在网络运行等软件方面实现互联网金融网站的安全访问，应用身份验证和分级授权等登录方式，限制用户非法登录互联网金融网站窃取他人信息。

（三）建立互联网金融的技术标准

建立互联网金融的技术标准，进一步完善金融业统一的技术标准，增强互联网金融系统内的协调性，加强各种风险的监测和预防，同时要尽快与国际上有关计算机网络安全的标准和规范对接。积极整合各种资源，以客户为中心建立共享型互联网金融数据库，并通过数据库进行归类整理分析和实时监控业务流程。

六、控制企业规模，降低财务风险

互联网金融行业还处于起步阶段，盲目的扩张必然会带来资金上的压力。控制企业的规模，避免资金的周转困难才可以减少在财务上的风险。在财务风险的管控上，首先企业要设立自己的风险准备金，避免发生逾期和挤兑的现象。2014年，有大批的P2P网贷平台倒闭，在这些倒闭的企业中，随机抽样38家倒闭的P2P公司中有28家是因为逾期提现或是提现限制提现而倒闭，占到了73.4%。可见财务风险管控的不合理带来的后果严重。再者，像现在各类“宝”们的理财产品，一旦存款利率市场化之后，可能会出现收益率下降甚至出现负收益率的情况。

当投资者出现大规模提现的时候，几百万对企业不算什么，如果出现上千亿的集体提现规模，企业必然会面临资金的压力甚至倒闭。近期，各种“宝”的理财产品都延迟了“T+0”的模式，甚至会取消，这就是为减轻资金压力而实施的措施。在这样的情况下，为避免财务风险，企业风险准备金的建立显得尤为重要。企业可以建立自己的风险准备金，按照一定的比率将资金交由第三方托管，比如银行。一旦出现借款人违约或是投资者大规模提现，风险准备金可以作为一道防护，缓解自身资金压力。

七、创新产品设计，规避利率风险

互联网金融企业要想赢得投资者的认可，必须要有适合市场的金融产品，否则必将会被投资者所遗弃。因此，在市场风险管理上，企业要找到投资者的需求，有需求才会有市场。在金融产品的设计上要和同类竞争者差异化。另外，在信息披露方面，定期公布平台的相关数据，比如逾期率等信息。这些信息看似是对企业不利，但是也侧面反映出企业的诚信度。投资者有自己的思维方式，一味地夸大、弄虚作假，肯定不利于企业的长期发展。

利率风险是整个金融行业所面临的共同风险，互联网金融行业同样存在着利率风险。中国金融体系的逐渐市场化、利率市场化步伐的加快对新兴的互联网金融行业是一次挑战。目前的贷款利率市场化对互联网金融行业的冲击还不大，但是存款利率市场化之后，互联网金融企业必将面临更多的竞争和考验。互联网金融企业的优势在于运营成本上，并且提供的理财产品收益率相对较高。利率的市场化全面开放后，收益率上的优势会相对减弱，会产生客户的流失。因此，在利率风险的管控上应从理财产品的设计上出发。现在的互联网金融理财产品只是简单地将线下产品互联网化，产品结构单一。

一个新兴的行业应该具有自己独特的产品，结合传统的金融产品设计出具有互联网金融特性的产品，增加投资渠道的多样性，才可以在一定程度上控制利率市场化后带来的市场风险。而现在的余额宝类产品90%以上是与银行的协议存款，投资的渠道单一，对于利率的变化也比较敏感，放大了利率市场化对互联网金融行业的冲击。因此，互联网金融类的理财产品设计的多样化是防范利率风险的一种有效手段。

八、加强虚拟货币监管，完善货币风险管理

博鳌亚洲论坛2014年年会期间发布的《互联网金融报告2014》称，未来互联网货币将与法定信用货币并存，这种货币形态将挑战中央银行理论。而监管不确定性是以比特币为代表的虚拟货币发展面临的最大风险。

互联网金融行业在货币风险的管理上主要体现在政府监管的加强以及相应制度的建立上。监管部门应该针对互联网企业制定相应的政策法规，建立相应的存款准备金制度，避免大规模集体套现带来的流动性风险。余额宝类的理财产品要更多地投向直接融资工具，促进市场效率的提高。现在货币市场基金主要投资于银行存款，资金并没有在真正意义上“脱媒”，在一定程度上削弱了市场的有效性，增加了央行对货币的管理难度。另外，对于虚拟货币的发行和使用应作一定的限制。虚拟货币的发行企业应定期向公众或是央行公布虚拟货币的发行量和销售量，对于违规的企业禁止其发行虚拟货币。虚拟货币的交易要在指定虚拟货币交易平台进行，像现实中的证券交易所一样，交易的过程和规则要在有效的监管制度下完成。

一、简答题

1. 互联网金融安全的基本特征是什么？

2. 互联网金融安全系统的结构是什么？

3. 互联网金融风险的分类有哪些？

4. 信用风险的来源有哪些？

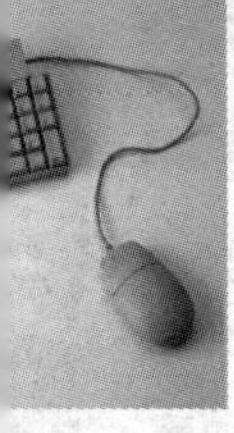

5. 列举说明治理互联网金融风险的方法。

二、案例分析题

2014 年 P2P 风险事件翻三倍刚性兑付困扰大平台

2014 年年底以来，P2P 平台提现困难、限制提现、跑路、诈骗等，频频出现。据网贷之家统计，截至 2014 年 12 月 30 日，12 月份的问题平台数已达 87 家，超过前年全年的问题平台数量。业内人士指出，这一波“倒闭潮”应该叫“挤兑潮”。而开启本轮轰轰烈烈之“挤兑潮”大幕的，或是 11 月份时“爆雷”的几家知名平台，其所引发的行业地震，影响远超预期。

另据网贷之家统计，2014 年全年问题平台达 275 家，是 2013 年的 3.6 倍，12 月问题平台高达 92 家，超过前年全年问题平台数量。年底，受经济和金融大环境影响，借款人逾期、展期现象频繁，加之一系列平台倒闭和股市走牛影响，投资人纷纷撤出资金，网贷行业面临高兑付压力，许多平台被曝光出现提现困难。

(一)兑付风波波及新浪微财富

P2P 问题已经不仅停留在 P2P 企业跑路上，由于不少大互联网平台开始销售 P2P 企业的产品，风险正蔓延至大平台。

在新浪微财富官方交流平台上，看到不少投资了中汇盈的投资人正陆续地递交户口本复印件等材料，准备办理债权转让手续——中汇盈资金链断裂引发的兑付问题正由新浪微财富接手债权，并兜底投资人到期本息来解决。

在微财富平台中看到，针对不少投资人的问题，新浪微财富回应表示，中汇盈事件已进入到司法程序中，微财富作为金融信息服务平台，是平台服务提供者，而非债权所有者，在法律层面上并不具备向中汇盈追讨债权的资格。用户作为适格的债权追讨人，通过司法途径完成救济需要相当漫长的时间及非常大的维权成本，为了最大限度地保护用户权益，聘请专业律师团队帮助用户追讨和维权，用户可以将债权转让给我公司并由我公司向中汇盈追索，请按照后续《中汇盈债权转让须知》中的细则办理债权转让手续。

不少投资人都表示，“新浪微财富发标时都承诺保本保息的，也正是因为冲着大平台的信用才敢买其上面的产品”。

2014 年 12 月 13 日中汇盈发布公告，宣布其网站中汇在线提现出现困难，深圳福田警方以“陈艳芳等人涉嫌非法吸收公众存款案”(陈艳芳系中汇盈法定代表人)立案进行侦查。2014 年 12 月 15 日，中汇盈通知投资人进行债权登记。12 月 31 日，新浪微财富发布公告，称深圳市中汇盈系其微财富平台的“汇盈宝”和“PP 猫外贸贷”系列理财产品的售卖方。

如债权未转让，“汇盈宝”和“PP 猫外贸贷”产品到期时也未能通过司法途径完成向中汇盈的追索，用户将面临财产损失和延期的风险。

新浪表示，尽管这不在其现有的用户保障计划中，但鉴于微财富是一个新的、刚刚起步的平台，为了保护用户利益不受损失，决定针对此事件启动特殊风险处置方案，与第三方资产管理公司合作实现本金和利息到期兑付。如果用户不委托新浪微财富帮助追讨，则要自行联系警方对未转让的债权进行追讨和维权。

尽管最后新浪微财富呼吁用户在参与互联网金融理财时，需要时刻保持谨慎，提高风险意识,选择安全、可靠的平台和产品。但在中汇盈不能兑付事件面前,这一声明显得多么的脆弱。

(二)2014年P2P风险事件数翻三倍

事实上,2014年以来,P2P行业频发出现跑路事件严重影响了投资人对P2P行业的信心。2014年7月,涉案金额1.2亿人民币的“东方创投案”,在历时9个月的调查取证后与2014年7月做出一审判决,被告人灯亮、李泽明非法吸收公众存款罪被分别判处有期徒刑和罚金,此次判决是司法体系对P2P平台自融案件的首次裁量。不少人认为量刑过轻,而冻结在案的资金只能覆盖不足一半的未归还本金。

2014年8月,广州纸业骗贷老板跑路事件,牵扯到红岭创投1亿元坏账,董事长周世平称因为抵押物处理需要很长时间,全部到期借款将由红岭创投提前垫付。红岭亿元坏账在网贷圈掀起了轩然大波,网贷行业的风险控制引发忧患。而大标模式也备受争议,有专家指出,大额融资项目风险集中,漏洞隐患较多。

去年底,老牌平台贷帮网千万逾期但拒不兜底的做法在行业内掀起巨浪,从而使得潜行在P2P当中的刚性兑付神话打破,成为P2P放弃兜底的第一例。老平台想继续做大做强,一旦出现坏账都会毫不犹豫先行垫付,业内人士不少认为放弃垫付相当于自毁前程。而贷帮却拒绝“兜底”,执意走法律程序来承担相应责任。

再到年底中汇盈事件将新浪微财富拖下水,尽管新浪微财富承诺兜底,但整个处理过程复杂漫长,加上中间博弈,无不让投资人心惊胆战。显然P2P风险已不仅仅局限在小平台,过去投资人一直放心的大互联网平台也由于“两端在外”的模式,出现难以控制的情况,投资人未免会担忧未来再出现问题怎么办。

据网贷之家统计,2014年1—7月,每月平均有9.3家问题平台出现,进入8月后,问题平台数量显著增多,其中12月问题平台数量高达92家,超过去年全年问题平台数量。

网贷之家分析指出,这些问题平台爆发呈地域性分布,多位于广东、浙江和山东,这些地区网贷行业较为活跃,新上线平台数较多,问题平台也自然较多。其中海南、湖南问题平台发生率最高,在30%以上。另外,山东、湖北、广西、甘肃等地问题平台发生率也高达20%以上,其中海南和甘肃主要由于平台基数较少。

据统计,2013年问题平台多数是诈骗、跑路平台,而2014年“诈骗、跑路”类和“提现困难”类问题平台数量不相上下,占比分别达46%和44%。另外,还有部分平台因为停业或者经侦介入等其他原因被曝光。10月份以来,提现困难类平台大幅上升,12月该类问题平台占当月总问题平台数量的近七成。

(三)恐慌性撤离或引发连锁反应

2014年底这一波平台倒闭潮,主要则是因为“羊群效应”引发,即投资人面对一连串的平台倒闭产生恐慌心理后不断撤离,而撤离又引起更多的平台资金链断裂倒闭。

资深投资人指出,这一波倒闭潮或者说挤兑潮,首先是因为地区性的风险引起。投资人在过往的投资经验中,普遍产生一个很不好、影响很坏的破坏性联想,那就是假如某地区集中出现3个以上平台接连倒闭,那么投资人就很容易地认为“该地区的其他平台都是有问题

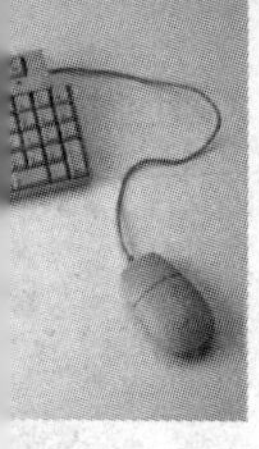

的”。

“这种想法的破坏性是很强的。”他认为，此波倒闭潮的起因就是这种思想引发的。“此前，浙江瑞安多家平台倒闭，引起了投瑞安系平台的投资人恐慌性撤离，最后导致瑞安的平台基本倒得差不多了，恒融财富、中贸易融也受到这一破坏性联想影响。”这一联想并未停止。随后，投资人认为浙江地区的平台，特别是杭州的平台都不安全，纷纷撤离，这也进一步加剧了该地区平台的倒闭，最近的涌金贷倒闭即是例子。

由于中雷的投资人很多，而短期内，维权毫无进展，有投资人甚至对网贷本身产生怀疑，纷纷撤离，更有极端者宣称，将永远不再碰网贷。“这种恐慌性撤离又波及其他地区的平台，引起了范围更大的连锁倒闭效应。归根到底，也是受这一破坏性联想的影响。”百事可乐对此称。

另一位业内人士也坦言，几个“大雷”所引发的行业“大地震”，影响远超预期。他进一步指出，广大投资人如此恐慌，似乎也说明了网贷行业的脆弱性以及投资人的不成熟。但归根到底，还是源于投资人对网贷普遍存在着不安全感。

（资料来源：黄倩蔚. 南方日报. 2015-01-12.）

【思考题】

根据案例，谈一谈“P2P 的风险”主要包括哪些。面对风险，我国监管部门应如何进行监管？

参考文献

[1] 李琪.电子商务概论[M].北京:高等教育出版社,2009.
[2] 徐学锋.电子支付与互联网银行[M].上海:上海财经大学出版社,2014.
[3] 帅青红.电子支付与结算[M]. 大连:东北财经大学出版社,2011.
[4] 张劲松.网上电子支付与结算[M]. 北京:人民邮电出版社,2011.
[5] 周虹.电子支付与网络银行[M]. 2版. 北京:中国人民大学出版社,2011.
[6] 瞿彭志.网络金融与电子支付[M]. 北京:化学工业出版社,2014.
[7] 张敏敏.电子支付与电子银行[M]. 北京:中国人民大学出版社,2012.
[8] 徐学锋.电子支付与互联网银行[M]. 上海:上海财经大学出版社,2014.
[9] 蔡元萍.网上支付与结算[M]. 3版. 沈阳:东北财经大学出版社,2013.
[10] 李洪心,马刚.银行电子商务与网上支付[M]. 2版. 北京:机械工业出版社,2013.
[11] 于雷,邢志良.网上支付与结算[M]. 南京:东南大学出版社,2014.
[12] 刘秀光.防范互联网金融风险安全系统的构建[J]. 江汉大学学报(社会科学版),2014(4).
[13] 任春华,卢珊.互联网金融的风险及其治理[J]. 学术交流,2014 (11).
[14] 郭芳,李树生.互联网金融冲击下我国网上银行发展现状及管理对策研究[J]. 发展研究,2014(5).
[15] 甘海燕.我国网络保险及其风险防范[J]. 合作经济与科技,2015(2).
[16] 蒋银科,肖毅,聂笑一.微信支付的现状分析与信用问题研究[J]. 电子商务,2014(9).
[17] 熊霞.基于微信支付的新型O2O商业模式探析[J]. 中国电子商务,2014(4).
[18] 陈纪英.支付宝钱包:移动支付争夺是场马拉松[J]. 中国新闻周刊,2014(5).
[19] 范敏. 腾讯和阿里巴巴关于移动支付市场的争夺大战[J]. 市场研究,2014(3).
[20] 2014中国互联网金融行业深度研究报告.
[21] 李庆举.移动支付发展现状及前景浅析出处[J]. 中国集体经济,2014(12).
[22] 潘丽红.几种电子支付方式的比较研究[J]. 天津职业院校联合学报,2013(12).
[23] 王永红.中国网络银行发展模式[J]. 中国金融,2014(23).

图书在版编目(CIP)数据

网络金融与电子支付/李宏畅主编. —西安:西安交通大学出版社，2015.7(2022.8重印)
ISBN 978-7-5605-7774-6

Ⅰ.①网… Ⅱ.①李… Ⅲ.①计算机网络-应用-金融-高等学校-教材②电子商务-支付方式-高等学校-教材 Ⅳ.①F830.49 ②F713.36

中国版本图书馆CIP数据核字(2015)第187248号

书　　名 网络金融与电子支付
主　　编 李宏畅
责任编辑 袁　娟

出版发行 西安交通大学出版社
(西安市兴庆南路1号　邮政编码710048)
网　　址 http://www.xjtupress.com
电　　话 (029)82668357　82667874(市场营销中心)
(029)82668315(总编办)
传　　真 (029)82668280
印　　刷 陕西宝石兰印务有限责任公司

开　　本 787mm×1092mm　1/16　**印张** 13.125　**字数** 310千字
版次印次 2015年7月第1版　2022年8月第5次印刷
书　　号 ISBN 978-7-5605-7774-6
定　　价 32.80元

读者购书、书店添货如发现印装质量问题，请与本社市场营销中心联系、调换。
订购热线:(029)82665248　(029)82667874
投稿热线:(029)82668133　(029)82665375
读者信箱:xj_rwjg@126.com